★ 国家出版基金资助项目
★ 湖北省学术著作出版专项资金资助项目

高等教育与社会发展论丛
董泽芳◇主编

构建与实施：
高校科研评价体系研究

徐　红　陈　承　著

華中師範大學出版社

新出图证（鄂）字10号
图书在版编目（CIP）数据

构建与实施：高校科研评价体系研究/徐红，陈承 著. —武汉：华中师范大学出版社，2018.11
（高等教育与社会发展论丛/董泽芳主编）
ISBN 978-7-5622-8411-6

Ⅰ. ①构… Ⅱ. ①徐… ②陈… Ⅲ. ①高等学校—科研管理—研究—中国 Ⅳ. ①G644

中国版本图书馆CIP数据核字（2018）第245245号

构建与实施：高校科研评价体系研究
© 徐 红 陈 承 著

责任编辑：张建英　　责任校对：刘 峥
封面设计：罗明波
编辑室：学术出版中心　　电话：027-67863220/7792
出版发行：华中师范大学出版社　　社址：湖北省武汉市洪山区珞喻路152号
电话：027-67863426（发行部）　　027-67861321（邮购）
传真：027-67863291　　邮编：430079
网址：http：//press.ccnu.edu.cn　　电子信箱：press@mail.ccnu.edu.cn
印刷：湖北恒泰印务有限公司　　督印：王兴平
开本：710mm×1000mm 1/16　　字数：260千字
版次：2018年12月第1版　　印次：2018年12月第1次印刷
印张：17.5　　定价：61.00元
欢迎上网查询、购书

总　　序

高等教育是社会大系统中的一个极其重要的子系统，它与经济、政治、文化等子系统之间有着相互依存的关系。高等教育作为培养高层次专门人才的社会活动，与人的发展更有着极为密切的联系。同时，高等教育自身又是一个多层次、多类型、多主体的系统，不仅大学之间，大学内部各组织之间，领导、教师与学生之间关系错综复杂，而且与社会的方方面面都有着千丝万缕的联系。随着时代的发展，多层次的高等教育与多元化的社会之间形成了越来越密切的互动关系。现代社会，高等教育的存在和发展越来越离不开政府和社会在人力、物力、财力，以及政策、环境等方面的支持与促进；社会的发展也越来越离不开高等教育及其研究的引领与推动。美国经济学家弗里德曼用经济学“核心—边缘”理论研究二战后的经济社会现象与教育特别是与高等教育的关系时，发现在知识成为经济社会赖以存在和发展的基本资源与生产要素后，高等教育逐渐从游离于社会之外的“象牙塔”进入社会的边缘区，并渐次成为推动经济社会发展的中心要素，从而提出了著名的高等教育“从边缘走向中心”的发展趋势理论。从二战后高等教育对许多国家发展的实际影响来看，高等教育已成为促进国家科技振兴、经济发展、政治民主、文化繁荣的必要条件；从高等教育对社会个体的影响来看，高等教育不仅是提高个人素质、开发个人潜能的重要基础，更是促进社会流动、实现人生价值的主要途径。的确，高等教育对社会及个人的影响力从来没有像今天这样巨大，社会变革对高等教育的影响也从来没有像今天这样深刻。

然而，随着现代科技的发展和工业化进程的加速，科学文化及其内含的经济价值和工具价值得以彰显，高等教育发展中理性主义与功利主义的冲突日趋激烈。同时，高等教育大众化的进程加快及其与政府、市场、大学三者关系日益复杂，加之财政困难，高等教育商业化、官僚化、技术至上和教育质量下降等问题凸显，高等教育发展的现状和社会的期望之间的鸿沟逐渐加深，高等教育与社会发展之间的冲突也不断加剧。著名的高等教育学家约翰·S. 布鲁贝克在其《高等教育哲学》一书中，专门从冲突论的视角，论述了高等教育发展中认知论与政治论、自治与控制、学术自由与社会责任、精英教育与大众教育、普通教育与专才教育五方面的冲突，还就传统的高等教育与现代的高等教育、学术研究与社会现实道德、大学与教会等方面的冲突展开了论述。联合国教科文组织前总干事费德里克·马约尔在1995年发布的联合国教科文组织关于“高等教育的变革与发展的政策性文件”中更明确指出，“全世界几乎所有国家的高等教育都处于危机之中”。

在我国，随着社会现代化进程的加快，人们已愈来愈清楚地认识到，高等教育与社会的良性互动和协调发展不仅是政治稳定、科技振兴、经济发展、文化繁荣、人民幸福的必要前提，而且是保障高等教育健康发展、高效运行的基本条件。然而，现实的高等教育与社会互动机制仍不够健全，高等教育与社会发展不协调的现象也普遍存在。尤其是在社会大转型的今天，新旧体制、新旧观念与新旧因素的对立与摩擦，以及由此产生的社会失序、混乱与震荡，不仅使高等教育与社会的互动日趋复杂，也使高等教育与社会的协调发展严重受阻。有关高等教育与社会发展的关系的研究也面临着一系列值得研究的新问题。

从宏观的层次讲：一是社会结构转型与高等教育制度的调适问题。社会转型主要包括政治结构、经济结构、文化结构等在内的社会结构的整体性变迁过程。社会转型必然引起与原有社会结构相配套的规则与程序不同程度的失效，而新社会结构要素的生长亟待制度创新来促进和保障。高等教育制度如何调适与创新，如何形成与各种新的社会结构要素协调发展的关系，如何实现高等教育自身健康发展与着眼于学科发展、促进社会全面协调发展的双重目标等问题，必须通过高等教育社会学的研究才能作出科学的回答。二是高等教育与社会关系的变化及高等教育的社会功能重构。社会结构的全面转型必然对高等教育产生巨大的影响，并使高等教育与社会的关系出现一系列新变化。如市场经济的发展打破了高等教育自我封闭的格局，加强了高等教育对市场的关注；民主政治的推进提升了高等教育的自主地位，弱化了高等教育对政府的依赖；对外开放格局的形成拓展了教育者的视野，加强了高等教育同世界的联系；等等。在这种情况下，如何重新认识高等教育的社会价值，如何重构高等教育的各种社会功能，如教育对市场经济的适应、支持与矫正功能，对政治的维护、监督与批评功能，对国外文化的选择、吸收与融合功能，等等，也是高等教育社会学研究的重要任务。三是高等教育与社会冲突的加剧及高等教育的整合机制。社会全方位的变革使高等教育赖以生存的基础发生了变化，高等教育本身也进入了一个剧变时期，旧的运行机制正在被打破，新的运行机制尚未被建立，高等教育与社会的冲突大量存在。如社会经济发展对高等教育的人才需求结构与高等教育的人才培养、输出结构的冲突，高等教育发展对投入的需求与社会经济承受力的冲突，高等教育对理性精神的追求与社会现实的功利取向的冲突，高等教育的价值观念取向与社会文化观念更新的冲突，等等。诚然，高等教育社会冲突的出现并不必然产生消极的后果。如果通过高等教育社会学的研究能够形成比较健全的教育与社会的整合机制，高等教育与社会之间的冲突就会向积极的方面转化。

从中观的层次讲，主要是社会转型带来的各种社会分化引发了一系列新的高等教育社会问题。如区域分化与高等教育发展的失衡问题，阶层分化与弱势群体子女的高等教育问题。急剧的社会转型使原有社会阶层结构产生了前所未有的大分化，进而导致利益的大分化，这必然会在不同利益主体间产生广泛的矛盾和冲突。由此引发了地区之间高等教育差距扩大、高等教育资源配置不合理、高等教育机会不均等等新的高等教育社会问题。

从微观的层次看，主要有社会行为无序与大学行为失范问题，高等教育时空拓展与高校师生关系变化问题，大学校内、校外环境变化与大学教师角色冲突问题，商业的价值原则渗透与大学生的功利行为问题，等等。这些现实的问题，都是令人感到困惑的新的教育问题、社会问题，迫切需要高等教育社会学的探讨与解决。

在这种情况下，高等教育社会学理应顺应时代的要求，调整研究的视角，真正树立起高等教育与社会一体化协调发展的观念，加强对高等教育与社会互动机制的研究，努力探寻高等教育与社会协调发展的规律，促进我国高等教育的健康发展和社会的全面进步。本丛书的出版目的正在于促进这一研究。

本丛书在编写上突出了下列特点：一是研究立场的本土性与研究内容的时代性。从中国近代高等教育的发展过程看，过去高等教育学的研究在一定程度上存在着过于依赖西方教育理论和教育观念的问题，相关研究缺乏本土意识。本丛书强调立足中国国情来解决中国高等教育实践中的问题。在研究内容上，牢牢把握当下中国社会大转型这一时代背景，直面因新旧体制、新旧观念及新旧因素的对立与冲突所产生的社会失序、混乱及震荡给高等教育发展带来的冲击与挑战，紧紧围绕“高等教育与社会和谐发展”这一核心主题，提出了摆脱困境、战胜危机所要解决的一系列重要问题，并通过实实在在的研究，给出了明确回答。本丛书提出的这些问题，都是“高等教育与社会和谐发展的中国问题”，或者说是“中国的高等教育与社会和谐发展问题”。而丛书作者通过研究作出的回答，可视为有助于解决问题的一些“中国答案”。

二是研究视域的广阔性与研究视角的多层性。高等教育与社会发展都是多层次、多类型、多主体的系统，探讨二者的关系应该有广阔的视域和多层的视角。在研究的视域上，本丛书既着力审视整个社会的结构与文化、体制与机制同整个高等教育之间的关系，也努力探明区域分化、地方传统文化同地方高等教育之间的关系，并用力探究具体高校中的职业性别政治、权力关系及角色冲突等问题。在研究的视角上，本丛书立足于高等教育学，比较倚重于社会学，但并不局限于社会学，而是根据研究的具体问题及主要目的，将研究的视角延展至经济学、文化学、人类学、教育学等学科。开阔的学术视野与多样的研究视角，使得丛书内容格外丰富多彩。

三是研究方法的多元性与研究手段的实证性。本丛书遵循了理论研究与实证研究相结合、立足国情与合理借鉴相结合、问题分析与对策探讨相结合等原则，注重多种方法的综合运用。尤为强调运用实证分析的手段，将研究结论建立在翔实的资料基础之上，力图更多地用客观事实说话，用实际材料说话。如制度政策的文本分析、形式多样的问卷调查、扎根实地的田野研究、已有统计数据的二次分析等，在本丛书中都有合理运用，从而为发现高等教育与社会协调发展中存在的问题、揭示成因、寻觅对策提供了必要依据。通过开展实证研究，本丛书改变和克服了老套社会科学研究“从概念到概念”、“从理论到理论”、“从问题到问题”的不良倾向，增强了理论研究的“问题导向”与策略研究的“有的放矢”。

本丛书得以出版，既要感谢华中师范大学出版社新老领导的精心策划与大力支持，也要感谢编辑部主任和各位编辑的认真审读与细致编校，更要感谢顾明远先生与吴康宁先生的充分肯定与郑重推荐。

本丛书的作者主要是高等教育与社会发展研究方向的博士和博士后，丛书多是在他们的博士学位论文的基础上修改而成，虽然研究宗旨与写作要求一致，但每本书的主题思想与写作风格各异。作为丛书主编，我希望本丛书的出版能够为促进我国高等教育与社会协调发展起到一定的作用，也希望高等教育与社会发展的议题能受到学界更多的关注。由于作者的水平以及对高等教育与社会协调发展规律的认识有限，本丛书必有诸多不足之处，诚望诸位学者、读者不吝赐教。

董泽芳

2017年6月6日

前　言

当今时代，科学研究的价值日益凸显，并逐渐受到世界各国的广泛关注与普遍重视。在此背景下，高校作为科学研究大军中一支日渐显得重要的生力军，也随之不断加强其科学研究职能。近年来，高校从政府、社会及民间团体或个体等处获取的各类科学研究经费数额逐年增加，与之相应，高校的科学研究成果数量亦是逐年增加。遗憾的是，尽管高校的科学研究产出在数量上一年比一年丰硕，但其科学研究成效仍普遍遭受人们的质疑。究其原因，主要源于当今尚缺科学合理且行之有效的科研评价体系，用以引领、监督、调控、激励广大高校开展科学研究，这又使得高校的科学研究成效难以得到人们的普遍认同。高校科研评价体系的缺乏，不仅不利于高校科研活动接受社会各界的客观评价与有效监督，而且不利于高校科研活动的持续发展与有效推进。为此，构建科学合理的高校科研评价体系，并探讨与之密切相关的实施问题，实属重要。

本书沿着“文献梳理—理论探讨—现实描述—比较分析—体系构建—实施方略”的思路展开叙述。

具体来说，本书首先基于国内外相关文献梳理，阐明构建高校科研评价体系的必要性；接着以界定高校科研、高校科研评价体系等核心概念入手，阐述构建高校科研评价体系的理论基础；继而借助当下有关高校科研评价现实数据，阐释构建高校科研评价体系的现实逻辑；然后在比较分析发达国家高校科研评价体系的基础上，从中提炼出可以作为构建我国高校科研评价体系的一些有益启示；之后运用文献研究法、文献计量法、头脑风暴法、比较分析法、德尔菲法及问卷调查与统计分析法等多种理论与实证相结合的研究方法，立足当下国情构建高校科研评价体系；最后在探讨高校科研评价体系实施原则与实施模型的基础上，从政策层面提出促进高校科研评价体系有效实施的建议。

根据上述思路，本书共分为七部分。

第一部分为绪论。本部分首先阐明研究背景与研究缘起，接着在梳理相关文献的基础上指出本书要解决的主要问题，尔后阐明本研究的目的与意义，最后阐述了本研究的思路与方法。

第二部分为第一章。本部分比较系统地界定了高校科研、高校科研评价及高校科研评价体系等核心概念。

第三部分为第二章。本部分从三个层面阐述了构建高校科研评价体系的理论基础：一是从逻辑依据层面阐述了构建高校科研评价体系的内容依据和方法依据；二是从理论依据层面阐述了构建高校科研评价体系的系统理论、利益相关者理论和 3E 理论；三是从价值取向层面阐述了构建高校科研评价体系的价值取向。

第四部分为第三章。本部分在阐释高校科研评价体系基本现状的基础上，对其中存在的问题进行了系统而深入的分析。

第五部分为第四章。本部分在系统梳理美、英、日、澳、荷五个发达国家高校科研评价体系现状的基础上，对其高校科研评价体系的特点进行了分析，并由此提出了有利于促进我国高校科研评价体系改革的几点建议。

第六部分为第五章。本部分是关于高校科研评价体系的构建。首先运用文献法、头脑风暴法、逻辑思辨法、德尔菲法等方法初拟高校科研评价指标体系；接着运用专家会议法进一步提炼高校科研评价指标体系；然后在大样本问卷调查的基础上运用因子分析法确定高校科研评价指标体系及各指标的权重；最后立足我国国情构建高校科研评价标准体系。

第七部分为第六章。本部分先对高校科研评价体系的实施方法进行了阐述，后从政策的视角对如何提升我国高校科研评价体系的实施成效提出了几点建议。

通过研究，本书形成了如下几点结论：

一是厘清了高校科研及高校科研评价体系的内涵。高校科研评价是指，一定的评价主体依据一定的评价标准，对高校科研条件达到某种水平及满足高校科研活动顺利实施的程度，高校科研过程达到某种水平及满足预期科研计划实现的程度，高校科研成果达到某种水平而满足社会相关方面需求的程度，以及促进人才培养、科技进步和社会经济发展的程度所进行的价值判断；高校科研评价体系是指，对高校全体师生员工开展一切类型科学研究的条件、过程及结果进行价值判断与价值评定时的一整套依据，是由高校科研条件评价体系、高校科研过程评价体系和高校科研成果评价体系有机构成的一个价值判断体系或价值评定体系，其中，高校科研条件评价体系、高校科研过程评价体系和高校科研成果评价体系各自均由相应的评价指标体系、评价指标权集及评价标准体系三个部分组成。

二是明确了构建高校科研评价体系的价值取向。构建高校科研评价体系应该坚持目的价值与工具价值相统一、社会价值与个人价值相统一、高校科研自身规律与社会需要相统一及科学研究与人才培养相统一的原则。力争通过高校科研评价，引导高校及高校教师注重原创、探求未知；引导高校科研面向社会之需，立足创新技术，服务人类社会；引导高校科教融合，通过科研促进人才培养。

三是阐述了高校科研评价体系的基本现状。目前，我国高校科研评价目的取向过于功利，评价指标体系过于笼统，评价运行机制过于呆板，评价主体构成过于失衡，评价实施过程过于粗糙。其主要原因在于，当下高校科研评价价值取向偏离，评价指标体系欠当，评价运行机制紊乱，评价主体构成单一，评价过程明显失范。

四是阐明了发达国家高校科研评价体系的特点及其对我国的相应启示。发达国家高校科研评价体系的相同点在于：注重以同行评价为主导，注重中介组织的参与，注重评价成员的广泛性，注重评价过程的公开化，注重评价指标的发展性；其不同点在于：评价机构属性不同，评价方法各有千秋，评价目的互不相同，评价对象有所不同，评价体系各有侧重。我国高校科研评价体系改革应该坚持的方向：坚持评价主体的多元化，坚持评价方式的整合性，坚持评价体系的发展性，坚持评价过程的公开化。

五是构建了高校科研评价指标体系。高校科研评价指标体系包括“科研条件、科研过程、科研成果”3个一级指标，以及“科研人才与基地、学科与学位点建设、项目与经费”等11个二级指标和“国家级人才、国家实验室、国家科学技术奖特等奖”等62个三级指标。

六是阐释了高校科研评价体系的实施方法及实施建议。高校科研评价体系的实施方法主要有高校科研等级评价法、高校科研绩效评价法和高校科研综合指数评价法。高校科研等级评价法是指，先依据高校科研评价体系的末级指标之评价标准，对各所高校的科研进行累计评分，并算出各所高校的科研累计总分，然后基于各所高校的科研累计总分，依据一定的比例将其分成不同等级；高校科研绩效评价法是指，在广泛搜集高校科研信息与数据的基础上，运用拟定的高校科研评价体系，对各级各类高校的科研状况进行综合评价的过程；高校科研综合指数评价法是指，综合运用层次分析法和模糊评判法等手段，将高校科研评价体系中度量不尽一致的各项指标转化为同度量的个体指数之后，再对高校科研状况进行评价的方法。从政策层面来看，为促进高校科研评价体系有效实施，理应开展高校科研评价舆论宣传，建立高校科研评价专门组织，培育高校科研评价专业人员，搜集高校科研评价有效数据，加强高校科研评价过程监督，完善高校科研评价相关制度。

本书的创新点主要有四：第一，基于学理与现实的双重考虑，对高校科研、高校科研评价、高校科研评价体系等概念进行了新界定；第二，从教育学、测量学、心理学及管理学等多学科角度，对构建高校科研评价体系理论基础进行了新探索；第三，立足“双一流”视角及高校的属性与特点，对高校科研评价体系进行了新构建；第四，结合目前国际惯用的评价办法，对适合国情的高校科研评价方略进行了新探讨。

本书的不足之处主要在于：一方面，尚未针对不同类型的高校分类构建科研评价体系；另一方面，缺乏对高校科研评价体系及其实施办法进行大范围的实践检验。

值得指出的是，本书是在我们前期相关研究成果的基础上，结合近年来对高校科研评价问题的一系列新思考撰写而成。在撰写本书的过程中，我们引用或借鉴了长江大学张恒波副教授及校友张云婷、陈慧颖等同志的诸多成果，由于涉及的地方较多，尚未在文中逐一指出，虽然我们已就此事向他们做过专门汇报并已征得他们的同意与支持，但仍有必要在此对他们的理解与帮助表示崇高的敬意与衷心的感谢！此外，在撰写本书的过程中，我们还参阅了国内外诸多同行的研究成果，也引用或借鉴了他们的不少观点，其中不乏某些观点会因我们工作疏漏而未在书中加以注明，在此我们对相应作者（研究者）表示深深的歉意与由衷的谢意！

本书能够获得国家出版基金和湖北省学术著作出版专项资金的资助，一是缘于华中师范大学董泽芳教授的关爱与推荐，二是缘于华中师范大学出版社的厚爱与支持。本书的出版得到了华中师范大学出版社周挥辉社长、冯会平主任等领导的诸多帮助和支持，出版社的张建英编辑为本书的修改工作提出了诸多宝贵建议，并亲自帮忙对书中的某些疏漏之处进行了完善，在此对他们的付出一并表示诚挚的谢意！

最后，尤值一提的是，鉴于我们的水平、精力及时间均为有限，其中的某些观点或结论可能缺乏足够的论证或存在论证偏失的问题，诚望广大读者在谅解的同时逐一批评指正，谢谢大家！（作者联系方式：xuhongxuhong@163.com）

徐　红　陈　承

2018 年 6 月 25 日

目　录

绪　论

近年来，高校科研条件不断改善，科研队伍不断壮大，科研经费投入不断增加，科研产出不断增多，但科研成效却并不乐观。尤其是有关因科研评价与考核而生的学术造假、学术腐败及论文抄袭、论文剽窃等学术不端行为的报道，时不时从各类媒体爆出。此外，高校诸多科研成果的实用性不强、转化率不高、原创性不足等问题明显存在。上述一系列问题之所以存在，与当下缺乏科学合理且行之有效的高校科研评价体系必然有着密切关系。鉴于此，本书紧紧围绕高校科研评价体系这一主线，立足当下我国国情和高校的属性与特点，运用文献研究法、文献计量法、头脑风暴法、比较分析法、德尔菲法及问卷调查与统计分析法等多种研究方法，探讨高校科研评价体系这一问题，力图构建一套既可以作为相关政府部门、广大社会人士用以评价高校科研水平的参考依据，又可以作为广大高校评价自身科研状况的参考指南，进而引领、监督、调控及激励我国高校科研快速持续发展。

第一节　研究背景与研究缘起

一、研究背景

（一）科学技术的价值日益凸显

当今时代，国与国之间的科学技术竞争日益激烈，科学技术的发展日新月异，科学技术的价值不断提升。从历史角度上看，科学技术与人类发展的联系十分密切，在某种程度上说，人类的发展历史实际上就是一部科学技术的发展进步史。人类文明经历了“石器—青铜器—铁器—蒸汽机—电动机—原子能和电子计算机”的发展历程，这既是人类文明进步的标志，也是科学技术价值的标志①。可以说，如果没有科学技术的进步与贡献，就不会有人类的进步。科学研究作为一种系统的创造性的工作，主要目的是增加知识，利用知识去发明新的技术。自第三次科技革命以来，科学技术由理论上的发现到技术上的发明，再到生产上的应用所需的时间越来越短。过去从技术上的发明到大规模生产，照相机用了122年，蒸汽机用了89年，电话用了56年，而现在这一周期已经大大缩短，电视只用了5年，激光只用了2年②。科学技术使社会生产力发生了革命性的变革，极大地推动了人类社会的发展，科学技术与人类的联系愈加紧密。

伴随知识生产方式的变化，科学技术的价值更加彰显无遗，“科技是第一生产力”这一著名论断不断被印证，科学技术的发展不仅带来了经济效益，而且深刻地影响着人们的生活，电子技术和生物技术的迅猛发展不仅使人们的生活更加便利，而且带给了人们更高品质的生活。军事、医药、网络等领域的科技发展无一不体现着科学研究对人类社会的深刻影响。基础研究的重大突破，为技术和经济的发展提供了新的前景；科学技术的应用转化进一步加快，为社会经济的跨越式发展带来了新的机遇。

进入21世纪，人类已经跨入了知识经济时代。知识经济作为一种新兴的经济形态，给世界各国经济和社会的发展带来了更多的机遇和更大的活力，经济和社会的发展对知识的依赖性空前提高，科学技术的不断发展成为知识经济发展的不竭动力，知识经济时代科学技术的进步对国家经济发展具有举足轻重的作用。知识和经济的相互渗透和作用越来越强劲，科学技术转化为直接生产力的进程越来越快，科学研究在推动生产力的发展方面起着越来越重要的作用。

---

① 黄涛. 科学技术价值探析［J］. 重庆邮电学院学报（社会科学版），2004(4)：93-96.

② 孙守春，关连芳，张淑芳. 科技史概论［M］. 吉林：吉林人民出版社，2002：15-17.

可见，科学技术对于人类文明、生产发展、经济变革、社会进步、国家的军事实力及生态环境都产生了深刻影响，人类社会的全面发展依赖科学技术的全面进步，科学技术的价值在当今时代将会得到更为充分的彰显，科学技术发展不仅改变了整个社会的面貌，而且影响着整个人类的前途与命运。

（二）高校的科研职能日渐加强

综观高校的发展历程可见，自19世纪初洪堡将科学研究引入大学以来，科研就一直成为高校的重要职能，且高校科研对人类文明的发展已经作出了诸多重大贡献。从当前现实看，高校拥有丰富的科研资源，在推动国家科技创新进程中拥有无以比拟的优势，高校已经被视为科技发展的生力军，必然要承担起科学研究的任务。高校科研覆盖了基础研究、应用研究与开发研究，是产生新思想和新发明的关键机构。高校科研的贡献与日俱增，高校在国家科技创新体系中的地位更加重要，高校不仅是知识创新的主体，而且是技术创新的重要力量。随着时代的发展，高校在国家科技创新体系中的地位不断提高，主要表现有三：其一，高校日益成为科研学术活动最为活跃的地方之一，并且不断促进学科的发展与进步。高校和国内外科学界之间有着广泛而密切的学术交流联系，能够随时掌握当代科技发展的最新动态。加上高校自始以来的宽松而浓厚的学术氛围，长期积累的扎实的科学研究成果和良好的科学研究传统，以及学科门类多，跨学科或者交叉学科项目容易实现，等等，共同促进学科的不断发展和进步。正如西班牙哲学家加塞特所说："科学是高等教育赖以生存和汲取营养的土壤，因此高等教育的根基必须触及各类实验室，并发掘这些实验室所供给的养分。"① 以我国为例，我国62％的国家重点实验室、35％的国家工程研究中心在高校，47.7％的科学院院士、38.7％的工程院院士在高校②。高校在国家科研全局中占据

① 奥尔特加·加塞特．大学的使命［M］．徐小舟，等译．杭州：浙江教育出版社，2001：96．

② 赵乐际．在第二十一次全国高校党的建设工作会议上的讲话［EB/OL］．［2018-05-26］．http://www.xinhuanet.com/politics/2013-01/08/c_114298570.htm．

着十分重要的地位。其二，高校获得的科技经费投入比例在逐渐提高。据中国科技部数据，2011 年高等学校获得政府的科技经费投入 688.9 亿元，同比 2010 年增长 15.3%；2012 年高等学校获得政府的科技经费投入 780.6 亿元，同比 2011 年增长 13.3%；2013 年高等学校获得政府的科技经费投入 856.7 亿元，同比 2012 年增长 9.7%；2014 年高等学校获得政府的科技经费投入同比 2013 年也有所增加；2015 年高等学校获得政府的科技经费投入 998.6 亿元，同比 2014 年增长 11.2%；2016 年高等学校获得科研经费 1072.2 亿元，同比 2015 年增长 7.4%①。其三，高校的科学研究蓬勃发展，社会贡献与日俱增。我国高校以自由探索和协同创新并重，加强科研成果转化，成为国家科研创新体系的重要力量。可以预见，高校科研职能的不断加强，会对我国科技创新与发展产生深刻的影响，高校也将肩负起建设创新型国家的历史使命。

（三）“双一流”建设的实施进一步凸显高校的科研价值

“双一流”建设是建设世界一流大学和一流学科的简称。为统筹推进世界一流大学和一流学科建设，实现我国从高等教育大国到高等教育强国的历史性跨越，2015 年 10 月 24 日，国务院印发了《统筹推进世界一流大学和一流学科建设总体方案》②。毋庸争辩，无论是一流大学，还是一流学科，都离不开高水平的科研作为支撑。换言之，建设世界一流大学和一流学科，均要以科研作为重要依托，均要生产出世界一流的学术成果。科研是决定一所高校国际竞争力和影响力的核心要素。科研作为高校的重要职能，在“双一流”建设过程中，理当更加受到重视。

二、研究缘起

（一）高校科研质量与水平长期备受非议

科研质量是指科研条件满足科研活动顺利实施的程度，科研过程达

① 中华人民共和国科学技术部．科技统计［EB/OL］．［2018-05-26］．http://www.most.gov.cn/kjtj/.

② 国务院．统筹推进世界一流大学和一流学科建设总体方案［EB/OL］．［2018-05-26］．http://www.gov.cn/zhengce/content/2015-11/05/content_10269.htm.

到预期计划的程度，科研成果满足相关方面需求的程度①。近年来，尽管高校科研的重要价值日益得到社会的广泛认同，但高校科研的成效并未获得社会相应的肯定。原因在于：从质量的角度看，我国高校科研出现了不少问题。其主要体现有：一是科研成果数量多但质量普遍不高。从历年的统计数据看，高校科研投入不断增多，每年都在递增，但是真正算得上高水平的科研成果很少。虽然以论文、专著、研究报告为主的科研成果较多且逐年呈上升趋势，但被权威网站或权威刊物转载或“高被引”的高水平论文，被权威机构或权威组织借鉴与应用的研究报告，高级别的课题项目和高级别奖励的科研成果的数量却相对较少。二是基础研究的原创性不足。基础研究的目的在于发现新的科学领域，为新的技术发明和创造提供理论支撑与理论前提，正如美国信息时代教父、超文本之父、美国科学研究发展局局长V. 布什等在著作《科学——没有止境的前沿》中指出的那样，“基础研究的目标是拓展对世界的基本认识，基础研究产生的是一般知识以及对自然界规律的认识”，“基础研究是技术进步的主要源泉，基础研究应当从过早的考虑世界价值的短视目标中解放出来”②。然而，我国基础研究整体滞后、原创性不足，从而明显制约着我国产业技术的创新与杰出创新人才的培养。三是科研成果转化率低③。对于本应立足实践且改善实践的应用研究和开发研究来说，其成果转化率仍然较低。据统计，我国高校每年通过鉴定的科技成果达1万项左右，然而科技成果转化率不足15%，我国高校科研呈现出“成果多、转化少、推广难”的局面④。四是学术腐败现象频频出现。近年来，在高校和学术界，“出现了抄袭剽窃他人研究成果、杜撰伪造实

① 刘在洲，徐红，陈承. 高校科研质量评价标准研究［M］. 北京：科学出版社，2015：32.

② V. 布什，等. 科学——没有止境的前沿［M］. 范岱年，解道华，等译. 北京：商务印书馆，2004：51-55.

③ 周文泳，钟灿涛，尤建新. 科学研究质量改进理论与方法［M］. 北京：化学工业出版社，2012：44-56.

④ 陈竹. 高校科技成果转化率低　教授曝项目招标“潜规则”［N］. 中国青年报，2011-01-11.

验数据”①、学术论文自我“克隆”②、论文一稿多投等学术败德行为，科研诚信问题引人关注。

其实，无论是政府、社会还是高校自身都希望切实提高高校科研质量与水平，为建设创新型国家而努力。反观中国的工业生产，可以发现中国的科学研究与中国的工业生产走着惊人相似的道路，那就是从短缺到高速发展，从低品质高消耗到追求高品质低成本的道路。深刻的历史教训和社会发展的大量事实告诉我们，在大多数情况下，量与质并不是线性关系，没有质的量再多也没有意义。国家一直注重从政策层面引导高校关注科研质量，如教育部多次提出改革高校科研管理机制，改进高校科学研究评价办法，形成重在质量、崇尚创新、社会参与的评价方式③。当然，对于高校自身来说，科研质量也是高校科研管理工作的重点。此外，社会各界因深刻认识到高校在促进知识和文明进程中占据着非常重要的地位，以及教学和科研在高校中具有统一共生且相互促进的密切关系。近年来，高校因其职能的变化而逐渐从“象牙塔”走进社会中心，继而成为社会轴心机构。在此背景下，高校自身结构和社会需求的变化使得其开展基础研究和应用研究之间的界限变得越来越模糊。尽管如此，高校也不能降低自身的科研品位，而仍应坚持做高质量的研究。北京大学终身讲席教授、著名神经生物学家饶毅指出：“在科学领域，数量第二、数量第一都不重要，最重要的是质量。数量和质量之间的差距越大，问题越大。从科学来讲，质量最好的人功劳最大，其他人只是辅助者；从应用专利而言，首先获得发明和专利的人最能赢利，其他人的改进和应用只是得小钱。所以在科学技术方面，数量常为质量‘打工’。”④ 可见，高校要严把质量关也非易事。

---

① 桂庆平，莫蕾钰．高校科研质量保障的问题研究——基于新制度经济学视角的分析［J］．当代教育科学，2011（5）：39-41.

② 张作成．学术论文可以自我“克隆”吗？［N］．中国社会科学报，2009-06-23.

③ 教育部关于全面提高高等教育质量的若干意见［EB/OL］．［2018-05-26］．http://old.moe.gov.cn/publicfiles/business/htmlfiles/moe/s6342/201301/xxgk_146673.html.

④ 饶毅．中国科研一直在捡别国成果的“面包屑”［N］．文汇报，2012-06-28.

当前，频频爆出的学术造假、学术腐败事件，使得高校科研质量与水平饱受非议。本书在此无意叙述或描述那些饱受非议的学术事件，而仅想指出，高校科研质量与水平之所以受到诸多非议，其中一个重要的原因必然是高校科研评价体系本身存在不可忽视的问题。明眼人不难发现，目前高校科研评价体系存在着三大问题：其一，科研评价取向功利化。表现为重视应用研究，对基础研究重视不足，将科研评价结果与高校水平评价挂钩，与教师工资、职称评定挂钩。其二，科研评价指标的褊狭化。表现为论文在高校科研评价体系中占据着举足轻重的地位，在某种程度上被视为衡量高校科研质量与水平的标志。毋庸置疑，论文发表是科研过程中不可缺少的重要环节，但论文绝不是评价科研成果的唯一标准。若从近年来我国发表的论文数量看，我国的科技水平早已步入世界先进水平之行列，但事实并非如此。其三，科研评价体系制定的简单化。表现为现有高校科研评价体系的制定者往往基于科研成果或效率优先的立场，简单地将有关科研成果或效率的数字作为考核高校科研质量与水平的依据，追求“科研量”的评价而忽视或淡化难以评价的“科研质”。这一做法，使得科研进入“只讲结果不讲过程”的怪圈。正因如此，眼下要求改革现有高校科研评价体系的呼声日益高涨，研究高校科研评价体系实属当务之急。

（二）高校科研创新能力不足

《国家中长期教育改革和发展规划纲要（2010—2020 年）》明确指出：要充分发挥高校在国家创新体系中的重要作用……完善以创新和质量为导向的科研评价机制①。其中不仅突出强调了高校科研评价的重要导向作用，而且强调了高校科研评价应有促进高校科研创新的激励作用。科研评价是高校科研发展的指挥棒，体现了高校科学研究与管理的功能定位与价值取向。高校科研评价体系的合理导向关系到高校科研定位与特色发展，高校科研评价体系的科学构建与正确导向，对高校科研

① 中华人民共和国教育部. 国家中长期教育改革和发展规划纲要（2010—2020年）[EB/OL]. [2018-04-30]. http://old.moe.gov.cn/publicfiles/business/htmlfiles/moe/info_list/201407/xxgk_171904.html.

的健康发展与可持续发展具有不可或缺的重要作用。科学合理的高校科研评价体系必然要以激发与鼓励高校积极开展科研创新为导向，避免高校追求数量型和经济利益型的科研。遗憾的是，当下高校科研评价实践中过度注重 SCI、SSCI、CSSCI 等论文数量，过度看重科研项目级别与数量，过度凸显科研成果的数量而轻科研成果转化效益等的行为与现象，严重制约了高校科研创新能力的提高，误导了高校科研发展的方向。此外，眼下不少高校科研评价体系过于注重对教师个人进行考核，不太适应21 世纪科技发展的需要，也不符合高校创新团队建设的需要，分散了队伍的凝聚力，削弱了科研创新能力①。显然，构建以创新为导向的高校科研评价体系，以之不断促进高校提升自身的科研创新能力就格外重要。

第二节　研究进展与研究问题

一、研究进展

从国内外已有文献看，关于高校科研评价体系的研究，主要集中在以下四个方面。

（一）关于高校科研评价体系的相关探讨

科研评价发端于美国，至今已有近百年历史，如今已成为美国等西方发达国家科研领域制度化的经常性工作②。美国从 20 世纪 60 年代开始对高等院校展开评价，不过，它起初主要是评价高校的教学质量和管理水平，后来由于高校科研职能不断加强，它才将其评价范围扩大到高校的科研层面。英国对高校的评价始于 20 世纪 80 年代，其评价内容涵盖教学质量和科研水平两个方面。英国高校科研评价活动在全国范围内都具有一定的影响力，其主要评价对象是高校科研水平及硕士、博士学位培养质量。为了提高高校科研评价的科学性和合理性，美国、英国等发

① 王雅芬. 改进和完善高校科研评价体系的思考 [J]. 中国高等教育，2007 (15)：52-53.

② 陈楠楠. 试论借鉴国外经验完善我国高校科研评价体系 [J]. 高教探索，2017 (1)：100-104.

达国家在高校科研评价体系方面做了大量的研究，迄今为止，这些国家已经形成了相对成熟的高校科研评价体系。相比之下，我国对高校科研评价体系的研究相对较晚，且目前仍在探索与借鉴阶段。比如，陈楠楠通过借鉴美国、德国、日本等发达国家高校科研评价体系的特点，提出了构建我国高校科研评价体系的建议①；许甜着重反思了英国高校科研评价体系从科研评估体系（RAE）到研究卓越框架（REF）的演变过程②；汪静基于高校科研评价体系的内涵，阐述了高校科研评价体系存在的问题，并在分析问题原因的基础上，提出了完善我国高校科研评价体系的对策③；安宁、邓开喜、莫雷阐述了高校科研评价体系构建时的指标选择原则、评价方法选择原则、评价量化指标体系等问题，并以华南师范大学为例，对科研业绩评价体系的主要内容及特色、科研评价量化计算及分配方面进行了探讨④；魏海燕、李晗在总结国内外高校科研评价体系的基础上，分析了当前我国高校科研评价存在的问题，并基于协同理论构建了我国高校科研评价协同体系⑤；陈承、刘在洲和徐红从评价指标和评价指标的权重两个维度对高校科研质量评价指标体系进行了探讨⑥。

（二）关于高校科研质量的相关研究

20 世纪 80 年代初期，高校科研质量已经成为研究的热点，但是从目前的研究情况来看，我国针对高校科研质量进行研究的专著较少，关

① 陈楠楠. 试论借鉴国外经验完善我国高校科研评价体系 [J]. 高教探索，2017 (1)：100-104.

② 许甜. 英国高校科研评价体系的演变：从 RAE 到 REF [J]. 北京教育，2016 (1)：74-77.

③ 汪静. 高校科研评价体系的现状及对策 [J]. 中国高校科技，2012 (10)：10-11.

④ 安宁，邓开喜，莫雷. 高校科研评价体系构建的探讨——以华南师范大学科研业绩评价体系构建为例 [J]. 华南师范大学学报（自然科学版），2008 (8)：131-138.

⑤ 魏海燕，李晗. 基于协同理论视角的高校科研评价体系 [J]. 构建科技进步与对策，2012 (11)：148-150.

⑥ 陈承，刘在洲，徐红. 高校科研质量评价指标体系研究 [J]. 科技管理研究，2015 (8)：57-61.

于高校科研质量的研究散见于科学研究质量和高等教育质量的相关研究中，其研究主要集中在什么是科研质量、如何评价科研质量、什么是高质量的科学研究、科研评价等相关专著中。美国学术界率先进行了对科研质量的研究，美国国家科学基金会（NSF）资助的《科学、技术和人类价值》季刊上发表的一组文章，对科研质量问题进行了探讨；2004 年 6 月，美国国家科学基金会（NSF）编印了《关于科学创新能力质量的评价》，对科学质量研究产生的社会背景、科学质量研究的主要方向、科学质量的评价检验方法等进行了系统探讨①。

芬兰科学院在 2000 年编印的《芬兰科学现状与质量——回顾九十年代科学研究及其环境》，对科学研究所处的变化的环境进行分析，从大学的观点出发，介绍了芬兰国家创新体系，描述了芬兰大学对变化的环境和科研政策所做出的适应和改变策略。论述科学研究成果的问题以及科研评估的影响，并且通过文献计量法，将芬兰的科学研究与其他 OECD 国家进行国际比较，对芬兰科研质量及其科研影响进行了研究。

James Geller（2012）翻译的德文文章《科研如何能确保其完整性和质量》② 一文中对科研进行批判性反思，认为科学研究应策略性“减速”，并且提出了相应的解决措施：第一，遏制如洪水一般的出版物，减少为经济利益进行大量出版的期刊数量，从而保证科研质量；第二，基础研究需要持续的资金支持；第三，重视实质的科研评估，纯粹的出版物数量是不可靠的标准；第四，谴责科研出版物的“战略”著作权（注：原文中认为“战略”著作权是指研究中无实质性贡献却考虑战略性贡献的作品署名）；第五，研究建议应由研究人员写出；第六，科研数据收集过程透明；第七，良好的科研需要时间保证。

我国的高校科研质量研究的相关理论和实践研究也未能十分深入，主要存在于科研管理的相关研究中，始于 20 世纪 80 年代，大多数研究

① 孔刚，王萍，张弘．科研质量管理及其特点［J］．软科学，2001（4）：41-44．

② GELLER J. How science can ensure integrity and quality: a thesis［J］. Academe, 2012（6）：56.

仍然处于理论探讨阶段，实践操作性不足，主要集中在对科研过程进行管理，对科研质量问题关注不足。在科研质量管理方面，参考国外项目管理和质量管理的内容，将项目管理和质量管理的相关理论直接应用于科研质量管理。相关研究主要表现在四个方面：第一，关于科研质量管理的必要性和可行性进行研究。张昕等（1980）在《未来研究在科研质量管理中的应用》一文中，提出大部分的科研质量信息是可以进行定量分析的，他同时指出："构成质量管理的概念，并非一定是单纯依靠统计的方法去认识质量的好坏，予以评判。它的最终目的是在科研成果的全过程，对成果的质量加以严格的控制来确保质量的可靠性。"① 陈昌慧（1984）在《关于科研质量管理的探讨与尝试》一文中对科研质量管理的特点最先做出了总结和归纳，认为科研质量管理与生产部门的质量管理存在共性部分，但是其科研成果具有知识性，科研人员的主导性，科研工作的精确性、探索性，以及科研成果的质量评价应该考虑其科技、经济和创造性成分。科研质量管理在科研管理中占重要的地位，是科研管理不可或缺的一部分②。伍光良（2009）指出：高校科研人员重视课题的申请，却对课题的质量管理缺乏重视，造成了科研成果的泡沫化、量多质次等问题。科研质量管理应该在高校引起重视，并且落实于科研的过程中③。第二，关于科研质量管理体系进行研究。一方面，国内研究者主要将管理学中有关全面质量管理、PDCA（戴明环）、项目管理的有关理论和应用引入科研质量管理中。严书婷（2012）认为："构建高校科研质量管理体系，就是按照质量管理体系标准中的原则和要求，对高校科研所涉及的人员、设备、信息、文件、原材料、试验等环节进行全面控制。质量管理标准提出了'以过程为基础'的 PDCA 质量管理体系模式。"④ 另一方面，以 ISO9000 标准构建科研质量管理体系，有关的

① 张昕，孙本传，张顺江．未来研究在科研质量管理中的应用［J］．未来与发展，1980（2）：12-13.

② 陈昌慧．关于科研质量管理的探讨与尝试［J］．科研管理，1984（4）：44-47.

③ 伍光良．高校科研质量问题研究［J］．江苏高教，2009（5）：29-31.

④ 严书婷．高校建设科研质量管理体系的实践及研究［J］．科技教育创新，2012（12）：237-238.

论文有10余篇，内容大同小异，尽管ISO9000标准对于科研质量管理有一定的借鉴作用，但是必须明确ISO9000绝非“万能药”。方道恒（2008）对高校科研按质量管理体系标准（ISO9001或GJB9001）建立质量管理体系的必要性和合理性进行了分析，并且提出应用ISO9001在高校科研质量管理体系中不能完全应用企业的运行模式，ISO9001只是形式不能成为科研质量管理体系的全部内容，全部套用是一种误用，他认为“仅靠引进一些形式上的管理技巧和方法，要想提高科研管理质量是不可能的”①。第三，关于科研质量管理体系的组织机构和管理模式的研究。张君、邱建国、杨默函（2010）对18所高校的科研质量管理模式进行分析，总结了最普及的三级管理模式、以科研管理部门为主导的三级管理模式、管理者代表模式、其他管理模式四种组织机构模式，分析不同组织机构模式的优缺点，对高校科研质量管理模式的创新进行了研究②。第四，从价值诉求的角度对高校科研质量管理进行了研究。左清（2010）在其文章中指出：“加强高校科研质量管理首先应当明确其价值取向。高校科研活动涉及多个利益主体，其质量管理应努力实现多主体利益平衡。一是要促进教师个人发展，满足个体利益；二是要提升学科水平，彰显集体利益；三是要服务经济社会发展，实现公共利益。”③

通过对文献的梳理分析，可以发现，国外高等学校科研质量问题相关研究的特点主要有：其一，大部分研究都集中在科研质量的保证、科研环境的变革等方面；其二，在科研质量的趋势、科研环境的变革以及发展的特点、科研质量观的探讨等方面给本研究提供了较好的研究基础。国内高校科研质量问题相关研究的特点为：一是普遍认为高校科研质量问题现实存在，有研究的必要；二是从管理学视角研究高校科研质量问题，认为高校科研质量管理切实可行，大量借鉴管理学的相关理论

---

① 方道恒．高校科研质量管理体系建设及其案例应用研究［J］．电子科技大学学报，2008（6）：123-124.

② 张君，邱建国，杨默函．高校科研质量管理体系的组织机构与管理模式分析［J］．科学学与科学技术管理，2010（8）：46-50.

③ 左清．高校科研质量管理中的价值诉求及实现［J］．现代大学教育，2010（1）：37-41.

研究；三是少数研究在一定程度上认识到不同利益主体的价值诉求，大部分研究是以科研论述科研，没有针对不同主体展开科研质量问题研究。

（三）关于高校科研质量评价的相关探索

国外的相关研究主要涉及两大方面，一是科研质量评价制度及理念，二是科研质量评价方法。科研质量评价制度及理念方面，美国是最早开展科研评价的国家之一，第二次世界大战以后美国政府对科研学研究的投入不断加大，联邦政府向科学研究领域提供了超过半数的科研经费①，公众对科研投资的期望值增高，要求政府对科研进行严格管理，对科学研究的过程和结果进行严格评价，以提高科学研究的质量。20 世纪初，美国国会成立咨询服务部，这是科技评价的雏形。经过多年发展，科研评价在美国成为制度化的经常性的工作。目前美国科研评价机构分为 3 个层次，国会、政府科技评价机构，州政府科技评价机构，研究院所及大学科技评价机构②。1994 年 6 月，《美国国家基金会关于科学质量的评估》中指出：如何评估科学研究的质量是科研管理工作面临的一个重要课题。美国政府一直坚持一个理念：科学研究是对未来的投资，是创新技术的源泉，是美国科技领先世界的基础。欧盟于 20 世纪 80 年代初期开展科研评价，基本是伴随其各期的研究计划而演进的，主要集中在英国、法国、德国和瑞士等国家。例如在英国，高校科研评估体系（RAE）与大学科研拨款直接挂钩，由五个地区拨款机构共同实施，RAE 是欧洲最先进的大学科研评价体系之一，成为监控和提高英国大学科研质量和水平的有效手段③。其他一些欧洲国家也建立了类似 RAE 的具有半官方性质的全国性、权威性的中介评价机构，如法国国家评价委员会、意大利国家大学评价委员会、德国科技政策咨询委员会等，这些机构的评价结果与政府对大学的教学科研拨款直接或部分挂钩，以促进公平竞争，优化资源配置，提高高校科研质量。其科研评价指标体系兼

① 陈宁．美国的科技评价与科研事后评价概况［J］．全球科技经济瞭望，2007（12）：25-31.

② 韦日钊．美国高校科研职能的发展与启示［D］．重庆：西南大学，2007：18.

③ 付媛媛．英国高校科研评价研究［D］．上海：上海交通大学，2008：30.

顾了定性和定量指标，但是仍然存在着一定不足，爱尔多·吉利娜（Aldo Geuna，2003）的研究指出，欧美各国的相关权威机构在评价其高校科研情况时，一般将科研经费分配和科研战略制定作为主要目标，忽视了评价结果对高校科研质量的导向作用①。

科研质量评价方法方面，国外关于科研评价的方法多样，最初科研评价主要采取定性分析的方法，受主观影响较大，后来为了改善这一状况，逐渐将经济学、数学、文献计量学中涉及的方法引入评价方法之中。首先，从20世纪50年代开始，古典模型、投资组合模型和项目评价技术的研究应用大量出现②。比如项目评价技术应用决策树法、故障树法和相关树法，对特定组织层面和特定时间点进行评价和选择，但是只关注结果。文献计量评价以出版物、出版物引文和专利、专利引文等为依据进行科研评价，该方法的优点在于定量性。其次，同行评议成为一种重要的科研评价方法。同行评议是指由从事该领域或者接近该领域的专家来评定一项研究工作的学术水平或重要性的一种方法，常常被科学界用于判定工作程序的重要性，工作结果的可靠性以及对有限资源的分配③。再次，国外研究人员和科研管理及评价机构也将现代科研管理的理论和方法应用于科研评价，比如 Keefer 和 Knacsk（1997）提出以年度为单位评价方法，对进度进行管理④，Pappas 和 Remer 认为，在对项目质量管理的过程中，人们的价值观等因素会影响质量管理，对质量的产出和判断可能被扭曲。Carnicer（2006）利用层次分析法（Analytic Hierarchy Process，简称 AHP）对西班牙的大学研发团队进行研究，对定量和非定量因素进行了测量⑤。科研评价是指评价主体根据特定的评价

① GEUNA A，MARTIN B R. University research evaluation and funding：an international comparison [J]. Minerva，2003，41（4）：65.

② 戚湧，李千目. 科学研究绩效评价的理论与方法 [M]. 北京：科学出版社，2009：19-32.

③ CHUBIN D E，HACKETT E J. Peerless science：peer review and US science policy [M]. Albany：SUNY Press，1990：20-30.

④ KEEFER P，KNACSK S. Why don't poor countries catch up? [J]. A cross-national test of an institutional explanation economic inquiry，1997（6）：590-602.

⑤ 陈敬全. 科研评价方法和实证研究 [D]. 武汉：武汉大学，2004：27-28.

标准，对科研活动中的相关要素进行价值评定，以获得对多数人来说均可以接受的评价结果。近年来，科研质量评价在科研评价的理论和实践领域广受关注，但是仍未形成具体论著，相关和相近的研究有荷兰著名科学计量学家亨克·莫德的著作《科学评价中的引文分析》①。

从国内情况看，科研质量评价在科研评价的理论和实践领域广受关注。周文泳等（2012）在著作《科学研究质量改进理论与方法》中对科研质量问题进行了深入研究，借鉴国内外对于科研质量、质量评价、质量改进的相关成果，对科学研究的质量观念、质量评价与改进等问题进行了较为系统的论述，阐述了科学研究质量的实现过程和反馈机制及影响因素、管理模式与主要管理职能、管理改进思路，设计了涵盖科研组织的过程、员工与组织三个层面的科研质量改进方法体系②。总的来说，国内的相关研究主要涉及三个方面：一是关于科研质量评价的过程。卞文华、曹德仁、张怀琼（2003）认为："科研质量评估就是对科研过程中各个要素（包括科研进度、经费使用、原始资料和科研记录的管理、人力资源的使用效率等）的进展、运作情况作出评估，对各项资源的分配和使用效率予以评价，以便及时诊断和反馈科研项目的实施质量。"③他们从科研质量评价的原则、评价方案和完善科研过程质量评估方面进行了研究。二是关于科研质量评价方法。陈敬全（2004）在其博士学位论文《科研评价方法和实证研究》中按信息基础将科研评价方法分为三类，分别是基于专家知识的主观评价方法、基于统计数据的客观评价方法和基于系统模型的综合评价方法④。有学者将模糊数学方法应用于科研质量评价，使之成为一种较为可行的科研质量评价方法。比如，石清（1999）在论文《科研质量管理模糊综合评判系统的分析与设计》中采

---

① 姜春林，王海龙．拨开引文分析迷雾，破解科研评价困惑——评亨克·莫德的《科研评价中的引文分析》[J]．图书情报工作，2011（11）：134-136.

② 周文泳，钟灿涛，尤建新．科学研究质量改进理论与方法［M］．北京：化学工业出版社，2012：44-56.

③ 卞文华，曹德仁，张怀琼．科研过程质量评估初探［J］．中国高等医学教育，2003（3）：31-32.

④ 陈敬全．科研评价方法和实证研究［D］．武汉：武汉大学，2004：27-28.

用模糊综合评判的方法，对科研质量管理中一些模糊的、不确定的、以定性因素为主的问题进行评判，对评判结果进行定性和定量的分析，并且设计出一套科研质量管理综合评判软件系统①。彭丽华（2003）将模糊数学方法应用于科研质量评价中，建立了高校教师科研质量评价的数学模型②。值得注意的是，模糊数学方法的应用指标因素同样来自同行评议和文献计量法所得。三是关于科研评价体系。科研评价体系的建立有助于更好地进行科研评价，通过对相关文献的阅读和整理发现，对于建立科研评价体系，不同的研究者有不同的侧重点和基点。宏观层面上，丁宇（2008）在其学位论文《基于国家主导的科研评价制度建设》中侧重分析了宏观层面的科研评价体系，即基于国家主导的科研评价制度，其基于公平、问责、激励三个动因，建立了宏观评价的基本雏形，并提出了相应的配套制度③。中观层面上，即大学和科研机构的中观科研评价体系方面，肖俊杰（2007）对大学科研能力评价指标体系进行了研究，其认为被引用度系数是自然科研领域科研能力评价的最优指标，并且认为数量标准和质量标准是对立统一的关系，对于科研评价“重数轻质”的担忧似乎多余④。但是，这一说法也引起很多学者的质疑，李苏（2006）认为：现行科研评价体系重视短期效益而轻视长期积累，几乎每隔一段时间就有“最近最新”的科研成果，而快速化评价产生快餐效应，迫使学术界不得不低水平重复，使科研人员多愿意从事短平快项目的研究。学术成果的价值很难在短时间内就做出准确判断，即使有评价的结论，也具有暂时性，长期的实践才是检验真理的唯一标准⑤。微观层面，对于高校科研人员的个体科研评价体系方面，主要集中于学术道

---

① 石清．科研质量管理模糊综合评判系统的分析与设计［J］．指挥技术学院学报，2000（6）：98-101.

② 彭丽华．模糊数学在高校教师科研质量评价中的应用［J］．科技进步与对策，2003（12）：147-148.

③ 丁宇．基于国家主导的科研评价制度建设［D］．武汉：中南民族大学，2008：28.

④ 肖俊杰．大学科研能力评价指标研究［J］．高等工程教育研究，2008（5）．118-120.

⑤ 李苏．高校科研评价模型研究［J］．科技进步与对策，2006（11）：134-136.

德和科研规范的建议，对科研人员的价值追求导向进行研究。徐燕刚、庚光蓉（2011）在其文章《我国高校教师科研评价体系的导向及其合理性思考》中指出："科研评价是高校科研评估与发展的风向标，体现了高校科学研究与管理的功能定位与价值取向……高校教师科研评价体系的科学构建与正确导向对科研教师主体个人价值与社会价值的实现具有催化作用，这种评价体系所承载的科研创新社会价值的实现程度就体现了它的合理性程度。"① 从宏观、中观、微观三个层次上看科研评价体系的研究可以发现，不论是宏观、中观还是微观对于科研质量都有一定的关注，但是研究并未形成完善合理的评价体系。

综上可见，关于高校科研质量评价问题的研究，呈现如下特点：第一，科研评价领域著作丰富，如国外的《科学评价中的引文分析》、《科学先导——德国研究委员会莱布尼兹奖获奖科学家及其科研成果评价》②，国内的《科学研究绩效评价的理论与方法》③（戚湧等，2009）、《高校科研评估》④（马哲伟，2007）等等，有的就科研评价进行研究，有的就高校科研水平进行研究，有的就科研评价方法进行研究。第二，对高校科研质量评价体系进行研究的人员多为高校科研工作领域的管理人员，大多是从管理的角度出发，偏重对实践的经验总结以及实际问题研究，具有较强的实践性和现实针对性，但是理论性不足，往往是就事论事，研究也不够系统、深入。表现在已有的研究中大多偏重于评价方法、技术等操作层面的研究，例如对评价指标体系的研究、对评价信息收集与处理技术和方法的研究等，而理论探讨不足。第三，偏重于高校科研评价本身的研究，较少涉及高校科研质量的评价研究。

---

① 徐燕刚，庚光蓉．我国高校教师科研评价体系的导向及其合理性思考［J］．四川师范大学学报（社会科学版），2011（5）：120-123.

② 罗尔夫，施特莱尔，狄特．科学先导——德国研究委员会莱布尼兹奖获奖科学家及其科研成果评价［M］．安士桐，孟墨勤，译．兰州：兰州大学出版社，1994：59.

③ 戚湧，李千目．科学研究绩效评价的理论与方法［M］．北京：科学出版社，2009：19-32.

④ 马哲伟．高校科研评估［M］．大连：东北财经大学出版社，2007：44-51.

（四）关于高校科研质量评价标准的相关探究

从国外情况看，迄今为止，尚未有国外学者对高校科研质量评价标准进行系统研究的专著。国内外学者对科研质量评价标准进行研究，并没有一个能够被普遍接受的科研评价标准，在评价标准的选择上存在着比较大的争议。在实践中，最常见的评价结果是通过同行评议方法得到的。在一些领域，比如自然科学和生命科学，也使用文献计量学（包括出版物和引文分析），并且文献计量学被越来越多地应用于人文科学和社会科学。以出版物和引文分析为标准工具的科研评价也受到质疑，不仅自然科学和社会科学的研究领域不同，即使在同一领域内的不同学科之间仅仅用出版物和引文分析这一标准工具也是不够用的，出版物和引文分析在跨学科的领域科研评价方面更是无能为力。显然，同行评议比文献计量学在科学界获得更多的支持，洛埃特·雷迭斯多夫（2004）认为：科学的质量应该通过科学精英的内部机制加以控制，例如同行评议制度①。同行评议程序是如何运作的，国外学者已经做了很多的研究。但是仅仅依靠同行评议并不能完全说明科研质量，Lutz Bornmann（2011）在《科学同行评议》中指出同行评议并非十分完美②。

从国内情况看，相关研究主要集中于两个方面：一方面，许多学者认识到高校科研评价标准存在问题并提出了解决思路。吉彦波（2003）在其文章《高校科研成果评价标准的反思》中指出高校科研评价标准主要存在以下三点问题③：第一，无统一的评价标准；第二，无定义刊物级别的原则、条件；第三，忽视了不同学科的特点。汪静（2012）在其文章《高校科研评价体系的现状及对策》中认为目前高校科研评价标准不合理，并且提出建立全面的科研评价标准，高校应该根据科研活动的

---

① 洛埃特·雷迭斯多夫．科研评价和科学计量学的研究纲领——二者关系的历史演变与重新定义［J］．科学学研究，2004（3）：225-232.

② BORNMANN L. Scientific peer review［J］. Annual review of information science and technology，2011（1）：197-245.

③ 吉彦波．高校科研成果评价标准的反思［J］．中国行政管理，2003（4）：62-63.

复杂性和多样性，建立对待不同研究类型和学科的差异性评价标准，探索符合学术发展规律的评价方式①。另一方面，有学者对高校科研评价标准的选择进行了更为深入的思考。刘贵华、柳劲松（2012）在其文章《教育科研评价的中国难题》中认为“如何确立评价标准”是教育科研评价的难题之一，认为科研质量评价标准如何平衡“量”与“质”，兼顾“形式评价、内容评价和效用评价”是不可回避的现实问题。上述论文的基本观点对开拓本选题的研究思路大有裨益，但是目前，关于高校科研质量评价标准尚未出现系统深入的研究。

二、研究问题

通过全面回顾国内外相关研究不难发现，迄今为止，有关高校科研评价体系的研究成果大多散见于管理学、经济学、社会学领域的相关著作和论文中，它们不仅缺乏必要的系统性，而且存在以下几个方面的突出问题。

其一，研究视角褊狭。高校科研评价活动是一项非常复杂的实践活动，它涉及教育学、管理学、经济学、社会学等多个学科领域。从已有相关研究看，学者们大多立足于各自的学科立场，从单一的学科视角出发开展研究，在构建高校科研评价体系时缺乏对评价的价值取向作必要的论述，从而使有关高校科研评价的成果缺乏应有的理论根据，继而缺乏科学的体系。其二，研究力度不够。已有相关研究大多对我国高校科研评价体系中存在的问题缺乏系统考究，对国外有关高校科研评价的成果缺乏系统借鉴，从而使有关高校科研评价的成果要么科学性不够，要么合理性不足。其三，研究方法单一。已有研究成果在研究方法上大多局限于逻辑思辨法，极少运用规范性的实证研究，更缺乏多种研究方法的综合研究。其四，研究成果缺乏必要的操作性。已有相关研究不仅没有构建系统的高校科研评价体系，而且所谓的评价体系中一系列评价指标的观测性不强，尤其是它们还缺乏可供操作的评价实施模型。

基于已有研究情况，结合当下我国高校科研的实情，本书认为，建立以质量和创新为取向的高校科研评价体系非常必要。那么，以质量和

---

① 汪静．高校科研评价体系的现状及对策［J］．中国高校科技，2012（10）：10-11．

创新为取向的高校科研评价体系究竟是一种什么样的评价体系呢？为了弄清这一问题，本书拟对以下问题开展研究。

第一，高校科研是一种什么样的科研？在当今时代的中国，高校科研与一般科研院所或其他机构的科研是一样的吗？如果不一样，原因是什么？究竟有何不一样？

第二，如何评价高校科研？谁来评价高校科研？不同类型的高校，其科研需要分类评价吗？依据什么来评价高校科研呢？

第三，怎样建立科学、合理的高校科研评价体系？高校科研评价体系的价值取向应该是什么？高校科研评价体系应该包括哪些内容？依据什么来构建这一评价体系？运用什么方法来构建这一评价体系才算科学？如何实施高校科研评价体系？

第三节　研究目的与研究意义

任何一项研究活动都是“先认真且严格地提出一个问题，之后采用科学的方法有计划、有目的地搜集与分析相关信息，力图达到解决问题的过程”①。不言而喻，作为以解决问题为取向的研究活动来说，必然具有一定的研究目的，并同时具有与之相应的研究意义。本研究亦不例外。

一、研究目的

众所周知，评价是一种价值判断活动，高校科研评价也是一种价值判断。高校科研评价的价值取向对于高校科研评价影响重大。本研究的研究目的主要有四个：一是促进社会更加关注高校科研评价问题。《国家中长期科学和技术发展规划纲要（2006—2020年）》指出：“建立科学合理的综合评价体系，在科研成果质量、人才队伍建设、管理运行机制等方面对科研机构整体创新能力进行综合评价，促进科研机构提高管理水平和创新能力。”本书通过对当下高校科研评价现状进行分析和总结，使人们认识到高校科研评价中存在的问题及原因，促进社会更加关注高校科研，关注高校科研评价，加强社会监督，逐渐确立科学合理的高校

① 徐红．教育科学研究方法［M］．武汉：华中科技大学出版社，2013：1．

科研评价体系。二是促进学界广泛探讨高校科研评价问题。本书围绕高校科研评价，在对科研评价进行研究的过程中，强调对“科研质量”与“科研创新”的把握，以期更多的学者对高校科研评价体系进行探讨和研究，从而促进高校科研水平不断提高。三是促进高校愈发重视高校科研的评价问题。在实践中，高校科研评价是一种面对高校科研水平的评价活动，对高校科研评价的研究有助于高校提高对科研质量问题的认识，有助于高校愈发重视自身科研质量及科研评价的问题。四是促进高校教师加倍看重科研质量。围绕科研质量与科研创新建立科研评价体系，事实上对高校教师在科学研究过程中起到了引导作用，使高校教师能够以历史的眼光、比较的眼光看待科研过程与科研成果，促进高校教师在科研过程中重视质量与创新。

二、研究意义

（一）理论意义

（1）弥补当下高校科研评价体系的不足。高校科研质量与科研创新是高校科研工作的重中之重，质量与创新是维系高校科研健康发展的“命脉”。立足质量与创新的高校科研评价体系，对高校从重数量增长到重质量与重创新转变具有不可忽视的引导作用。目前，科学合理的高校科研评价体系明显缺乏，从而制约着高校科研的健康发展。对高校科研评价体系的研究有助于丰富高校科研评价体系，这对于高校摆脱量化标准的束缚，建立同质量与创新标准相适应的科研评价体系，提高高校科研质量与水平，有着十分重要而积极的意义。

（2）丰富高等教育评价理论及高等教育评估体系。高校科研评价体系研究既是高等教育评价实践研究的重要课题，也是高校科研评价理论研究的难点，虽然目前大家普遍认同高校科研质量与水平是高校科研评价的基础和核心，但同时又似乎回避着对这一问题的深入研究。高校科研评价究竟是为国家、高校及科研人员等提供科研信息的活动，还是一种以科学研究的发展进步为导向的行为，这是一个重要的理论问题。对此的不同认识，会引发高校科研评价中的许多问题，需要在理论上进行探究和剖析。目前我国尚未出现关于高校科研评价体系的专题研究成果，相关研究多散见于价值论、评价论、教育评价论等专著的若干章节，以及有关的硕士、博士学位论文和期刊论文中，少有对高校科研评价体系进行分析的成果。研究高校科研评价体系，有助于进一步丰富高校科研评价的相关理论，加深对“科研质量”、“评价标准”、“评价体系”等理论问题的认识，引起对高校科研评价体系的构建原则、理论依据的思考，以及科研评价方法的思考，完善对高校科研管理、高校科研管理等问题的认识，丰富和完善高等教育评价理论及高等教育评估体系。

（二）实践意义

（1）为相关人员评价高校科研水平时提供参考依据。本书围绕“评价体系”对高校科研评价问题进行深入研究，既可以为相关人员评价高校科研水平提供参考依据，又可以为高校科研评价提供更明确的指导和发展方向。当前高校科研存在的主要问题是缺乏一套广为认同的评价体系，科研评价过程中不知道该评价什么，因而，如果在基于清晰合理的基础上建立一套科研评价体系，而且这一科研评价体系是在对高校、高校科研人员有效工作的真实评价的基础上制定的话，那么，高校科研人员就能在科学研究的同时与该评价体系保持密切联系，保证高校科研质量与水平。

（2）促进学界更加关注高校科研评价体系问题。科学研究需要对于客观真理的热诚追求，科学技术的发展，离不开建立在诚实性、客观性、忽略功利为基础上的学术道德，离不开不可遏制的追求原创性的强烈的创新动机。高校科研评价体系研究，确立以质量和创新为核心的评价体系，对高校科研成果进行评价，不仅要有数量、规模指标，更要有质量指标，当前尤其要强调质量指标在科研评价体系中的重要性。高校科研评价体系的确立有助于提升高校科研质量与水平，改变科研评价中重数量轻质量的现状，有助于最大限度地限制学术泡沫的产生，并尽可能杜绝学术腐败。研究高校科研评价体系，有助于建立良好的、有利于创新的学术环境。

（3）促进高校及高校教师倍加重视科研质量与水平。对高校科研评价体系进行研究，构建合理的高校科研评价体系，为更多的相关人员科研评价过程中提供借鉴和参考依据，引导高校及高校教师在科研过程中更加重视科研质量与水平，重视基础研究的原创性研究，重视应用研究的科研成果的转化。改变过去高校科研评价片面与科研项目和成果的数量挂钩的情形，强调科研质量与水平在科研评价中的地位。

第四节　研究思路与研究方法

一、研究思路

首先进行文献梳理。通过梳理文献，把握国内外相关研究现状，明确构建高校科研评价体系的必要性，接着进行理论探讨。一是界定高校科研评价及高校科研评价体系等核心概念，二是从理论、实践及政策三个层面探讨构建高校科研评价体系的内容依据，三是在借鉴已有教育评价体系一般构建方法的基础上探索构建高校科研评价体系的方法依据。之后进行问题分析，在描述我国当下高校科研评价现状的基础上，分析其中存在的问题及其原因。尔后进行比较研究，通过比较发达国家高校的科研评价体系，为合理构建我国高校科研评价体系提供借鉴。然后进行实证研究，发掘高校科研评价体系的框架、指标集及指标权集及评价标准。最后根据教育评价学的相关理论构建高校科研评价体系。

二、研究方法

（一）文献法

文献法是指通过搜集、整理、归纳及分析已有的各种相关文献，从中选取信息及提炼观点，从而实现某种研究目的的方法。本书运用文献法梳理国内外已有高校科研评价方面的研究概况，并在评述已有相关研究的基础上提出本书要探讨的主要问题；运用文献法与理论思辨相结合界定高校科研、高校科研评价及科研评价体系等概念。

（二）德尔菲法

德尔菲法，又名专家调查法，是20世纪40年代由赫尔姆和达尔克首创，经过戈尔登和兰德公司进一步发展而成。“德尔菲”这一名称起源于古希腊有关太阳神阿波罗的神话。其主要内容为，以问卷的形式，按照系统的程序，采用匿名发表意见的方式，对一组特别选择的专家

（一般不超过 20 人）进行意见征询。在调查中，专家之间不能互相讨论，不能发生横向联系，只能与研究者发生联系。先调查专家对问卷中所提问题的看法，尔后对专家所提的意见进行归纳，并对问卷中所提的问题进行修改，然后将修改后的问卷再次送给以上专家审阅以求意见征询，经过多轮次的征询，使专家的意见趋于一致，最后研究者汇总专家的看法，获得研究的结果。本书运用德尔菲法初步拟定高校科研评价体系的框架。

（三）一般问卷法

一般问卷法是相对于专家征询问卷法或德尔菲法而说的，即通常所指称的问卷法。具体来说，一般问卷法是指向被选取的调查对象发放并回收事先统一设计好的问卷，从而获取相关信息并以之达到某种研究目的的方法。本书运用一般问卷法并结合统计分析法确定高校科研评价体系的指标集及指标权集。

（四）统计法

统计法是指运用统计学的原理与方法进行研究，从而达到某种研究目的的方法。书中运用主成分分析法处理一般问卷法所获得的数据，以之确定高校科研评价体系。

（五）比较法

所谓比较法，是根据一定的标准，对某类彼此有联系的现象和事物放在一起进行考察和分析，观察其在不同情况下的不同表现，进行比较研究，发现其异同，并找出事物的普遍规律及其特殊本质，力求得出符合客观实际结论的一种方法。本书通过运用比较法，在梳理国外高校科研评价体系的基础上，初步明确我国高校科研评价体系中不可或缺的某些评价指标，同时为构建我国高校科研评价体系时应有的价值取向提供可以借鉴的方向与思路。

第一章　高校科研评价体系的相关概念

人类之所以能够认识事物，是因为人类具有思维。人类的思维是由一系列概念按照一定的逻辑结构与连接方式组成的，因而概念对于思维或认识来说具有基础性作用。韦伯认为："对概念的入门性讨论尽管难免会显得抽象，并因此而给人以远离现实之感，但却几乎是不能省略的。"① 概念是人类思维的基本单位，"反映客观事物的一般的、本质的特征"②，是人们认识客观事物的逻辑起点。不言而喻，在探讨高校科研评价体系之前，无疑需要事先明晰一些与之关系密切的重要概念，即界定一些核心概念。本章将分别对高校科研、高校科研评价、高校科研评价体系等核心概念逐一进行阐述。

第一节　高校科研

高校兼有人才培养、科学研究、社会服务、文化传承和学术交流的职能，显然不是一个单一的科学研究场所，因而其科研性质及特点必然与专门的科研院所以及其他机构或部门的科研性质及特点有所不同，即是说，高校科研在性质及特点上具有独特性。为此，在探讨高校科研评价体系这一概念之前，必先明晰何谓高校科研。高校科研包含高校和科研两个基本概念，有必要在此对其逐一加以阐释。

---

① 马克斯·韦伯．社会科学方法论［M］．杨富斌，译，北京：华夏出版社，1999：34．

② 中国社会科学院语言研究所词典编辑室．现代汉语词典［M］．北京：商务印书馆，2002：404．

一、高校

高校是高等学校的简称，是大学、专门学院和高职高专院校的统称，是从事高等教育活动的主要机构。“高校”与“大学”两个概念之间本有区别，“高校”的英文翻译对应 college and university，college 对应的高校是专业化的学院，其专业性很强，一般没有工程学、医学等专业，只有文科和理科，不过，college 有时也泛指大学和学院；“大学”在英文中常被翻译为 university，university 对应的是综合性大学，学科比较齐全，规模通常也比较大，有时人们将 university 下设的学院也称为 college。college 来自拉丁语 collegium，后缀 um 表示“场所”，其字面意思就是 community of colleague，表示一群人在一起生活、学习的场所。university 一词源于拉丁语 universitas，其本义为行会、团体，后引申为“为学习和研究某种学问而自愿结合起来的师生共同体”①。到了 18 世纪，高校有了更为广阔的含义，“高校……某种程度上有资格讲它是近代自然科学和社会科学的诞生地”②。1809 年，洪堡提出“教学与科研相结合”原则建立柏林大学，“通过研究进行教学”和“教学与科研相统一”塑造了教学与科研相结合的现代大学新模式。在 1869 年，美国建立了一所完全具有综合性大学组织特征的大学——康奈尔大学；1876 年，约翰·霍普金斯大学建立，从一开始就注重科研和研究生教育，成为同类大学的佼佼者③。对科学知识进行不断探索与追求不仅是高校本身应当承担的责任，而且也是促进高校不断发展，为社会提供优秀人才的必要保障④。总体看来，不论高校的含义如何变迁，但其基本含义均是指一群有共同目的或兴趣的人一起生活与学习的场所。本书所指高校既包括 college 对应的专业性学院，又包括 university 对应的

① 吴文侃，杨汉清．比较教育学［M］．北京：人民教育出版社，1989：549.

② 伯顿·克拉克．高等教育新论——多学科的研究［M］．王承绪，等译．杭州：浙江教育出版社，1988：36.

③ 亚瑟·科恩．美国高等教育通史［M］．李子江，译．北京：北京大学出版社，2010：162.

④ 池颖．我国高校科研创新团队建设研究［D］．长春：吉林大学，2009：2.

综合性大学。

随着高等教育的价值不断凸显，人们接受高等教育的意愿不断增强，作为高等教育的主要机构——高校也随之越来越多。目前，高校的类型较多，本书所言高校专指全日制普通高等学校，包括全日制综合性或多科性大学、全日制专业性学院、全日制高等专科学校、全日制高等职业学校、全日制的独立学院、全日制的民办高校。

二、科研

科研是“科学研究”的简称。要想明确“科研”之意，必先明晰“科学”之义。科学有多种理解，关于“科学”的界说，尽管《辞海》中将之定义为“关于自然、社会和思维的知识体系”，但因其没有完全反映科学的本质含义，因而并未被普遍接受。关于科学的概念界定主要存在三种观点。第一种观点是从知识、知识体系的角度，把科学看作认识自然及其规律的理论体系，认为科学相对于一般知识，不仅要经过充分论证和验证，而且必须是规范化的、体系化的①；科学是关于自然界、社会和思维的客观规律的分科的知识体系，是人们在社会实践的基础上产生和发展而成的经验总结②；科学是有系统、有组织的知识，特指研究自然物质及现象的学问③。第二种观点是从过程的角度出发，认为科学是一种活动，是一种特殊的思想和行为④。第三种观点主要从功能和社会影响的角度出发，认为科学是维系一定社会职能的社会体制和社会系统⑤。正如贝尔纳指出的那样：“科学可作为一种建制，一种方法，一种知识积累传统，一种维持或发展的主要因素，以及构成我们的诸信仰

① 吕淑琴，陈洪．科学发现的优先权与科学规范［J］．北京工商大学学报（自然科学版），2007（4）：56-62．

② 郭良夫．应用汉语词典［M］．北京：商务印书馆，2000：426．

③ 龚学胜．当代汉语词典（国际华语版）［M］．北京：商务印书馆国际有限公司，2009：632．

④ 伯纳德·巴伯．科学与社会秩序［M］．顾昕，译．北京：生活·读书·新知三联书店，1992：23．

⑤ 郭海娜．教育部直属高校科研效率评价研究［D］．镇江：江苏科技大学，2012：9．

和对宇宙和人类的诸态度的最强大的势力之一。”①

科学是人们关于自然、社会和思维的现象及其客观规律的分科理论体系，包括自然科学、技术科学、人文科学和社会科学。研究是指探求事物的真相、性质、规律等②。结合对科学的多种理解概念，我们把科研理解为揭示客观事物的本质和规律，以获得关于客观事物与过程的系统认识的社会活动。

根据科研活动的目标不同，世界各国都习惯按照联合国教科文组织的分类法，即将科学研究划分为基础研究、应用研究与开发研究三种类型③。

基础研究，是指为了获得现象和可观察事实的基本原理、规律和新知识而进行的实验或理论研究活动④。基础研究的目的在于发现新的科学领域，为新的技术发明和创造提供理论前提。通常来讲，基础研究是不以任何的实际应用或者使用为目的的，其研究对象是科学，是对新理论、新原理的探讨。V. 布什等在著作《科学——没有止境的前沿》中指出，“基础研究的目标是拓展对世界的基本认识，基础研究产生的是一般知识以及对自然界规律的认识”，“基础研究是基础进步的主要源泉，基础研究应当从过早的考虑实际价值的短视目标中解放出来”⑤。基础研究包括战略性基础研究、自由探索性基础研究。

应用研究，是指为了获得新的科学技术知识并服务于应用目的而进行的独特的研究活动，是针对某一特定的实际应用领域，探索科学知识和科学理论等基础研究成果应用到生产实践中去的可能性。应用研究具

① 贝尔纳. 科学的社会功能［M］. 陈体芳，译. 桂林：广西师范大学出版社，2003：76.

② 莫衡，等. 当代汉语词典［M］. 上海：上海辞书出版社，2001：352.

③ 贺天伟，张景林. 科研绩效定量评价指标体系的初步设计［J］. 科技管理研究，2001（6）：58-61.

④ 钟镇涛. 科学研究的质量保证问题研究［J］. 科研管理，2008（2）：1-9.

⑤ V. 布什，等. 科学——没有止境的前沿［M］. 范岱年，解道华，等译. 北京：商务印书馆，2004：51-55.

有与基础研究相似的功能特点，但更具有实用目的，它所要解决的是具有方向性的或带有普遍性的工艺技术问题，是联系科学和技术的纽带或桥梁[①]。应用研究的目的在于为基础研究的成果开辟具体的应用途径，使之转化为实用技术。

开发研究，是指为了寻找可以直接应用于教育实践的具体技术，研究者运用已有的基础研究和应用研究的相关成果，以探讨具有某种实施价值的规划、对策、方案、方法、程序等为目的的一种研究类型[②]。开发研究既是科学研究工作，又是技术开发活动。它的成果一般是样品、样机、装置原型等。就产品而言，开发研究是以具体的产品为对象，对实际型号、规格的样品方案进行探讨，包括设计、试制、试验工作，直到新产品定型确认可以正式交付生产或投入市场为止的全部研究开发工作。因此，它是新产品发展的前期研究。开发研究是中、小型企业内研究单位的主要工作范畴。开发研究是联结科研与生产的纽带，是科学转化为生产力的中间环节。科学技术从研究到推广应用的重要环节就是开发研究，开发研究是把基础研究、应用研究应用于生产实践的研究，是科学转化为生产力的中心环节。

本书所言科研是指，人们揭示自然、社会和思维的现象、本质及其客观规律，以获得关于客观事物与过程的系统认识的社会活动，包括自然科学、技术科学、人文科学和社会科学领域中的基础性研究（战略性基础研究、自由探索性基础研究）、应用性研究及开发性研究。

三、高校科研

高校与科研院所都是国家知识创新的集中地，不同的国家，科学的中心也有所不同。法国的科学中心在科学院，而德国的科学中心在大学[③]。我国科研院所系统与高校系统并置是我国知识创新体系最明显的

① 萧浩辉，陆魁宏，唐凯麟．决策科学辞典［M］．北京：人民出版社，1995：563.

② 徐红．现代教育研究方法［M］．北京：科学出版社，2018：13.

③ W. C. 丹皮尔．科学史及其与哲学和宗教的关系［M］．李珩，译．北京：商务印书馆，1989：46.

特点，即在高等教育系统之外设置一个科研院所系统，包括中国科学院、中国工程院等，主要承担与国家经济建设和社会发展有关的重大科研项目。科研院所系统和高校系统分属不同管理系统，形成并行发展之势①。高校具有学科和人才方面的优势，积聚着巨大的科学技术潜力，是发展科学技术的重要基地。“高校科研是国家科研工作系统中的一员，同时也是高校工作系统中的一个子系统。”② 从高校的性质出发，不难推断，高校科研除了具有一般科研的共同特性外，还具有自身的独特性。其中，育人性——通过科研促进人才培养的特性，是高校科研最为鲜明的独有特性。由此可见，高校科研既为当代科学与社会的发展做着贡献，而且更为高校的学科建设与人才培养做着贡献。本书所涉及的高校科研是指，高校全体师生员工在自然科学、技术科学、人文科学和社会科学领域中所开展的基础性研究（战略性基础研究、自由探索性基础研究）、应用性研究和开发性研究。

第二节　高校科研评价

高校科研评价是关于高校的科研问题的评价，如何界定“高校科研评价”这一概念更为科学、合理呢？在此，不妨先厘清“评价”这一概念的含义后，再来阐释“高校科研评价”的含义。

一、评价

在查阅相关著作和文献的过程中，我们发现“评价”与“评估”这两个概念的使用经常被混淆。那么，评价和评估之间是否存在着差别？评价和评估是否可以通用呢？评价在英文中常被翻译为 evaluation，评估在英文中可以被翻译为 appraisal。在《高阶英汉双解词典》中，evaluate 可被翻译为评价、估计、估价，appraise 可被翻译为评价、估价、

① 夏海兰，杨华玲．中国知识创新体系存在问题探析［J］．北京科技大学学报（社会科学版），2002（4）：45-48.

② 胡启俊．管理科学与高校科研管理［M］．北京：北京师范大学出版社，1988：8.

鉴定[①]。单纯从汉语的翻译来看，势必带来理解的混乱，这也是造成目前评估与评价随意使用的原因之一。从词根、词源的角度出发，evaluation是由词根value（价值）加前缀e-（引出、出身）而来，引出或阐发价值，由此看来，评价是与价值密不可分的。因此，把evaluation译为评价应该是贴切的。而appraisal则偏重于估计，译为评估也是比较合适的。评价与评估这两个概念之间存在着很多的差别。评价更侧重于对客体做出价值判断，它是一种主体性活动，而评估主要是对客体的内在潜力、以往工作成绩或未来发展做出判断。评价可以作为一个总和的概念，评估是一种模糊定量的评价。然而，无论是在语言实践和人量研究实践中，都大量互用评价和评估这两个词，为了保证行文和研究中前后一致，在本书中，趋于实践中的习惯，在涉及评价领域的研究与科学术语中，均采用评价，在引用他人文献时，将评估与评价通用。

评价是“评定价值”的简称。有学者从哲学的角度出发指出，“评价是一种价值判断的活动，是对客体满足主体需要程度的判断”[②]；有学者从管理学的角度出发提出，“评价是为了决策，评价过程是一种认知过程，也是一种决策过程”[③]；有学者从测量学的角度主张，“评价就是对某一事物的考核”[④]；有学者从评价学的角度认为，“评价就是衡量、评定人或事物的价值，是指评价者在掌握相关事实或资料证据的基础上，根据某种价值观对一定的人或事物及其属性进行判断、衡量，或者说是衡量、判断人或事物的价值”[⑤]。中科院科技评价研究组认为：“评价是根据决策者、资助者以及其他利益群体的需求，确定价值标准，用科学的方法收集和处理相关信息，判断价值实现程度的过程。”[⑥] 本书认为，评价是指一

① 何恩春，陈璞，李建军，等．高阶英汉双解词典［M］．北京：商务印书馆，2007：16.

② 陈玉琨．教育评价学［M］．北京：人民教育出版社，1999：7.

③ 吕小柏，吴友军．绩效评价与管理［M］．北京：北京大学出版社，2013：470.

④ 马哲伟．高校科研评估［M］．大连：东北财经大学出版社，2007：44-51.

⑤ 徐红．教育测量与评价［M］．武汉：华中科技大学出版社，2016：6.

⑥ 中国科学院科技评价研究组．关于我院科技评价工作的若干思考［J］．中国科学院院刊，2007（2）：104-126.

定的主体依据和运用一定的价值标准对客体进行的价值评定与价值判断。

二、科研评价

科研是一种系统性的活动，其价值的大小不仅取决于活动的结果（科研成果），还取决于活动的条件与活动的过程，因而评价科研活动，必然离不开对科研活动的条件及过程展开评价。鉴于此，本书中所指的科研评价包括对科研活动的条件、过程及结果三个方面的评价，即是说，科研评价涵盖科研条件评价、科研过程评价及科研成果评价。具体来说，科研评价是指一定的科研评价者依据一定的评价标准对被评价者所开展的科研活动条件（科研条件）、科研活动过程（科研过程）及科研活动结果（科研成果）进行价值判断与价值评定的活动。

三、高校科研评价

高校是探究高深学问的地方，是培养高级人才的场所。尽管高校也有科学研究的职能，但其根本属性是学校，根本职能是培养人才，因而高校开展的科研活动与科研院所和其他机关事业团体、集体或个人，以及中小学和幼儿园开展的科研活动有所差别。

与“科研评价”包含科研条件评价、科研过程评价和科研成果评价一样，“高校科研评价”也包含对高校的科研条件、科研过程及科研成果三个方面的评价，即是说，高校科研评价包括高校科研条件评价、高校科研过程评价及高校科研成果评价三个方面。值得指出的是，由于本书的目的是立足质量和创新为导向构建高校科研评价体系，而创新其实也是质量的一种表现方式，因而本书最终构建的高校科研评价体系实则是基于质量的评价体系。基于“质量”的基本含义是指“事物、产品或工作的优劣程度”①，本书指出，高校科研评价是指，一定的评价主体依据一定的评价标准对高校科研条件达到某种水平及满足高校科研活动顺利实施的程度，高校科研过程达到某种水平及满足预期科研计划实现的程度，高校科研成果达到某种水平而满足社会相关方面需求的程度及其促进人才培养、科技进步和社会经济发展的程度所进行的价值判断。

① 夏征农，陈至立. 辞海［M］. 上海：上海辞书出版社，1999：526.

第三节　高校科研评价体系

一、评价体系

“评价体系”即关于评价的体系或基于评价的体系。要明确“评价体系”的含义，必先厘清“体系”的基本含义。

（一）体系

何谓体系？《现代汉语词典》指出，体系是指“若干有关事物或某些意识互相联系而构成的一个整体”①。这一阐释简单抽象而不易理解。本书认为，从类别看，体系有多种多样，比如工业体系、农业体系、商业体系、思想体系、军事体系、教育体系等。从规模看，体系有大有小，如大到各个星系甚至整个宇宙是一个体系，小到社会、人文、宗教、学校、学科、专业、课程甚至一个人、一株草等都可算是一个体系。大体系可包含诸多小体系，小体系可包含更小的体系，众多小体系可构成一个大体系甚至总体系。从构成看，不同体系的各内部要素之间联系的具体方式及密切程度是不同的，且体系可以是由不同系统组成的系统。从功能看，不同体系的功能各异，均有各自特定的功能，且整个体系有整体功能、大体系中的小体系也有各自的功能，大体系的功能不等于构成它的各个小体系的功能简单相加后的总和。如果组成大体系的各个小体系能够有机协调发挥各自的功能，则大体系的功能将会小于构成它的各个小体系的功能之和。反之，如果组成大体系的各个小体系不能够有机协调发挥各自的功能甚至相互发挥各自功能时出现冲突，则大体系的功能将会大于构成它的各个小体系的功能之和。显然，想要最大限度地发挥体系的功能，必然要保证构成体系的各个小体系之间相互协调地发挥各自的功能。为此，本书指出，所谓体系，泛指一定范围或一定领域内的同类事物，按照一定的法则或秩序相互联系而构成的一个具有特定功能的有机整体，这个有机整体其实是由多个系统组成的系统。

① 中国社会科学院语言研究所词典编辑室．现代汉语词典［M］．北京：商务印书馆，2016：1281．

（二）评价体系

评价是一项系统的价值判断活动，基于上述有关“评价”和“体系”两个概念的阐述，本书认为，评价体系是指评价特定事物的有机整体，主要包括评价指标体系、评价指标权重体系和评价标准体系。其中，评价指标是指具体的、可观察、可测量的反映评价对象的相应评价内容，根据评价实际，可以将评价对象进行逐级分解成为处于不同级别的评价指标。评价指标体系就是反映某一评价对象数量和质量要求的指标的集合①，是由处于不同级别的评价指标按照评价对象本身的内在逻辑结构形成的有机整体。评价指标是评价体系的质的维度，即评什么、不评什么。一般来说，评价指标只能反映评价对象或评价目的的某一个或某几个方面，评价指标体系则能反映评价对象或评价目的的方方面面；评价指标权重是指评价指标体系中各评价指标的重要性程度，评价指标权重体系又称评价指标权集，是由所有评价指标的权重构成的有机整体。评价指标的权重是评价体系的量的维度，反映各个评价指标之间所占的比例和变化程度；评价标准是针对每个评价指标的分类作出具体规定，提出具体要求和说明。评价标准是衡量某一评价对象达到评价指标要求的尺度，对什么是很好、什么是较好、什么是一般、什么是差等作出明确具体的描述和规定。值得一提的是，评价标准可以是定性描述，比如，用文字等级“优秀、良好、合格、不合格”或字母等级“A、B、C、D”描述；也可以是定量规定，比如，用一定的分值来表示，如十分制、百分制等。且无论评价标准采用分数还是等级，都需要以具体的文字描述相应分数或等级的典型表现，否则判断就会受到评价者主观因素的影响②。评价标准体系是由反映一定评价对象或评价目的的所有评价标准构成的一个有机整体。

二、科研评价体系

从字面意思上讲，科研评价体系是关于科研评价的体系或关于科研的评价体系，即用于评价科研活动时的一套评价体系。前已述及，科研

① 金娣，王钢．教育评价与测量［M］．北京：教育科学出版社，2007：107.

② 金娣，王钢．教育评价与测量［M］．北京：教育科学出版社，2007：117.

评价是对科研活动条件（科研条件）、科研活动过程（科研过程）及科研活动结果（科研成果）进行价值判断与价值评定的活动，涵盖科研条件评价、科研过程评价及科研成果评价三个方面。由此出发，本书指出，科研评价体系包括用于评价科研活动条件的评价体系、用于评价活动过程的评价体系及用于评价科研成果的评价体系三个层面的评价体系。本书将评价科研活动条件的评价体系、评价活动过程的评价体系、评价科研成果的评价体系分别简称为科研条件评价体系、科研过程评价体系、科研成果评价体系。无论是科研条件评价体系、科研过程评价体系，还是科研成果评价体系，都分别包含各自的评价指标体系、评价指标权集及评价标准体系三个部分。科研评价体系是一个涵盖科研条件评价体系、科研过程评价体系及科研成果评价体系三个体系或系统的大体系或大系统，其中，科研条件评价体系、科研过程评价体系和科研成果评价体系各自都由相应的评价指标体系、评价指标权集及评价标准体系三部分组成。

三、高校科研评价体系

高校科研评价体系兼有关于高校科研的评价体系和关于高校的科研评价体系之意。立足上文有关“高校科研”、“高校科研评价”、“评价体系”和“科研评价体系”的界说，本书认为，高校科研评价体系是关于高校全体师生员工在自然科学、技术科学、人文科学和社会科学领域中开展的基础性研究、应用性研究和开发研究的评价体系，是在对高校科研的本质特征进行广泛调查和深入探讨的基础上，抽取有关影响高校科研条件、科研过程及科研结果的典型的、本质的特征，制定的一整套适合于一定范围内的、统一使用的高校科研的评判依据，包括评价高校科研条件的一套评判依据、评价高校科研过程的一套评判依据和评价高校科研成果的一套评判依据。简单地说，高校科研评价体系是指，对高校全体师生员工开展一切类型科学研究的条件、过程及结果进行价值判断与价值评定时的一整套依据，是由高校科研条件评价体系、高校科研过程评价体系和高校科研成果评价体系有机构成的一个价值判断体系或价值评定体系，其中，高校科研条件评价体系、高校科研过程评价体系和高校科研成果评价体系各自均由相应的评价指标体系、评价指标权集及评价标准体系三个部分组成。

第二章　构建高校科研评价体系的理论基础

近年来，高校科研呈现出空前的繁荣，主要表现为：科研职能（科学研究职能）逐步提升，科研队伍不断壮大，科研经费逐渐增加，科研成果日渐增多，科研地位日益凸显。在此背景下，高校科研评价问题引起了人们的普遍关注，有关高校科研评价体系也相继问世。甚为遗憾的是，现有高校科研评价体系明显不够科学、不够合理。其原因主要在于已有高校科研评价体系的构建者往往简单采用科学引文索引（Science Citation Index，简称 SCI）、美国工程索引（Engineering Index，简称 EI）、社会科学引文索引（Social Sciences Citation Index，简称 SSCI）、中文社会科学引文索引（Chinese Social Science Citation Index，简称 CSSCI）、艺术人文引文索引（Arts & Humanities Citation Index，简称 A&HCI）等收录的论文数，发表专著数，申请专利数以及科研成果获奖数等量化指标对高校科研状况进行评价，而并未深层探讨构建高校科研评价体系的理论基础。鉴于此，本章将对构建高校科研评价体系的逻辑依据、理论依据及价值取向三大理论问题逐一加以阐述。

第一节　构建高校科研评价体系的逻辑依据

构建高校科研评价体系的逻辑依据是什么呢？所谓逻辑依据，是指逻辑层面的依据，拿构建高校科研评价体系来说，其逻辑依据主要有两个方面：其一，在构建高校科研评价体系的过程中，我们应该依据什么来选取或遴选高校科研评价体系中相应的评价指标，依据什么来确定各评价指标的权重，依据什么来确定高校科研体系中相应的量化评价标准，这些是关于构建高校科研评价体系内容的逻辑依据（简称构建高校科研评价体系的内容依据）。其二，怎样选取或遴选高校科研评价体系中相应的评价指标，怎样确定各评价指标的权重，怎样确定高校科研体系中相应的评价标准，这些是关于构建高校科研评价体系方法的逻辑依据（简称构建高校科研评价体系的方法依据）。本节将着力阐释这两大逻辑依据。

一、构建高校科研评价体系的内容依据

由于高校科研评价体系的内容主要有指标体系、指标权重体系（指标权集）、评价标准体系，加之科学、合理的高校科研评价体系必然不能违背教育理论，不能违背教育实践，不能违背教育政策，因而本书在此将立足指标体系、指标权集、评价标准体系三维视角从教育理论、教育实践及教育政策三个层面探寻构建高校科研评价体系的内容依据。

（一）教育理论层面的依据

理论是实践的指南，与构建高校科研评价体系这一实践密切相关的理论主要来自高等教育学、高等教育管理学、教育评价学、教育测量学、教育统计学、教育经济学等学科及已有相关研究成果。全面审视已有相关理论可知，它们对构建高校科研评价体系实践的指导集中体现于以下十大原则。

一是针对性原则。任何一套评价体系都是针对一定评价对象的某方面本质特征（或本质属性）而言的，这些本质特征或本质属性就是评价的目标。“评价指标是根据评价的目标，由评价指标的设计者分解出来的，能够反映评价对象某方面本质特征的具体化、行为化的主要因素……指标是目标的具体化和操作化，是操作化了目标。”[①] 可见，任何一套评价指标体系都是根据评价的目标而逐步分解而来的，都是围绕一定评价对象的某方面本质特征而设计的，具有明显的针对性。指标权重，也叫指标权数，是反映各项指标在评价指标体系中重要程度的量

---

① 黄光杨．教育测量与评价［M］．上海：华东师范大学出版社，2012：115．

数。研究表明，“根据评价对象的历史条件和环境条件，适当地调整某些指标的权数，就能引导人们重视工作中的某些薄弱环节，便于人们在工作中抓重点，抓关键，区分主次、轻重缓急，集中精力抓好主要工作”①。评价标准是评价一定评价对象的某方面实际达到相应指标程度的具体要求②，反映评价指标体系中相应末级指标对应评价项目的状况，清晰指明一定评价对象某方面的优劣水平及努力方向。不言而喻，构建高校科研评价体系时，无论是拟定相应的评价指标，还是拟定各项评价指标的权重，亦是拟定各项末级指标的评价标准，都应具有一定的针对性。

二是指导性原则。毋庸置疑，任何一套评价体系的各级指标及其相应权重和末级指标的评价标准都是针对一定评价目标而拟定的。之所以拟定相应的指标、权重及评价标准，既是为了判断一定评价对象某方面本质特征的价值，也是为了引导一定的人群朝向某一方向发展。可见，评价体系具有明确的定向指导作用。针对高校科研构建评价体系，既是为了评价高校科研的状况，也是为了给高校师生员工指明具体的奋斗目标与努力方向。显然，构建高校科研评价体系时，务必把握好评价体系的指导作用，千万不能随意拟定指标、权重及评价标准。

三是公平性原则。由于评价具有价值判断的作用，因而评价体系的指标体系、权重系统及评价标准不同，最终得出的有关评价对象某方面本质特征的价值判断就会有别。由此可见，评价体系的指标及其权重和末级指标的评价标准是否能够被科学合理地拟定，直接关系到评价结果的公平与否。为此，在拟定高校科研评价体系的指标、权重及评价标准时，务必充分考虑到不同类型、不同层次高校的特殊性，针对不同类型、不同层次的高校，设计具有相对弹性的指标、权重及末级指标的评价标准，以之尽量保证评价结果的公平。比如，为了公平地评价研究型高校和教学型高校的科研状况，在拟定高校科研评价体系时，可以设计一定数量的弹性指标，有差别地评价研究型高校和教学型高校，还可以

① 黄光杨．教育测量与评价［M］．上海：华东师范大学出版社，2012：117．
② 徐红．教育测量与评价［M］．武汉：华中科技大学出版社，2016：121．

针对研究型高校和教学型高校，对同一指标尤其是同一末级指标有差别地设定不同的权重，甚至可以针对研究型高校和教学型高校，对同一末级指标拟定有差别的评价标准。

四是客观性原则。前已述及，任何一套评价体系的各级指标及其相应权重和末级指标的评价标准，都是针对一定评价目标而拟定的，具有显著的主观性。这种主观性的存在，无疑会降低评价结果的信度与效度。为了保证评价结果具有较高的信度与效度，在构建评价体系时，务必保证评价体系的指标及其权重和末级指标的评价标准体系，尽可能客观反映一定评价对象的本质特征。为此，在构建高校科研评价体系时，应尽可能从当下高校的客观实际出发，在广泛、充分调研的基础上，实事求是地拟定相应的指标、权重和评价标准。

五是统一性原则。一般来说，评价指标体系是通过逐级分解评价目标而来。尽管评价指标之间具有一定的层级性，但它们最终都是指向同一评价目标的。为此，在拟定高校科研评价指标体系时，要确保指标内涵的一致性，要确保评价指标与评价对象或评价目标的一致性，要确保下一层级的评价指标与上一层级的评价指标（评价对象或评价目标）保持一致。

六是科学性原则。所谓科学性原则，是指在构建高校科研评价体系的过程中，既要以一定的科学理论作指导，又要以一定的科学思维方法着手实施，确保评价体系具有较高的信度与效度。具体来说，在拟定高校科研评价体系的指标体系及其权重系统和末级指标相应的评价标准的各个环节时，都应符合科学要求，力求指标体系及其权重系统和相应的评价标准能反映教育方针与教育政策，能反映高等教育的基本规律与高校科研的本质特征，能反映高等教育的客观现实与高校科研的客观实际。此外，务必确保评价指标体系中各项指标之间不相互矛盾，同一层级上的指标之间相互独立、互不包含，下一层级指标能完整地反映上一层级指标，整个指标体系能完整地反映总体评价目标或评价对象。

七是可行性原则。评价体系是一种价值判断的工具，其自身的价值直接体现在评价实践活动中。显然，某种评价体系在评价实践中是否可行或可行性程度的大小，不仅直接关系到该种评价体系自身价值的有无或自身价值的大小，而且直接关系到相应评价结果的有效性或合理性。

为此，构建高校科研评价体系时，一方面应力求评价指标及其权重和相应的评价标准做到具体、可测、明确、简洁，并能为被评价者所理解和接受；另一方面应尽量少用甚至不用抽象的数学模型。

八是发展性原则。评价既是一种价值判断活动，又是一种反馈促进活动；构建评价体系，既是为了判断一定评价对象或一定评价对象的某一方面的本质特征之价值，也是为了激励一定评价对象更有针对性地发展与改进。为此，构建高校科研评价体系时，既应关注指标体系及其权重系统和相应评价标准对高校科研状况的评判作用，也应关注指标体系及其权重系统和相应评价标准对高校科研的促进作用，确保最终构建的评价体系不仅能够科学、合理地评价高校的科研状况，而且能够科学、合理地促进高校科研事业可持续发展。

九是基础性原则。从理论上讲，“高校科研是不考虑其工作是否有间接或直接的用处的。科研首先是针对知识本身的，是为了发展知识，而不是为了利用知识。衡量高校科研的尺度是认识上的进步、方法和结果的真实性和可检验性”①。可见，构建高校科研评价体系时，务必将基础性研究成果作为评价高校科研状况的一项重要评价指标，同时加大高校基础性研究成果评价指标的权重，以此鼓励高校开展基础研究，促进高校回归高校科研应有的本位，并承担高校科研应有的发现知识与创新知识的使命。

十是教学性原则。高校是培养高层次人才的场所，尽管科学研究也是高校的一项基本职能，但从高校的性质看，人才培养乃高校的根本职能。高校科研的出发点应立足于培养人才，尤其是培养具有创新思维与创新能力的高层次人才。为此，高校科研应与教学相结合，为培养高层次人才服务。高校教师不应该为了科研而科研，而应该通过科研这种渠道或方式，一方面将科研取得的新成果转变成教学内容而将大学生带到学科发展前沿，另一方面吸纳大学生直接参与科研而加快实现科研育人的愿望。高校科研的理想状态应是既能推动学科体系的发展，又能促进

① 德国科学委员会．德国高等学校90年代发展展望［M］//吕达，等．当代外国教育改革著名文献：德国、法国卷．北京：人民教育出版社，2004：42.

学生思维的发展，这本是高校科研的显著特点，也是高校科研的主要优势，即科研“驱动力”上的优势①。显然，在构建高校科研评价体系时，务必从指标体系及其权重系统和相应的评价标准三个层面突出高校科研在教学方面的贡献。

（二）教育实践层面的依据

综观国内外有关高校科研评价实践发现，尽管迄今尚无公认的高校科研评价体系，但国内外都存在评价一般科研或评价高校科研的多种评价体系。比如，国家自然科学奖评价指标体系，国家最高科学技术奖评价指标体系，国家技术发明奖评价指标体系，国家科学技术进步奖（技术开发项目）评价指标体系，国家科学技术进步奖（社会公益项目）评价指标体系，国家科学技术进步奖（国家安全项目）评价指标体系，国家科学技术进步奖（重大工程项目）评价指标体系，国家科学技术进步奖（科普项目）评价指标体系，中华人民共和国国际科学技术合作奖评价指标体系，国家973计划项目中期评估评议表及国家973计划项目验收评价体系，武书连中国大学排名指标体系，等等。此外，还有我国各所高校自行制定的有关科研的评价体系。尤值一提的是，除了上述国家或集体层面制定的有关科研评价体系外，还有某些学者研制的有关科研或高校科研的评价体系。比如，周文泳、钟灿涛、尤建新从科研管理的视角构建了“支持改进的科研质量评价模型及其构成要素”②；马哲伟从我国高校实际出发，对高校科研项目、重点实验室、工程技术研究中心、中小企业服务中心、大学科技园、人文社会科学重点研究基地、产学研合作、科研成果、学报成果、科研队伍、大学生科研能力、科研经费、科研水平等评估的意义（作用）、原则、内容、程序和方法逐一进行过阐述并构建过相应的评价指标体系③。审视以上所述评价体系，我

① 肖玉梅．高等教育行政管理学［M］．北京：中国人民大学出版社，2006：240-241.

② 周文泳，钟灿涛，尤建新．科学研究质量改进理论与方法［M］．北京：化学工业出版社，2012：86-93.

③ 马哲伟．高校科研评估［M］．大连：东北财经大学出版社，2007.

们认为，虽然它们各自存在不同程度的局限性，但它们都接受过评价实践的检验且被证明具有一定的科学性、合理性与可行性。显然，在拟定高校科研评价体系之时，一方面可以借鉴或吸收国内外现行的一般科研评价体系中合理性的指标及其权重与评价标准，另一方面还可以借鉴或吸收国内外现行的高校科研评价体系中合理性的指标及其权重与评价标准。

（三）教育政策层面的依据

从高校与政策的关系看，我国高校的发展历来都为教育政策所制约。所谓教育政策，是指在一定的历史时期，国家或政府等权力机关或政党组织等政治团体，为了全面提升教育质量而以语言文字等表述形式对教育目标、教育资源、教育权利、教育机会、教育制度等做出的相应规定①。不难推断，作为高校主要活动之一的科研活动，其发展问题必然为教育政策所规约。近年来，随着高校科研的价值及贡献日渐凸显，政府对高校科研的投入随之持续增加，与此同时，为了从高校科研活动中获得更大的收益与回报，政府通过教育政策的形式对高校科研成效提出了直接或间接的要求。不言而喻，有关教育政策对高校科研成效提出的要求，其实就是构建高校科研评价体系时的重要依据。比如《国家中长期教育改革和发展规划纲要（2010—2020年）》明确提出："高等学校是国家基础研究的主力军，是高新技术研究的重要方面军。……要求高校结合自身特点和科研方面的优势，增强创新能力，提升科研水平，为国家经济社会发展提供有力的知识与技术支撑。……促进高校、科研院所、企业科技教育资源共享，培育跨学科、跨领域的科研与教学相结合的团队，促进科研与教学互动、科研与创新人才培养相结合。……推动科研评价从偏重数量向更加注重创新和质量的方向转变，更好地发挥科研评估在鼓励创新方面的积极导向作用。"② 由此可见，在构建高校科研

① 徐红．专家型教师培养标准研究［M］．北京：中国社会科学出版社，2013：33．

② 《教育规划纲要》工作小组办公室．教育规划纲要辅导读本［M］．北京：教育科学出版社，2010：96．

评价体系之时，无论是在指标体系的拟定上，还是在权重系统的拟定上，都应凸显高校在基础性研究、高新技术研究、教学研究、学科建设研究及产学研一体化研究等方面的科研质量与科研创新水平。又如，《关于改进科学技术评价工作的决定》中指出：科学技术评价要根据不同层次、不同类型科学技术活动的特点，确定不同的评价目标、内容和标准；要重点评价具有代表性的突出成绩和典型事件；科技产业化的评价以产品的技术先进性和创新性及其未来的产业化水平和发展前景为主要评价标准；科技评奖应以是否具有重大科技创新、重大技术进步，阐明自然现象、特征和规律，做出重大科学发现，以及在相应领域、学科内产生影响等实质性的价值标准作为重要指标；不能仅看 SCI、EI 等收录的论文数量，要注重评价科学论文的质量，强调论文的被引用情况，并根据不同学科领域区别对待，避免绝对化；加强科学道德建设，反对任何形式的学术不端行为。为此，在构建高校科研评价体系之时，务必设计某些指标并以不同权重体现不同层次、不同类型高校的科研特点；将高校科研领域中的代表性成果及典型业绩纳入高校科研评价体系之中并适当增加其相应指标的权重；科技成果转化方面的指标应以产品的技术先进性、创新性及发展前景为主，并适当增加相应指标的权重；在科技成果奖项评价上，应突出科技成果在重大科技创新、重大技术进步、基础理论积淀、重大科学发现及相应学科和社会领域中的重大影响等方面的指标及其权重；应将 SCI、EI 等数据库收录的论文纳入高校科研评价体系之中，要关注其数量指标，更要关注其质量指标，此外，还要在相应指标及其权重上反映所有论文的引用与转载情况；将科研诚信、科研品格等科研伦理纳入高校科研评价考核中来，并以相应的指标及权重反映高校的科研伦理素质。再如，教育部《关于进一步改进高等学校哲学社会科学研究评价的意见》强调：哲学社会科学研究评价要牢固树立科学的质量观，正确把握数量和质量的辩证关系；大力推进优秀成果和代表作评价；坚持价值性与科学性、民族性与国际性、继承性与创新性、政治性与学术性的统一；把是否发现新问题、运用新方法、使用新资料、提出新观点、构建新理论、形成新对策等作为评判研究成果质量高低的主要指标；充分尊重研究成果所有参与者的实际贡献；正确认识

SCI、SSCI、A & HCI、CSSCI等引文数据在科研评价中的作用，避免绝对化；摒弃简单以出版社和刊物的不同判断研究成果质量的做法；针对论文、著作、教材、研究报告、普及读物、非纸质出版物等不同形式的研究成果建立分类评价标准体系；用不同的标准评价不同类型的研究成果。其中，基础研究要在思想理论上有所创新、传承文明上有所贡献、学科建设上有所推动，应用对策研究要在提升国民素质上有所作为、解决经济社会发展重大问题上有所突破、为党和政府提供决策服务上有所建树；坚持定性评价与定量评价相结合。为此，在构建高校科研评价体系之时，无论是在指标体系的拟定上，还是在相应权重的设计上，均应以这一政策中的相关意见作为依据。还如，教育部《关于深化高等学校科技评价改革的意见》中写道：高校科技评价中重数量轻质量、重形式轻内容、重短期轻长远的现象依然存在；评价指标单一化、评价标准定量化、评价方法简单化、评价结果功利化等倾向没有得到根本扭转；分类评价实施不到位，对科技成果转化、科学普及等工作激励不足；科技支撑教学和创新人才培养的导向不够；开放评价、长效评价机制不够健全……深化科技评价改革的指导原则是，鼓励创新，服务需求，科教结合，特色发展。……深化科技评价改革的目标是，根据不同类型科技活动特点，建立导向明确、激励约束并重的分类评价标准和开放评价方法，营造潜心治学、追求真理的创新文化氛围。着力提升基础研究和前沿技术研究的原始创新能力，关键共性技术的有效供给能力，支撑高质量创新人才培养的能力，服务国家和区域经济社会发展战略需求的能力。可见，以质量和创新为导向，突出科教融合的理念，注重基础研究和前沿技术研究，注重科研团队评价，注重分类评价，注重定量和定性相结合，注重科研过程与科研条件的评价，注重科研成果的转化等，都是构建高校科研评价体系时应该遵循的依据。此外，政府在《统筹推进世界一流大学和一流学科建设总体方案》中明确提出：高校要以国家重大需求为导向，提升高水平科学研究能力，提高科技创新能力……打造一批具有中国特色和世界影响的新型高校智库，提高服务国家决策的能力……建立健全具有中国特色、中国风格、中国气派的哲学社会科学学术评价和学术标准体系……促进高校学科、人才、科研与产业互动，打通基础研究、应用开发、成果转移与产业化链条，推动健全市场导向、社会资本参与、多要素深度融合的成果应用转化机制。显然，在构建高校科研评价体系过程中，坚持质量和创新为取向，立足国情，注重科研产出，重视科研成果的转化等，都是应该遵循的依据。

二、构建高校科研评价体系的方法依据

综观国内外有关评价体系（包括评估体系、评价或评估指标体系、评价或评估方案）的研究成果，不难发现，尽管不同类型的评价体系因其评价对象与评价目标的不同，而有不同的指标体系及权重系统与评价标准体系，但从其构建的方法上看，却基本一致。不难推断，这些基本一致的构建方法必定能够用来指导高校科研评价体系的构建。即是说，已有评价体系的构建方法可作为构建高校科研评价体系时在方法层面的依据。具体而言，这一方法层面的依据主要体现在如下十大关键环节上。

（一）明确评价目的

评价体系是指出于评价某种事物的目的与需要，在对该事物的本质特征进行广泛调查与深入研讨的基础上，抽取其中具有典型性的本质特征而制定的一套适用于一定范围内的评判依据。显然，任何评价体系都是基于一定的评价目的而构建的。不言而喻，明确评价目的是构建高校科研评价体系的首要环节。

（二）明晰评价对象

评价对象亦称评价目标，是评价的客体。明晰评价对象，是解决评价什么或评价谁的问题。评价体系是用来评价一定评价对象某方面本质特征的价值的，因而评价体系必然围绕评价对象构建而成。可见，明确评价对象是构建评价体系的前提与基础，评价对象越明晰，构建评价体系也随之越容易。对于高校科研评价体系来说，其评价对象理应是高校科研。显然，要想构建一套科学、合理的高校科研评价体系，必先明晰高校科研的内涵与外延。

（三）初拟评价指标

评价指标是根据构建评价标准的目的，以评价对象为目标并逐层分解评价对象，用来“反映评价对象某方面本质特征的具体化、行为化的

主要因素”[①]。评价指标是对评价对象的某方面本质特征进行价值判断的依据。其中，每一个指标只能反映评价对象的某个局部特征，指标体系（按评价对象本身的逻辑结构，将处于各层级的全部指标进行排列所得到的指标集合）才能反映评价对象某方面的总体特征。值得一提的是，评价对象的内涵通常比较复杂，需要多层级分解才能使最后分解出来的指标（末级指标）可以测量。一般来说，指标体系分解到第三级就够了[②]。根据构建评价体系的目的，可将评价对象分解为多种类型的指标。比如，可以根据高校科研成果类别的不同，分别将相应指标归为硬指标和软指标。所谓硬指标，是指达标要求是固定而精确的，如获奖情况、项目情况、专著及论文的数量等；所谓软指标，是指达标要求伸缩性较大、相对模糊，如科研成果产生的社会效益[③]。当然，还可根据评价指标本身的特点将它们分别归为条件性指标、过程性指标及效果类指标。

初拟各层级评价指标的方法通常有因素分析法、理论推演法、头脑风暴法和专家咨询法。其中，因素分析法是一种逐级分解评价对象，并将分解出来的主要因素作为初拟指标的方法；理论推演法是一种根据有关学科的理论推演具体评价指标的方法；头脑风暴法是一种在不受他人干扰的情况下，根据个人见解提出评价指标的方法，或者多个人在智力碰撞的基础上，因激发智慧灵感而提出评价指标的方法；专家咨询法是一种在征询专家意见的基础上初拟指标的方法。在构建高校科研评价体系时，可以综合运用以上几种初拟指标的方法。

（四）筛选评价指标

一般来说，初拟指标还需要进一步筛选，方能作为评价指标体系的一部分。其原因主要有二：其一，在各层级初拟指标中，有的初拟指标能反映评价对象的本质，有的初拟指标则并非如此；其二，有些初拟指标之间出现了交叉、重复、包含、矛盾及因果关系，理应进行归类、合并或舍弃。

筛选多层级初拟指标的方法主要有经验法、专家会议法和调查统计

① 黄光杨．教育测量与评价［M］．上海：华东师范大学出版社，2012：115.

② 黄光杨．教育测量与评价［M］．上海：华东师范大学出版社，2012：116.

③ 胡中锋，李芳．教育测量与评价［M］．广州：广东高等教育出版社，2010：98.

法等三种。其中，经验法是指评价指标的设计者根据自己的学识水平与工作经验筛选初拟指标的方法；专家会议法是指相关专家在集体探讨的基础上筛选初拟指标的方法；调查统计法是指在调查统计的基础上筛选初拟指标的方法。这三种筛选指标的方法各有优缺点，在构建高校科研评价体系时，可以将它们结合起来。

（五）确定指标权重

指标权重是反映一项指标在评价指标体系中重要程度的量数，常用小数、整数或百分数等形式表示。对于多层级评价指标体系来说，应针对每项评价指标分配权重，以之确定其相对重要性的程度。不过，值得指出的是，有时为了方便表达，可在一套评价体系中仅列出末级指标的权重。研究表明："根据评价对象的历史条件和环境条件，适当地调整某些指标的权数，就能引导人们重视工作中的某些薄弱环节，便于人们在工作中抓重点，抓关键，区分主次、轻重缓急，集中精力抓好主要工作。"① 为此，在拟定高校科研评价体系中相关指标的权重之时，可以适当增大或减小某些指标的权重，以此促进高校科研质量与水平的提升。

确定指标权重的方法主要有关键特征调查法、两两比较法、专家评判平均法和倍数比较法等四种。其中，关键特征调查法是指，先请被调查者从所提供的初拟指标中找出最关键、最有特征的指标，再对指标进行筛选并求出其权重的方法，这种方法其实可以作为筛选指标的方法；两两比较法是指，先对指标进行逐对比较，并加以评分，重要者记 1 分，次重要者记 0 分，然后分别计算各项指标得分之和，再除以所有指标得分之总和；专家评判平均法是指，先分别请专家评判其权重，然后以专家评判结果的平均数作为各指标权重；倍数比较法是指，先对已确定的指标，以每一级指标中重要性程度最小的指标为基础，记为 1，然后将其他指标与它相比，作出重要性程度是它多少倍的判断，再经归一化处理，即获得该级各指标权重②。

① 黄光杨．教育测量与评价［M］．上海：华东师范大学出版社，2012：117．

② 黄光杨．教育测量与评价［M］．上海：华东师范大学出版社，2012：119-122．

（六）设计评价标准

此处所说的评价标准是指，针对一定评价对象某方面的本质特征提出的标准。具体来说，此处的评价标准是指“针对每项评价指标的分类作出具体规定，提出具体要求和说明。它是衡量评价对象达到评价指标要求的尺度，对什么是好、什么是较好、什么是一般、什么是差等作出明确具体的描述和规定”①。一般来说，评价标准可分为效能标准、职责标准和素质标准②。其中，效能标准是关于工作效果和效率的评价标准，职责标准是关于承担职责或任务的评价标准，素质标准是关于应备条件的评价标准。在构建高校科研评价体系时，应该针对每项指标所反映的具体内容设计相应的评价标准。

（七）设定评价标度与等级

评价标度简称标度，是指评价对象某方面本质特征达到标准的程度。表示标度的方法既可以用描述性的语言表示，又可以用量化形式表示。设定标度是为了说明什么样的程度属于什么等级。为了精确评价一定对象的某方面本质特征，通常将评价标准设定为多个等级。关于设定等级的数量，“心理学的研究表明，评价标准的等级一般为3—5个”③。当然，到底设定多少等级为宜，还得依据具体实际来确定。

（八）检验评价体系的信度和效度

从评价体系的性质与作用看，评价体系可以看成是一套量表。与一般量表需要检验其信度和效度一样，对于初步构建的评价体系必须检验其信度和效度，信度和效度是衡量评价体系质量的重要尺度。由此可见，对构建而成的高校科研评价体系，必须检验其信度和效度。

（九）完善评价体系

毋庸置疑，如同所有初步构建而成的评价体系一样，初步构建而成的高校科研评价体系不一定符合当下实际，需要进一步征询意见及在实

① 黄光杨．教育测量与评价［M］．上海：华东师范大学出版社，2012：117．
② 胡中锋，李芳．教育测量与评价［M］．广州：广东高等教育出版社，2010：99．
③ 黄光杨．教育测量与评价［M］．上海：华东师范大学出版社，2012：122．

践中加以试测、验证、修改，并在此基础上逐步完善。比如，使用初步构建的高校科研评价体系测量几所典型高校的科研体系，看其是否能够客观公正地评判并反映这几所高校的科研状况。

（十）编制评价表

评价表是指以表格形式将评价体系中各层级评价指标、各项指标权重及评价标准（含评价标度与等级）等内容直观显示出来的一种表格。为方便使用，评价表中往往还专设一栏“评价结果”，其目的是供评价者填写各项评价指标的得分或等级。同理，为方便使用，最后还需要将完善后的高校科研评价体系编制成高校科研评价表。

第二节　构建高校科研评价体系的理论依据

一、系统理论

系统是指“同类事物按一定的关系组成的整体”①，构成系统的同类事物（各个要素）之间相互联系、相互作用，从而使系统具有一定的结构与功能。系统与构成系统的各个要素之间是整体与部分的关系，它们亦相互依存，共同作用。其主要表现为：一方面，系统对其各个构成要素具有支配性，即系统的本质属性与特有功能制约着各个构成要素的属性与功能；另一方面，系统对其各个构成要素具有依赖性，即各个构成要素是系统存在的基础，各个要素的变化必然会引发系统的变化。值得指出的是，构成系统的各个要素对于系统本身的重要程度是存在差别的，即是说，有些要素对于系统的组成结构与功能作用来说显得更重要些，而有些要素对于系统的组成结构与功能作用来说显得更次要些，且各个构成要素之间本身还有层次之分，即有些构成要素还是由其他几种构成要素构成的。为此，在遴选评价指标时，应该运用系统的思维与方法，根据评价对象的属性、结构、功能及发展变化情况对相应指标予以取舍，提炼出主要的、决定性的指标。构成系统的各个要素不是杂乱无

① 中国社会科学院语言研究所词典编辑室. 现代汉语词典［M］. 北京：商务印书馆，2016：1399.

章地拼凑在一起，而是按照某种序列结构与理论逻辑组成一个相互作用的有机整体。系统的整体功能通过其各个构成要素的内在联系和作用方式体现出来，若各个构成要素在相互作用过程中具有合理的结构与良好的状态，则系统的功能在整体上就会得到充分发挥；若某个构成要素残缺，则整个系统会出现结构失调、时序倒置、机制紊乱、功能低下等问题，甚至整个系统会分崩离析。

高校科研评价体系是由高校科研条件评价体系、高校科研过程评价体系和高校科研成果评价体系组成的有机整体，是一个具有特定结构与功能的复杂系统。系统理论无疑可以为我们分析高校科研评价指标体系、评价指标权集和评价标准体系，以及指导高校科研评价指标体系、评价指标权集和评价标准体系构建提供理论基础。高校科研评价体系有什么样的系统结构，就必然表现出相应的系统功能。高校科研评价体系的结构规定、制约着高校科研评价体系功能的性质和水平，限制着高校科研评价体系功能的范围和大小。不言而喻，高校科研评价体系的结构与功能的系统原理，可以为我们认识和完善高校科研评价体系提供非常宝贵的理论和方法。

二、利益相关者理论

利益相关者理论最早是由哈佛法学院学者梅里克·多德（E. Merrick Dodd）提出来的，在20世纪60年代左右逐步得到发展。20世纪90年代之后，利益相关者理论逐渐获得应用与推广。该理论认为，由于利益要求不同，不同利益相关者对同一评价对象会产生不同的关注焦点，进而得出不同的结论，在管理过程中，管理者理应为综合平衡各个利益相关者的利益要求而进行管理活动。

利益相关者理论可以为我们构建高校科研评价体系提供理论支持。依据利益相关者理论，可将高校的利益相关者分为四类：一是主要的社会性利益相关者，他们具备社会性和直接参与性，如高校教师、高校管理者；二是次要的社会利益相关者，他们通过社会性的活动与高校形成间接关系，如政府、科研院所等；三是主要的非社会利益相关者，他们对高校有直接的影响，但不作用于具体的人，如与高校所处的地理环境与人文环境直接相关的团体与个人等；四是次要的非社会利益相关者，他们不与高校有直接的联系，也不作用于具体的人，如社会中介评价组织、民间团体等。高校具有众多的利益相关者，不同的利益相关者，其关心的内容和侧重点有所不同，在选择特定的利益相关者作为高校科研评价主体时，应根据特定利益相关者的利益要求特点设计评价体系。

三、3E 理论

高校科研评价体系是一个复杂的系统，且其中包含着诸多文化、政策及人类行为等软因素，因而可以借鉴软系统方法论（Soft System Methodology，简称 SSM）对其进行分析。SSM 是由切克兰德（Checkland）教授等人从系统的角度提出的一种认知和处理复杂问题的方法，他们认为 SSM 能在逐步逐层分析和理解系统所面对的复杂环境、复杂问题的基础上，提出具备逻辑合理和现实可行的解决方案①。目前，SSM 理论日益成为一种分析复杂问题的有效工具。例如，Bolton 和 Gold 利用 SSM 对如何提高人力资源管理成效进行了分析，并提出了改进建议②；Hsu 和 Yeo 借鉴 SSM 分析流程，对公共科研机构不同层面权益人的需求和目标、机构内容组织机制和外部社会环境开展了系统分析，为公共研究机构在当前社会环境下如何满足科技发展长期目标提出了建议③；Jacobs 利用 SSM 对如何提高英国国家卫生系统服务业绩进行了分析④。SSM 认为，任何一个被分析（评价）对象都可以从三个问题——为什么做（R）、做什么（P）和怎样做（Q）入手，逐步逐层展开系统分析，且任何系统都可以从产出（E1：efficacy）、效率（E2：efficiency）和效果（E3：effectiveness）三个方面来监控。其中，E1 用于衡量系统自身

① CHECKLAND P B. Towards a system-based methodology for real-word problem solving [J]. Journal of system engineering，1972（3）：87-116.

② BOLTON R，GOLD J. Careermanagement：matching the needs of individuals with the needs of organizations [J]. Personnel review，1994（1）：6-24.

③ HSU J P，YEO K Y. Asystemic approach to re-engineera Public Research Institute（PRI）for commercialization [J]. International journal of project management，1996（6）：387-393.

④ JACOBS B. Using soft systems methodology for performance improvement and organizational change in the English national health service [J]. Journal of contingencies and crisis management，2004（4）：138-149.

的产出，E2 用来体现系统对资源的利用情况，E3 用于衡量本系统产出对其上级系统目标的贡献。本书所言 3E 理论就是指切克兰德教授提出的 3E 监控思想，即产出（efficacy）衡量自身的产出，效率（efficiency）体现系统对资源的利用情况，效果（effectiveness）体现本系统产出对其上级系统的作用。

本书认为，3E 理论可以作为构建高校科研评价体系的理论基础。这是因为，高校科研的投入与产出转化过程的成效可以通过 E1、E2 和 E3 来分别评价，其中：E1 与 P（做什么）相关，评价高校科研的直接产出或增加的产出，如高校发表论文、出版著作、获取项目、培养人才等；E2 与 Q（怎样做）相关，注重是否能用最少的资源或最短的时间获得更多的产出，如人均论文数、人均专利数、人均获取经费数等；E3 与 R（为什么做）相关，关注这些科研产出是否与上级决策或管理部门的价值导向一致，如高校发表的论文、获得的专利是否具有创新性和影响力，是否能提高科技竞争力和促进国家经济发展等。以 SSM 系统分析为基础，立足 3E 理论构建高校科研评价指标体系的方法具有五大特点：一是在逐步逐层分析评价对象内部功能与外部环境、发展战略与评价目的、不同层面权益人需求基础上构建评价体系；二是从不同层面、不同评价维度遴选的评价指标互为支撑、相互补充，可以构成一个逻辑严谨的评价指标体系；三是最终确定的评价指标能够满足科研评价系统的需求，且具有足够的操作性；四是对各个评价指标的内涵界定相对清晰；五是评价指标既可用于诊断性评价，又可用于排序性评价。尤其是，在此基础上建立的评价结果更具有目标性、系统性、透明性和可比性①。

第三节　构建高校科研评价体系的价值取向

评价是一种价值判断活动，具有明显的主观性，高校科研评价亦不例外。显然，立足不同的价值取向，可以构建相异的高校科研评价体

① 孟溦，李强，刘文斌. 基于 3E 理论构建科研机构评价指标体系 [J]. 科学学研究，2007，25 (5)：908-914.

系。为了构建一套科学合理、切实可行的高校科研评价体系，本节专门探讨有关构建高校科研评价体系的价值取向问题。

一、高校科研评价体系价值取向的概念解析

（一）价值取向

1．价值

在哲学界，对于“价值”这一概念上下了很多功夫，关于价值的本质及相关问题的研究已经取得了相当丰富的结果。孙伟平在《事实与价值》中对价值与主体、价值与需要、价值与能力、价值与目的、价值与评价之间的关系进行了较为详尽的阐释①。主体是指对象性行为中作为行为者的人，客体是指这一对象性关系中的对象②。主体的需要本质上是一种社会性的需要，是在社会活动中产生并得以提升的，价值无法脱离主体而存在，价值关系可以被视为主体性的关系，把人的需要作为衡量价值的重要尺度，根据事物的属性能不能满足需要的状况确定事物的价值。正如袁贵仁（2006）所言：“人的需要作为价值的尺度……在一定意义上可以说，有什么样的需要论也就有什么样的价值论，价值的种种问题在很大程度上要通过需要来解决。”③ 人的需要与其能力密切相关，人的需要意识的觉醒、自我需要与客体性质之间的关系的建立，以及这种关系对主体需要的满足，在很大程度上都是由其能力所决定的④。

学术界关于价值问题的探索和争论一直存在，西方哲学各派对于价值的定义至少有几十种，以至于作为价值哲学的基本概念的价值究竟是什么，至今仍未有一个公认的说法。作为价值哲学的基本范畴，价值是对各个领域中各个特殊的、具体的形态的总概括、总抽象。李德顺（2013）在《价值论》中分析了几种流行的关于价值的理解，如价值是人类的一种精神现象，是人的旨趣、情感、意向、态度和观念等方面的

① 孙伟平．事实与价值［M］．北京：中国社会科学出版社，2000：86-92．

② 李德顺．价值论［M］．北京：中国人民大学出版社，2013：30．

③ 袁贵仁．价值观的理论与实践：价值观若干问题的思考［M］．北京：北京师范大学出版社，2006：73．

④ 孙伟平．事实与价值［M］．北京：中国社会科学出版社，2000：1-3．

感受状态（观念说）；价值是一种独立存在的实体或现象体系（实体说）；价值是某些实体所固有的或在某些情况下产生的特殊属性（属性说）；价值是客体满足主体需要的关系（关系说）；价值是无法脱离主体存在的，价值必须通过社会实践活动才能体现出来，是在实践中形成和发展的。他提出了自己关于价值的主张——实践说，即认为价值是在实践—认识活动中建立起来的，以主体尺度为尺度的一种客观的主客观关系，是客体的存在、性质及其运动是否与主体本性、目的和需要相一致、相适合、相接近的关系①。

尽管对于价值的理解歧见纷呈，价值哲学仍然致力于从众说纷纭的价值观中抽象出一般的价值，从价值的本质入手，研究具有普遍性的价值问题。在实践中，人们在生活中会面临各种各样的问题，需要不断地思考和解决问题，这些问题可以归结为两类：一类是事实问题，即对客观事物的认识问题，比如“这是什么”；另一类是价值问题，即对客观事物对人的意义问题，是人面对事物应该持有什么态度或者采取什么行动的实践问题。例如“这是一次高校科研评价”，属于事实判断，它描述了一个客观的情况，并没有要求人们做什么；“这是一次有效的高校科研评价”，属于价值判断，“有效的”表达了一种态度，要求采取一种行动。在价值判断中包含了对行动的要求，具体应该做什么或不做什么，具有价值指向性，会把人们的行动引向被判断为有价值的目标②。“任何学科要发挥自己的现实作用，都必须经过‘面对价值选择’或‘提供价值取向’这一关，因此它们最终都不能是与价值无涉的。”③

本书认为，价值产生于与主体和客体之间的实践关系，价值是指在实践中客体属性满足于主体需要的关系。价值具体表现形式有哪些？依据不同的角度和方式，就会有不同划分和排列，为了便于说明，我们对本研究中所涉及的主要价值类型进行归纳阐述，见表 2-1④。在哲学意义

① 李德顺．价值论［M］．北京：中国人民大学出版社，2013：27-29．

② 兰久福．全球化过程中的价值多样化［M］．北京：北京师范大学出版社，2010：288．

③ 李德顺．价值论［M］．北京：中国人民大学出版社，2013：21-22．

④ 李连科．价值哲学引论［M］．北京：商务印书馆，1999：9-12．

上，最普遍的分类就是依据所满足的需要在主体生存发展中的整体性质和地位，将价值分为“目的价值”和“工具价值”①。目的是指对一定需要的满足本身，工具则是达到目的所依靠的条件和过程，目的和工具是两种最普遍的价值。在国内外学术讨论中，存在很多疑似“目的价值”的概念，如本研究文献综述中马克思·韦伯提出的“工具理性和价值理性”的区分中，“价值理性”就含有目的价值的意味，而“内在价值”、“主体价值”、“自身的价值”等提法都与“目的价值”相似，还有些人在描述某种不依赖于具体关系而存在的永恒价值现象时，使用“终极价值”这一提法也包含“目的价值”的意味。本书中将这些相似、疑似概念统一理解为目的价值。

表 2-1　主要价值类型

分类依据	类型	说明
依据主体的需要划分	物质价值	满足人的物质生活需要的价值
	精神价值	满足人的精神生活需要的价值
依据所满足的需要在主体生存发展中的整体性质和地位划分	目的价值（主体价值、终极价值）	客体对于主体需要的满足所形成的价值
	工具价值（手段价值）	与其他价值的实现或完善有关的价值
依据人所追求的理想境界划分	认识价值	对象或人的活动对认识本身形成和发展的价值
	功利价值	满足主体现实生存发展的直接需要的价值
	道德价值	满足社会关系需要的价值
	审美价值	满足人们审美需要的价值
依据主体的形态和层次划分	个体价值	满足个人发展需要的价值
	社会价值	满足社会发展需要的价值

2．价值观

陈章龙（2006）在《论主导价值观》中认为，价值观念是人们在特

① 李德顺．价值论［M］．北京：中国人民大学出版社，2013：82．

定社会环境中对价值关系的理性把握，即人们对价值关系的认识。价值观念不再停留在“我需要什么”水平上，而是“由于某种理由，我应该如何”的思考①。价值观是一种理论化、系统化的价值观念，价值观是与人相关的，因而无法脱离一定主体，不同主体可能具有不同的价值观。正如晏辉（2009）所言：“任何一种价值观的形态无不与人相关，要么就是人（以个人为主体）的价值观，要么就是由人的活动所引发而又为着人的。”② 价值观是基于某种理由的，“价值观是一个人或者一个组织对当下事物以及将来事物是否具有价值、有多大价值、应该具有何种价值的信仰、信念、认知、情感以及意志的总称”③。

本书认为，价值观是指人们用来评价某种行为、某种事物以及某种选择的抽象的、一般化的准则。人们的行为取向、对事物的评价和态度等都是反映一定价值观的载体。价值观是世界观的核心，是人们实施某种行为的内部动力，它是一切社会行为的调节和支配力量。具体的价值观总是特定的社会存在的反映，它受社会地位、物质生活条件等环境的影响和制约。社会化是价值观的形成途径，因此，价值观是一种后天现象。价值观具有相对稳定性，一旦形成不易改变，价值观的改变是社会变革的前提，也是社会变革的必然结果。

3. 价值取向

价值取向是什么？学界尚无定论，归纳起来存在几种不同的理解。第一种理解，认为价值取向是某种价值倾向。例如：“价值取向指主体在价值选择和决策过程中的一定的倾向性。”④ “价值取向就是人们在一定场合以一定方式采取一定行动的价值倾向。”⑤ 第二种理解，将价值取向与价值标准等同。例如：“价值取向就是一个人所信奉的，而且

---

① 陈章龙. 论主导价值观［M］. 南京：江苏人民出版社，2006：48.

② 晏辉. 现代性语境下的价值与价值观［M］. 北京：北京师范大学出版社，2009：18.

③ 晏辉. 现代性语境下的价值与价值观［M］. 北京：北京师范大学出版社，2009：34.

④ 李德顺. 价值学大辞典［M］. 北京：中国人民大学出版社，1995：46.

⑤ 袁贵仁. 价值学引论［M］. 北京：北京师范大学出版社，1992：350.

对其行为有影响的价值标准。"① 第三种理解，认为价值取向就是价值选择。例如："价值取向是在价值选择的过程中决定采取的方向，是人们按照自行的价值观念，对不同价值目标所作出的行为方向的选择。"②

上述对价值取向的不同理解，都有其合理性，而价值取向的内涵与价值倾向、价值标准、价值选择、价值目标的范畴在某些特定的情境下也存在比较大的重叠。基于对价值及价值观的理解，本书认为，价值取向是对客体的实践与认知的过程中，主体具有导向性的价值观，是主体的价值标准所取的方向，是主体自觉的、有目的对价值实践方向的选择。针对高校科研评价这一具体工作，高校科研评价的价值取向就是针对高校科研评价问题作出的价值选择，体现了科研评价主体的价值方向，是高校科研评价的理论前提。

（二）高校科研评价体系的价值取向

评价既然是一种价值判断，那么为什么还要关注高校科研评价体系的价值取向问题？这是因为，高校科研评价实践活动是一个复杂且系统的过程，无法离开价值判断。首先，高校科研评价体系需要在理解评价对象的基本属性和特征的基础上，建立一个能够表征评价对象的评价指标体系，评价指标体系的建立是蕴含价值判断的，什么样的指标体系可以表征评价对象、满足评价目的，这些均受到评价者所持有的不同的价值取向所影响；其次，为确定高校科研评价体系中的评价指标集及相应指标的权值（指标权集）而开展的信息收集和数据采集活动，以及选择合适的评价方法实施评价的活动，都涉及评价者的价值判断；最后，在实施高校科研评价的过程中，评价主体需要在综合考虑多方面因素及平衡多方面利益的基础上，立足价值理性为主导的定性分析和工具理性为主导的定量分析③，得出评价结论，在这个评价实践过程中，必然会涉

① 汝信．社会科学新辞典［M］．重庆：重庆出版社，1988：401.

② 徐玲．价值取向本质之探究［J］．探索，2000（2）：69-71.

③ 陈燕，崔金贵．学术评价中工具理性与价值理性的主导成因及平衡机制［J］．清华大学学报（哲学社会科学版），2012（6）：145-161.

及不同主体的价值判断。

评价是一种价值关涉的社会活动，评价无法离开价值判断，评价合理性的基本尺度是合规律性、合目的性。一般来说，衡量评价所蕴含的价值实际上就是在理想的评价中（或者评价的理想目标的基础上），建立一套评价的价值标准，继而对评价活动进行评价。从这个意义上来说，高校科研评价的价值定位目的在于明确什么是高校科研评价的理想目标，也就是说什么样的高校科研评价才是理想的、有价值的。

高校科研评价本身不是一个无目的和价值的手段，既不是价值中立也不是价值无涉的，而是蕴含着评价主体的价值取向的，即它是价值关涉或者说价值负载的。按照前文对价值、价值观、价值取向、评价、高校科研、高校科研评价等概念的理解，本书认为，高校科研评价体系价值取向是指，对高校科研评价主体进行认识和实践的过程中，产生的具有主导性的价值观，即评价主体的评价价值标准所取的方向，它是评价主体对高校科研评价行为所取的方向。

价值取向在高校科研评价中涉及不同的评价主体需要的满足，高校科研评价体系价值取向是评价主体对于高校科研评价体系、评价功能所进行的选择与评价，不同的评价主体（政府、社会、高校、科研人员）在高校科研评价过程中对高校科研的认识、判断和改进不同，因而对高校科研评价体系就会持有不同的价值取向。对于政府而言，最基础的价值取向是管理价值取向，即政府对高校科研进行评价，主要目的是对高校科研水平进行鉴定，对高校科研运行进行监督管理，对高校科研资源进行合理配置；对于社会而言，最主要的价值取向是社会价值取向，即社会关注高校科研对社会的服务功能；对于企业而言，最主要的价值取向是经济价值取向，即注重高校科研评价体系满足企业的经济需求，高校科研成果产出能够转化为经济效益，促进产学研协同创新；对于高校而言，由于“强调学术自由、要求免受外部影响、强调通过自由探索精神来发展新思想”，因而更主张学术价值取向、教育价值取向①；对于高

---

① 安东尼·史密斯，弗兰克·韦伯斯特．后现代大学来临［M］．侯定凯，赵叶珠，译．北京：北京大学出版社，2010：129.

校科研经费的提供者（政府、企业）而言，认为高校科研应该满足政府的公共政策目标和企业的经济效益目标；对于科研人员而言，认为高校科研评价应充分考虑科研人员的经济报酬、职业发展等现实需求。总体来说，不同评价主体所持有的价值取向是不同的，不能脱离具体的评价主体而抽象地讨论高校科研评价体系的价值取向。

（三）高校科研评价体系价值取向的特点

1．理念性

理念是哲学意义上的观念或学说，是一般意义上的观点或观念，也就是我们对教育、教学、科研等的看法或所持有的信念①。高校科研评价体系价值取向是理念形态的，是我们对高校科研评价体系的一般意义上的观点和看法及所持有的信念。价值取向支配着主体对高校科研进行评价，是评价活动的起点。高校科研评价体系价值取向具有理念性，主要表现有三：其一，精神性。价值取向实际上是对于某种"客观实在"所实施的认识层面的"纯化"。高校科研评价体系价值取向是在高校科研评价体系经过主体内化以后产生的观念或意念，是对高校科研评价体系认识层面的高度概括，具有精神性。其二，主观性。无论哪种高校科研评价体系的价值取向，都是从实在的某一点或者某些观点出发而建构的一种思想图像，是根据研究者当时的知识状况，以及其所惯于支配的概念结构，给高校科研评价带来的一种价值判断准则以及一种价值取向的选择。基于此，它绝不表示其自身是唯一可能的观点或者见解，随着知识的逐步积累，原先建构的价值取向可能失效，而为了达到对实在更为深入的认识，就需要研究者改进其价值取向或者重构新的价值取向。其三，非有形、非物质性。价值取向是用来理解经验实在的一种方法，是看不见摸不着的，没有具体的形态，存在于人们对于某种价值的信仰的基础之上，价值理性的行动将某种价值追求引入高校科研评价体系当中，并形成行为的目的；而工具理性的行动则借助于科学或者客观的知识，设计出实现此目的的最为适当的、有效的手段。高校科研评价体系

① 威尔·杜兰特．哲学简史［M］．梁春，译．北京：中国友谊出版公司，2004：52．

价值取向首先通过价值理性的行动确立某些“可欲的”价值，例如自由探索、科技创新、社会效益等成为高校科研评价体系所应追求的价值目标；然后再以工具理性的方式从具体规则，即手段上予以体现和保障。在工具理性与价值理性之间，任何一种都不具有价值上的优先性，二者同样都是非常重要的。因为作为手段的工具理性的行动固然重要，但是它的重要性恰恰就在于它能够用来实现某个目的①。

2．导向性

高校科研评价体系的价值取向应该向被评价对象明确传达“应该做什么”、“应该如何做”等导向性信息。价值取向不同导致高校科研评价体系的差异，正确的、应然的价值取向对高校科研评价体系具有积极的引导作用，偏颇的价值取向对高校科研评价体系具有消极的引导作用。确立科学合理的高校科研评价体系的价值取向，可以引导高校科研健康有序发展，引导被评价对象的科研目标和国家（或社会）需要相结合，突出高校在科研事业发展中的重要作用，鼓励创新，服务需求，科教结合，特色发展，从而保障高校科研评价的有效运行，有效提高高校科研质量与水平。

3．合规律性

合规律性指的是高校科研评价体系的价值取向必须符合科学精神，符合社会潮流。高校科研评价体系的价值取向应该符合客观规律，具体表现在高校科研评价体系的价值取向应该具有科学性、可行性。在高校科研评价中，价值取向的科学性是指评价体系的价值取向必须以科学的精神为指导，积极引导评价活动的组织与实施。其科学性要求在对高校科研这一评价对象的本质进行理解的基础上，确立科学合理的价值取向。评价体系价值取向的可行性主要是指评价体系的价值取向必须具有可实现性，是评价体系科学性的补充，要求评价体系的价值取向符合现实条件，能够引导高校科研评价活动顺利实施与操作。总之，评价体系价值取向的合规律性是评价有效实现主体价值选择的基础，是评价活动得以顺利实现的保证。

---

① 金星．论韦伯思想中的自然法［D］．长春：吉林大学，2009：52-54．

4．合目的性

合目的性是指高校科研评价体系的价值取向应该符合社会需求，符合高等教育的理念和价值追求，需要体现正当性、有益性和适当性。在高校科研评价体系中，价值取向的正当性是指评价体系的价值取向是否满足了实践主体目的。从一般意义上来说，在人类的社会实践活动中，只有充分满足实践主体的需求，实现实践主体的目的的评价活动才是正当的、有益的。高校科研评价的目的在于更好地改善与提高高校的科研质量与水平，只有实现或者满足这一目的的评价，才能被视为正当的、有益的评价。评价价值取向的适当性，主要是指评价活动的近期目标和长远目标，以及最终目标之间的适应与平衡，评价的根本需要与现实需要之间的协调、和谐与统一。合目的性必须考虑高校科研评价的不同主体之间的评价目的不同。就政府而言，高校科研评价是其对高校科研质量与水平进行管理与咨询的工具，目的是全面提高高校科研质量与水平，促进高校科研可持续发展；就企业而言，高校科研评价是高校技术转移、科技服务、成果转化能力的参考依据，目的是考察高校为企业带来了多大经济效益；就高校而言，高校科研评价是为促进高校科研发展、学术创新及人才培养服务的；就高校科研人员个人而言，高校科研评价是对其自我价值实现的一种评价。不言而喻，高校科研评价体系的价值取向应该是在平衡各方目的的基础上形成的，不应该顾此失彼或厚此薄彼。

二、高校科研评价体系价值取向的现状描述

（一）价值取向偏颇

工具价值和目的价值在高校科研评价体系中的失衡，既是高校科研评价实践中出现多种问题的重要原因，也是高校科研评价体系的价值取向存在偏差的重要表现。其主要表现在工具价值膨胀和目的价值缺失两个方面。

高校科研评价体系价值取向的工具价值膨胀。从高校科研评价的指导思想、评价体系、评价标准上看，其都倾向工具价值，忽视了高校科研评价本身所蕴含的价值，造成了高校科研评价的肤浅化、简单化。从

评价的实际效果而言，被评对象处在一个被动的地位。例如，在对高校的排名鉴定、科研项目的检查、科研人员绩效评比等评价形式中，工具价值膨胀造成了高校科研评价几乎演变成奖优惩劣的手段，忽视了高校科研评价对于高校及其科研人员发展的促进作用，忽视了高校科研评价对高校科研发展的导向作用。无论是教育行政部门、科研管理部门对高校进行科研水平评价、科研项目申报鉴定，还是高校内部对其科研人员的绩效评价等等，工具价值取向均十分明显。

高校科研评价体系价值取向的目的价值缺失。已有高校科研评价体系的价值取向主要从工具理性出发，忽视对价值理性的重视，较为关注达到目的的工具及手段的有效性，而极少关心目的本身是否合理。评价者常常将高校科研评价体系作为工具使用，以判断科研成果数量的多少及科研工作量的大小，评判高校科研质量与水平的高低，很少思考评价目的的合理性。高校科研评价体系的价值选择主要是由不同利益主体对不同利益需要的认知、鉴别和取舍。在工具主义的导向下，人们通常认为高校科研评价是一种工具和手段，极端凸显了高校科研评价的工具价值，以至于评价失去了其本体存在的意义，科研成果是否“有用”成为衡量一切的标准，而“无用”的科研成果则被无情地摒弃，在这样一种氛围中，高校科研评价活动表现出工具价值与目的价值分裂，工具价值膨胀而目的价值缺失。

在高校科研评价过程中，工具理性占据了绝对地位。工具理性主要表现在把评价主体限制在对某种预先确定的目的最适宜手段的选择上，限制在评价主体对科研评价某种功能（比如问责、管理、组织等等）最佳操作的可能性上，强调的是逻辑的、实践的、有条理的。然而，工具理性毕竟只是一种以支配自然为前提的有限理性，它在寻找知识的根据、劳动的效率、程序的合理时，容易忽视价值理性对高校科研评价的批判功能，丢失了对终极价值的坚持，从而人为造成了高校科研评价体系价值取向之间的工具价值与目的价值的冲突，造成了评价体系价值取向的内在的逻辑混乱，导致高校科研评价的目的出现矛盾与冲突。

（二）功利意识过强

“功利”在伦理学中被视为具有贬义色彩的概念①，将“功利”与“私利”、“自私”等概念相等同，导致人们谈“功利”而色变。实际上，功利更接近于中性，而非贬义。所谓功利，主要是指客体满足人的物质需要的意义，功利是一种价值，是人类最普遍意义的向往和追求。在世俗世界里，人们根据功利观来评价其他价值，区别仅在于是集体的功利还是个人的功利，是长远的功利还是眼前的功利②。功利意识过强导致了高校科研评价出现了诸多问题。

不可否认，功利意识在高校科研水平评价中具有一定的正面作用，在一定程度上能够促进高校科研的发展。然而，因功利意识过强而引发的高校科研水平评价过分功利化的局面是非常危险的。功利意识具有天生的局限性，它是用一种非常宽泛的定义来处理一切问题，即“有利性”或“获取满足（快乐）”等等。这样来说，某事物具有价值的必要条件就必须为一些人所需要、是一些人的愿望。但是，由于人的认识水平存在差距，一旦个人的需要得到满足，功利主义者对于其他的一切信息（他人、社会等等）都无法产生兴趣，容易造成人们对眼前的功利和个人的功利的屈从，从而忽视了对社会价值、长远价值、终极价值的考量。

事实上，高校科研评价是一个价值选择和博弈的过程，由于不同的价值主体利益需要的不同，以及价值观的不同，不同评价主体会有不同的价值选择。功利意识过强的价值取向必然会造成不同主体在高校科研评价中产生价值冲突。就科研人员而言，高校科研的指标被赋予了太多的功利的色彩，科研评价结果的好坏直接与利益密切相关，造成了教师为功利目的而进行科研，追名逐利，淡忘了科研最初产生的本质，即对未知的探索，忽视了人才培养，忽视了服务社会的需要。就科研评价者

---

① 杨光钦. 大学改革功利的陷阱与出路［M］. 北京：社会科学文献出版社，2005：11.

② 袁贵仁. 价值观的理论与实践：价值观若干问题的思考［M］. 北京：北京师范大学出版社，2006：73.

而言，评委为了功利而评价，以获得经济利益这一功利目的进行评价。就学术期刊而言，期刊为了金钱发文章，催生了大量的低水平学术论文，导致学术泡沫。就高校而言，为了应付政府自上而下的科研评价以求获得更多的资源分配，加上高校科研评价指标体系过于僵化，高校鼓励科研人员大量发表学术论文，多发表SCI、EI、SSCI期刊，多开展产学研合作项目等，以求获得更多的科研资源。这样的情势虽然对高校科研有一定的推动和促进作用，但是却造成了高校科研、学术氛围的浮躁和“跃进”，使高校科研人员无法潜心从事科研活动，这并不符合科研活动的基本规律。

从现实看，高校科研评价体系的功利性价值取向在基础研究领域体现得更为明显。众所周知，基础研究中许多重要成果需要几年、几十年的继续研究才能得到承认，才能显示出其独特的价值；高校科研对人才培养的作用也需要长时间的社会检验。功利性价值取向主导的高校科研评价，往往造成重视应用研究，忽视基础研究；重视技术提升，忽视原始创新；重视科研成果，忽视人才培养。

高校科研评价体系价值取向的功利化，导致高校科研评价被功利所绑架。对以教师岗位为主的科研人员而言，科研项目意味着科研经费，科研项目意味着科研人员成败的筹码。在人均科研资源相对缺乏的今天，面对个人发展的压力，在功利意识的影响下，受短期绩效冲动的驱使，科研人员掀起了声势浩大的“造”成果运动，大量发表论文、申请专利，致使科研项目、经费成为部分人谋取利益的最为便捷的工具。这种局面的存在，进一步导致了学术腐败、学术造假、学术泡沫、科研人员之间的贫富分化等现象层出不穷，进而危害社会公众对高校科研的信任。

（三）价值追求褊狭

从主体的形态和层次划分，价值可以分为个人价值和社会价值两个相对应的概念。高校科研评价体系的价值取向偏差的另一个表现是个人价值和社会价值的冲突。其具体表现如下。

1. 过分追求科研的个人价值

科研的个人价值可以视为一种科研的个人价值观或个人主义价值观。

个人主义作为一种哲学，包含一种价值体系，一种人性理论，一种对于某些政治、宗教信仰的总的态度、倾向和信念。个人主义价值观是一切均以个人为中心，个人本身就是目的，具有最高价值，社会只是达到个人目的的手段；个人在社会中是平等的，个人都是目的，而不是另一个人牟利的手段。个人主义的盛行，造成了新的信仰危机。“科学与技术的危机和问题之所以存在，归根结底还是因为人的问题，特别是人的非理性因素的作用以及人类基本价值信念的混乱所造成的困境。”①

个人主义价值观主导下的高校科研活动，以及高校科研评价活动，在重视实现个体价值的同时，常常忽视了社会价值的实现。例如，科技创新对生态价值的忽视，本质上就是对个人功利价值的过度关注，在某种程度上，是对他人价值、社会价值的漠视。再如，在高校教师科研绩效评价中，以论文发表的数量、层次作为评价标准，将评价结果与教师待遇挂钩，教师“造”论文、“造”成果以求更好的个人效益，不在乎这些成果对他人、群体、社会的效益，这也是极端重视个人价值，忽视社会价值的表现。

2. 明显忽视科研的社会价值

科研的社会价值可以视为一种科研的社会价值观。“价值观念是社会发展在意识中的体现，必须代表大多数人的利益，使个人和社会利益边际值最大。”② 个人或群体利益的简单相加并不一定构成社会利益的总和，有着个体质和总体质之间的差别，不同利益主体的需要及其价值追求越来越多地影响主体的价值选择，由于利益追求的差异，其会表现为价值认识和选择上的冲突。个人价值取向和社会价值取向在现实社会中会不断地发生矛盾与冲突，显而易见，这导致了高校科研评价无法和谐有序地良性运行。

当今时代，科学对整个社会的影响越来越大，科学与生产、科学与社会、科学与政治之间息息相关。科学不仅可以造福人类，同时也有可能极

---

① 申仁洪. 论教育科学：基于文化哲学的批判与建构［M］. 重庆：重庆大学出版社，2006：5.

② 张思宁. 转型中国之价值冲突与秩序重建［M］. 北京：社会科学文献出版社，2011：332.

大地危害人类①。在现实社会中，高校科研评价本应该负有相应的社会责任，然而，在个人主义盛行的情况下，其社会价值必然呈现衰微态势。

（四）科技理性不足

科学和技术是两个完全不同的概念，科学是在人类研究过程中所构造的一系列理论系统，技术是人类操纵、利用和改造自然的实践手段，科学属于社会的意识形态领域，而技术可以直接作为生产力。就科学与技术的发展规律来看，理论科学是技术发明的基础，理论科学发现知识，技术发明应用知识。不可否认的是，今天的科学和技术已经渗透到社会生活的各个方面，科学和技术也越来越被一种权威所整合，这种权威就是知识，科学解决的是未知问题，其本质在于求真；科学作为一种知识体系，其直接功效在于解释、说明和指导技术发明，如果没有科学，就无法取得技术上的进步。然而，审视当下有关高校科研评价体系发现，无论是评价指标体系，还是评价指标权重系统，抑或是评价标准体系，均明显呈现出重技术发明、轻科学原创的态势，以及发现知识与应用知识相脱节的情形。

（五）教育价值缺失

高校科研大致有发现的、综合的、应用的和教学的四种科研类型，具有学术价值、教育价值、人文价值、经济价值、社会价值等，其核心价值是教育价值②。从当前现实看，有关高校科研评价体系通常忽视了高校科研的教育价值，淡忘了高校科研促进人才培养的根本义务。即是说，已有高校科研评价缺乏对科研所含教育价值的考虑，忽视了高校科研的教育性，割裂了科学研究与人才培养之间的联系。现有科研评价普遍考察科研投入、科研性能、科研成果以及科研影响力等指标③，这样

---

① 黄涛．科学技术价值探析［J］．重庆邮电学院学报（社会科学版），2004（4）：93-96.

② 高新发．高校科研的价值追求［J］．湖北大学学报（哲学社会科学版），2000（1）：95-98.

③ 葛国耀．国家战略性基础研究的绩效评估研究［D］．武汉：华中科技大学，2004：24-29.

做本应无可厚非。不过，由于高校的根本属性是学校，因而高校科研与科研院（所）及其他企业、事业等科研部门的科研有着一个鲜明的区别，即高校科研不能忽视教育价值。由于教育价值在高校科研评价体系中主要表现为人才培养，因而在高校科研指标体系中不能缺失有关人才培养的指标。从当前我国已有高校科研评价体系看，罕见人才培养这一具有高校科研特色的指标，正因如此，高校科研促进人才培养的义务被淡忘，进而使得高校科研的教育价值缺失。

三、高校科研评价体系价值取向的问题分析

（一）定位不当

高校科研评价具有针对高校的科研活动及其科研质量与水平进行监督、管理和改进的作用，它不仅是政府和科技主管部门监管与调控高校和高校科研的重要手段，而且是高校及其科研人员反思自身和自我完善的重要举措。高校科研评价应该是高校提升自身科研质量与水平的实践活动。已有高校科研评价体系中存在上述一系列价值取向问题，多是对评价职能的定位不当造成的。主要表现在以下方面。

（1）将高校科研评价仅作为管理的手段或工具。从性质层面上讲，高校科研评价的确可以被视为一种手段或者工具。其主要原因在于：通过对高校科研进行评价，建立良好的信息反馈系统，明显能够提高管理水平。对于国家和政府而言，该系统反映了科研发展是否适应社会政治经济发展，是否满足科学发展、技术创新的目的；对企业而言，该系统帮助企业了解科研成果的开发价值及其未来可能带来的经济效益；对高校而言，该系统为之提供了来自社会政治、经济领域的信息以及学术价值的衡量；对科研人员而言，该系统为科研人员自身科研水平、科研质量的改进提供了参考依据。尽管如此，高校科研评价也不能单一地被视为一种管理手段或工具，这是由高校科研的教育价值决定的。

在我国，决策者往往处于评价活动的支配地位，高校科研评价对于决策者而言，是满足其决策需要的认知与咨询工具，这种职能定位决定了高校科研评价体系的价值选择必然执行的是工具（手段）价值的职能。高校科研评价的管理价值代表了其作为管理手段的行为目的，代表

了管理者的利益和价值要求。管理者需要通过高校科研评价手段引导高校及其科研人员（被评价者）开展科研活动，以实现其管理的职能目标；同时，通过高校科研评价手段对科研资源的分配进行决策，以推动高校科研工作正常进行，提高高校科研工作的效率。然而，在以管理者或者政府主导的高校科研评价中，仅将高校科研评价作为管理的手段或工具的做法是值得警醒的。

（2）高校科研评价忽视了价值的反思与导向作用。从行为层面上说，高校科研评价是一种价值行为。“评价是为了改进”①，高校科研评价的目的，不仅是促进高校科研质量与水平的不断提高，而且是促进高校科研的良性发展和科研人才培养水平的全面提高。高校科研评价具有反思机制，可以促使评价主体不断反省和思考高校科研过程中出现的问题，继而促使高校科研质量与水平进一步提高。高校科研评价无法脱离一定的价值判断，是一种有价值意义的“手段性行为”。从高校科研评价的目的价值与工具价值上来说，它具有两重价值属性。高校科研的目的价值，主要是指高校科研评价所选择的、所追求的，并在评价中所体现的价值内容，它代表着高校科研评价活动所寻求的一种理想目标。目的价值既是高校科研评价活动的出发点，又是其落脚点，代表了高校科研评价的本质。高校科研的工具价值，主要是指高校科研评价是不以人的意志为转移的，高校科研评价过程中的每一个环节都必须遵循一定的原则和程序，高校科研评价工具价值的确认和实现，是高校科研评价价值内容的价值形式，具有中介性和工具性的意味。

总之，高校科研评价体系的职能定位不当是其价值取向出现偏差的重要原因。评价首先应该是正常高校科研活动的一部分，必须充分考虑高校科研活动的特征和目标，管理控制是第二位的，评价的最终目的是为科学研究提供动力，为了减少评价的负面效应，应有限制地使用评价手段。

---

① 斯塔弗尔比姆．评估模型［M］．苏锦丽，等译．北京：北京大学出版社，2007：56-67.

（二）认识不到位

评价是一定的评价主体对相应的评价客体进行价值判断的活动，评价的价值取向受评价主体的影响很大，高校科研评价的价值取向无法脱离高校科研评价主体而存在，其价值取向显然与高校评价主体有关。

（1）从评价主体的地位与作用上看，高校科研评价主体在高校科研评价体系的构建过程中普遍缺位。高校科研评价的主体具有多元性，忽视对评价主体的不同的价值取向特征的认识和比较，忽视对不同的价值取向中合理成分的吸收和利用，会造成高校科研评价价值取向出现偏差。伴随高校科研评价工作的不断开展，社会各界对其过程中出现的质疑与批评不断，社会各界对高校科研质量与水平的看法与高校科研评价结果之间存在巨大的反差。比如，尽管社会公众普遍认为高校科研中存在着大量低水平、粗制滥造的甚至假冒的科研成果，但高校科研评价的结论普遍为优秀或良好且相互之间缺乏区分度和分辨度，因而高校科研评价结果无法得到社会普遍认同。

（2）从评价主体认识水平的角度上看，高校科研评价主体对高校科研评价体系的认识不到位。正确的价值取向是建立在对客观事实或问题的科学认识的基础上的，由于人的有限理性，人无法对客观事实或问题做到全知全能。从评价主体的认识局限性上看，人具有利己的动机、投机取巧、随机应变的机会主义行为倾向，导致个人收益与社会收益、个人成本与社会成本之间出现差额。与此相应，高校科研评价主体的认识局限，必然导致高校科研评价体系价值取向出现偏差。

（3）从主观认识与客观事实之间的关系角度上看，高校科研评价主体对高校科研评价体系的认识不到位。一方面，当高校科研评价主体的主观认识与客观事实之间发生矛盾时，高校科研评价主体的认识偏差，必然会导致高校科研评价出现失真、失信、失效的情况。比如，高校科研成果能够为人们带来经济利益，在高校科研评价过程中，评价主体的价值取向局限于经济效益，只重视科研成果的转化，忽略了生态环境利益、人才培养效益，以及社会效益等，造成了个人价值与社会价值之间的冲突，科学研究与人才培养之间脱节等问题。另一方面，如果高校科研评价体系的价值取向是建立在虚假的、错误的认识上，高校科研评价就会反映虚假、错误的高校科研活动的事实和因果关系。例如，认为被SCI、EI、SSCI、CSSCI等收录或检索的论文数、取得的专利数、科研成果获奖数、论文的引用率等要素可以代表高校科研质量与水平，高校科研必然会陷入低水平重复、缺乏原创性研究等困境之中。

（三）社会历史原因

价值取向对高校科研评价起引导作用，对高校科研评价影响重大，由于价值取向是在一定社会历史条件下形成的，因而有必要探讨价值取向偏差的社会历史原因。

（1）传统文化影响高校科研评价体系的价值取向。传统文化长期教化人们要有“中庸”思想，要注重社会关系和谐。显然，传统文化要求人们对事物的把握要“适度”，以“和”为贵。受这一思想影响，评价主体在进行高校科研评价时自然要尽量避免冲突，力求大家相互之间相安无事，能过则过，能优则优，不愿讲真话与实话，害怕得罪人。

（2）以工具理性为主导的定量评价导致高校科研评价体系的价值取向发生偏差。从评价方法看，现行的科研评价方法多采用“指标量化”的方法，无论是针对高校的科研评价，还是高校针对本校科研人员的科研评价，人们都能制定出一套量化评价指标体系，经过评定之后，得出一个分数，分出不同等级。尽管这样的量化评价方法能够满足管理者的需求，但被评价者往往难以认同评价结果。量化评价对于统一的评价结论的追求，往往掩盖了一个事实，那就是评价者对于什么是有质量、有水平的高校科研的界定，这一起码的概念对于高校科研评价者及被评价者而言都尚未达成共识。

（3）高校科研评价体系的价值取向受社会普遍的科研评价制度所影响。无论是哪一个国家的科研评价制度，都会明显地影响其高校科研评价体系的价值取向。实际上，一个国家的高校科研评价制度很大程度上体现了一个国家科研评价的价值观。例如，从我国科研评价现实看，在国家科技进步奖中，要求科研成果是前人尚未发现或者尚未阐明、具有重大科学价值、得到国内外自然科学界公认的重大科学发现，明显体现了我国对于原创性科研成果的重视和鼓励。值得指出的是，我国当下的高校科研评价制度几乎形同虚设，缺乏规则意识，在评价过程中，出现了“人情风”、“学霸说了算”等评价乱象。

（4）评价氛围影响着高校科研评价体系的价值取向。评价氛围是指，在一定组织范围内，由该组织共同体对评价活动的认识、态度、知识等形成的关于评价的文化氛围。例如，英国帝国理工大学对科研人员进行绩效评价，主要指标有任期内研究活动水平，任期内出版物的数量和范围广度，研究和出版物的质量，争取研究经费的能力，吸引学生、研究助理和职工的能力，寻找既具有创新性又具有可行性项目的能力，设计与管理项目的能力，领导与关于管理队伍的能力，具体项目与任务的按时完成率，同行的评价（如学术会议邀请报告、对研讨会的贡献和外部评审等），对科学咨询的贡献，来自研究结果的实际报酬（如专利等）①。从这些指标可以看出，帝国理工大学形成了不仅重视科研成果，而且重视科研能力和学术影响力的评价氛围。

（5）高校科研评价结果的运用影响着高校科研评价的价值取向。例如，政府根据高校科研评价的结果，对高校的科研项目申报、科研经费审批等科研资源进行分配，会直接影响到高校科研评价体系的价值取向。

四、高校科研评价体系价值取向的应然思考

（一）构建高校科研评价体系价值取向的原则

1．目的价值与工具价值的统一

从逻辑上讲，在高校科研评价体系中，目的价值与工具价值之间不应该存在断裂，不可能存在价值无涉的纯粹的工具价值，也不可能存在完全抛弃工具价值的纯粹的目的价值，作为高校科研评价体系价值取向的两极，工具价值一定要发展到目的价值，同时目的价值必定要在工具价值的基础上得以实现。然而，在目前的高校科研评价中，存在着人为割裂目的价值与工具价值之间联系的态势，重视评价的管理工具职能，忽然评价引导科学方向、促进科学发展的作用，导致评价中工具价值极端凸显，造成高校科研评价实践出现了事实与价值分离、目的与手段倒置。本书认为，高校科研评价体系的应然价值取向必须在目的价值和工

① 戚湧，李千目．科学研究绩效评价的理论与方法［M］，北京：科学出版社，2009：19-32.

具价值之间取得平衡，在尊重工具价值的同时，更加重视高校科研评价的目的价值，正如维克多·奥辛廷斯基所说："科学将在价值观上发展，必须包括价值观念，必须摆脱定量化的要求，不能定量化的科学模式也应看做有效的模式。"① 高校科研评价的价值取向必须有效地整合目的价值与工具价值，避免价值取向上的单一性、片面性与畸形化。

2．社会价值与个人价值的统一

高校科研评价体系是一个有机整体，在这样的一个整体中，各个组成部分之间是相互联系、相互作用的。高校科研评价体系价值取向必须使高校科研的社会价值和个人价值有效统一，不能仅重视个人价值而忽视社会价值，不能"只见树木，不见森林"；高校科研评价体系价值取向应该坚持社会价值和个人价值的有机统一，这种价值取向的有机统一，事关不同类型高等教育主体在招生、教学等方面公平竞争②。因此，在高校科研评价中，必须平等地发展和高扬人的主体性，激发人的自我创造、自我完善的潜能，同时兼顾他人、集体和社会的利益。总之，高校科研评价体系的价值取向需要遵循社会价值和个人价值的统一原则，寻求个人价值与社会价值的最佳结合点。

3．高校科研自身规律与社会需要的统一

科学的本质在于求真，其本质上是自由的。科研人员从事科学研究，源于"闲逸的好奇"，探索自己感兴趣的或者自认为有价值的课题，具有自由探索的特性，这是由科学的本质特点决定的。科学源于人们的困惑、好奇和兴趣，其动力在于人们具有解除困惑的精神需求。科学在起源上是自由的，在其后来的发展上也有着明显的自由探索的特性。遗憾的是，功利主义的价值取向用科学能否带来即时或明显的物质利益，去衡量科学研究是否有价值、是否可以开展。它对能符合其价值标准的科学研究进行肯定、鼓励和大力支持，这类科学就能获得相应的快速发展；相反，如果科学研究不能满足其价值要求，就会受到排斥、歧视，

① 维克多·奥辛廷斯基．未来启示录：苏美思想家谈未来［M］．徐元，译．上海：上海译文出版社，1988：247．

② 汪发元，刘在洲．后大众化时期我国高等教育多样化的原则及措施［J］．现代教育管理，2012（3）：37．

并失去相应的支持，这类科学研究就不能得到应有的发展。科学的发展既得益于外部的功利性的激发和推动，又得益于内部科学精神的激励。科学研究应该是自由的，人们应该有自由选择科研课题的权利，这符合科学发展的规律性要求。但功利性的价值取向使得科研工作者不得不屈从于人们对于科学即时、现实、物质的价值追求，不得不拘泥于科学共同体、社会和国家的既定规范的要求，科学研究的自由性受到严重影响。不言而喻，高校科研评价体系的价值取向需要在尊重高校科研自身规律的同时，重视社会需要，实现科研自身规律和社会需要的统一。

4. 科学研究与人才培养的统一

前已述及，高校科研与科研院（所）等科研机构的科研不同，高校的科学研究不能完全离开人才培养这个根本。只有这样，才能使高校科研与人才培养的目标定位一致。再者，高校科研对学校专业建设具有引导作用，对专业教育具有促进作用，对青年教师具有培养作用；高校科研是培养学生创造力的源泉，是培养学生科研意识的动力，是培养学生思想教育的重要阵地；高校科研可以促进教学内容更新，可以促进教师的教学质量提高，可以促进学生的社会实践能力提高，可以促进科研与教学的融合。所以，我们需要充分认识高校科研育人的本质特征，高度重视高校科研育人功能，强化以人才培养为导向的高校科研评价体系的价值取向。总之，科学研究在知识创新、技术创新的同时，必须重视高校人才培养，高校科学研究的过程也应该是创新人才培养提升的过程，科学研究贡献的衡量不能仅仅依靠那些以出版物的形式体现的外显知识，也必须充分重视无形的产出，包括创新人才的培养，研究人员与组织创新能力的提升。因而，高校科研评价体系的应然价值取向必须遵循科学研究与人才培养和谐统一的原则。

（二）构建高校科研评价体系的应然价值取向

当今时代，高校科研评价体系究竟应该确立怎样的价值取向呢？依据高校科研工作的特点，以及高校科研评价体系的构建原则和高校科研评价应有的功能，本书认为，在构建高校科研评价体系时，应该坚持以下价值取向。

1．注重原创，探求未知

科研评价是一种手段，其价值取向是一支指挥棒。高校科研评价这根指挥棒首先应该引导高校科研工作者注重原创、探求未知。

高等学校作为高深知识的殿堂，无论在西方还是在东方，都无一例外地以忠实、客观地追求高深知识或高深学问为指向，一直遵循的是以学术为中心的价值取向。在这样的价值取向下，不管市场、商品、利益如何冲击，学者们都始终坚守学术的圣土，追求纯粹的学术价值。这成为全社会思想的先导、知识的源泉，其影响社会的力量远远超越了物质和金钱的力量。19世纪以来，西方发达国家的高校科研已经逐步改变了单纯追求学术价值的态度，倾向于以更为全面的观点综合考虑自身对于社会的责任；高校不仅重视教学和科研方面的追求，而且开始强化自身的社会服务职能。这种变化虽然值得肯定，但是由于高校追求的主要是社会长远利益和人类整体利益，与社会现实之间应该保持必要的距离，即高校的科研应该反映所处社会的时代精神、联系所在地区的实际，但同时必须坚持高校的内在逻辑，超越社会现实生活的局限性和功利性。因此，注重原创和探求未知的责任与使命不能被丢失和忘却。

“国际科技竞争日趋激烈，全球经济发展进入了活跃的创新阶段，国力的竞争主要是创新能力的竞争，科技竞争已经从技术层面前移到基础研究，且竞争的焦点正日益向知识、人才和机制创新等科技创新的核心要素聚集。”① 在国家科技创新体系中，高等学校是我国科技创新的重要组成部分和主力军，理应主动积极承担科研任务，特别是承担国家重大专项。前已述及，高校科研应该与科研院（所）及其他企事业机构的科研部门所开展的科研有所区别。国外的经验表明，高校应以基础研究和自由探索为主，基础研究是高校科研的传统和长项，科研院（所）等科研机构应以应用研究为主，企业则应以应用研究和开发研究为主，以此构成一个各有侧重、分工明确、相对稳定，又相互协作的科技创新体系。因此，我国应充分借鉴国外先进的经验，出台相关政策，引导高校

① 王延觉．全面实施高等学校“十二五”科学和技术发展规划，以改革创新精神推进高校科技工作科学发展［J］．研究与发展管理，2013（2）：1-9．

准确定位，以基础研究和自由探索为主。只有这样，才能有效端正高校教师的科研动机，助推高校科研创新，促进高校科研可持续发展。

2. 创新技术，服务社会

科研的终极目标是为经济和社会发展服务。在科学技术是第一生产力的当今时代，“提高解决关系国家发展战略的重大科学问题和关键技术问题的能力，支撑经济发展方式的转变，推进产业结构战略性调整，已成为当前十分重大而紧迫的任务”①。在这种形势下，一方面，高校应积极主动发挥自身在人才、条件和基础研究方面的优势，积极开展科技攻关，履行起创新技术、服务社会的职能；另一方面，社会和政府也应通过相应的评价机制引导高校面向社会需要、创新技术、尽力服务社会。可见，创新技术、服务社会理应是构建高校科研评价体系时坚持的价值取向之一。

3. 科教融合，协同育人

科教融合，一方面是指科学研究与教学研究相融合，另一方面是指科学研究要为促进教学提供服务；协同育人，是指科学研究与教学活动共同培育人才。南斯拉夫著名高等教育家德拉高尔朱布·纳伊曼在其《世界高等教育的探讨》中曾经指出：“人们常常指责大学对一切都进行研究，而就是不研究自己。”② 事实表明，当今高校确实很少研究自己，忘记了自己的根本职能是培育人才，忽视了自身科研的育人功能。在科研活动中，高校忘记了自身的科研工作与科研院（所）及企事业机构的科研部门所开展的科研工作之间的差别，科研项目通吃，一味追求“学术 GDP”。毋庸争辩，高校科研与科研院（所）、企事业机构的科研部门所开展的科研虽然有许多相似之处，但高校科研必须具有育人性，这是高校科研与其他科研活动的最大的区别。之所以有这种不同，其主要原因在于：首先，高校科研源于人才培养，前洪堡时期，大学的主要职能是传授知识，即人才培养，科研活动隐含于教学之中。洪堡时期，柏林

---

① 王延觉．全面实施高等学校“十二五”科学和技术发展规划，以改革创新精神推进高校科技工作科学发展［J］．研究与发展管理，2013（2）：1-9．

② 德拉高尔朱布·纳伊曼．世界高等教育的探讨［M］．令华，严南德，译．北京：教育科学出版社，1982：13．

大学将科研正式纳入大学的职能，并明确提出“科研与教学相统一的原则”，即教学中有科研，科研中有教学。由此可见，高校科研的育人导向是高校科研与生俱来的。其次，高校的根本任务是人才培养，科研不能置身其外。人才培养始终是高校的根本任务。尽管高校科研也要讲究科研成果与科研产出，但它不能脱离人才培养这个中心，不能脱离人才培养这根主线，否则高校就不配称学校。再次，高校科研的主体主要是高校教师，如果他们所从事的科研活动完全脱离了培育学生这一高校的根本使命，那么，他们也没有履行一个教师最起码的育人义务，根本不配称高校教师。显而易见，高校科研不能完全离开人才培养这个中心，促进人才培养是高校科研义不容辞的责任与使命。高校应该明白，尽管自己有时也会承担一些纯科学类的研究，尽管自己不是在每一项科研活动的每一环节中都要体现科研育人（培养学生）的使命，但总体上应该牢记自己的根本使命是育人，在科研过程中，尽可能做到以研促教，以培育学生为根本使命。为此，通过科研评价引导高校注重加强对自身的反思与检讨、总结与研究，注重科教融合。以培育学生为根本使命，是高校科研评价不可忽视的又一价值取向。

第三章　高校科研评价体系的现实考察

站在巨人的肩上才能看得更远、更准。为了构建科学、合理、有效的高校科研评价体系，有必要先对当下高校科研评价体系的问题及其产生的原因进行深入研究。为此，本章在简要介绍当下我国高校科研评价体系现状的基础上，对其中存在的主要问题及其原因进行了专门探讨。

第一节　高校科研评价体系的现状描述

为了对当前高校科研评价体系有一个比较全面系统的认识，拟从高校科研评价的目的、评价的价值取向、评价的主体构成、评价的实施过程等方面揭示高校科研评价体系的总体概况。

一、评价目的取向过于功利

高校科研评价是目前科研管理部门及科研机构为实施有效管理、监督而采取的重要手段之一，往往与资源配置、用人制度和分配制度等有关政策挂钩，具有很强的指引性及应用价值。因此，高校科研评价的价值，产生于高校科研活动的主体与客体的实践活动之中。而不同主体的需求又存在一定差异，所以，高校科研价值的取向因主体价值的偏好，会出现某种价值倾向。这个价值取向是主体的价值标准所取的方向，是针对高校科研评价做出的价值选择，体现了科研评价主体的价值取向。高校科研评价的目的取向主要体现在以下几个方面。

（一）目的价值与工具价值并存，工具价值取向突出

从理论和实践的现实逻辑上看，在高校科研评价中，目的价值与工

具价值之间不应该存在着断裂，不可能存在纯粹的工具价值，也不可能存在完全抛弃工具价值的纯粹的目的价值。作为高校科研评价价值的两极，工具价值一定要发展到目的价值，同时目的价值必定要在工具价值的基础上得以实现。然而，在目前的高校科研评价中，存在着人为地割裂目的价值与工具价值之间联系的态势，过于重视评价的管理工具职能，忽视了评价的引导科学方向、促进科学发展的目的价值，导致了评价中工具价值的极端凸显，造成了高校科研评价出现了事实与价值分离、目的与手段之间逻辑顺序颠倒。高校科研评价的应然价值取向是在目的价值和工具价值之间取得平衡，在尊重工具价值的同时，更加重视高校科研评价的目的价值。

（二）社会价值与个人价值并重，社会价值取向明显

高校科研评价是一个系统的整体，整体中各个组成部分之间是相互联系、相互作用的。高校科研评价的价值取向，需要目的价值和工具价值兼顾，需要对社会价值和个人价值进行有效的统一，不能仅重视个人价值而忽视社会价值，也不能仅重视社会价值而忽视个人价值。但是，目前高校科研评价中，出现了过于重视社会价值而轻视个人价值的现象，而且这种现象比较普遍。因此，高校科研评价价值取向应该坚持社会价值和个人价值的有机统一，这关系到保证不同类型、不同规模和层次的高等教育主体在招生、教学、科研、社会服务、文化传承等方面的公平竞争。因此，在高校科研评价中，需要平等地发展和宣扬高校科研人员的主体性，激发师生员工的自我创造、自我完善的潜能，同时兼顾他人、集体和社会的利益，强调社会价值观的人的制约性和规范性，遵循社会价值和个人价值的统一原则，在个人尊重国家、社会、他人利益的前提下，寻求个人价值与社会价值的最佳结合点。

（三）高校发展与社会需要并行，社会服务取向不足

高校科学研究从原始动机来看，可能是源于人们的困惑、好奇和兴趣，其动力在于人们解除困惑的精神需求，科学在起源上是自由的，在其后来的发展中也有着明显的自由探索的特性。但是，随着高校科研的不断发展，赋予科学研究的价值功能的丰富，不同利益主体的科研成果需求，

高校科研的价值取向发生了较大变化，个人的自由探索承载了学校的需要、国家的需要、社会的需要。由于高校科研的项目来源情况，高校科研对教职员工自身发展的情况，高校科研更多体现了高校发展的需要和高校科研人员发展的需要，而对社会的需要的满足明显不足。科学技术的发展既得益于外部的功利性的激发和推动，又得益于内部科学精神的激励。功利性的价值取向使得科研工作者不得不屈从于人们对于科学即时、现实、物质的价值的追求，不得不拘泥于科学共同体、社会和国家的既定规范的要求，科学研究的自由性受到了严重影响，对社会的需要反应滞后。因而，高校科研评价的价值取向，需要在尊重高校科研的自身规律的同时，重视社会需要，实现科研自身规律、高校发展需要和社会需要的和谐统一。

（四）科学研究与人才培养的并轨，人才培养取向不佳

教学、科研、社会服务、文化传承是高校的四大职能，而人才培养是高校的核心职能，高校的科研、社会服务及文化传承不能离开高校人才培养的根本任务。然而，在实际过程中，出现了忽视人才培养，过于倾向科研、社会服务等功能的现象。比如，在部分高校或者部分高校教师心中，教学不仅成了科研甚至社会服务的附庸，而且在某种意义上成了教师的负担，教学效果优秀奖和超教学工作量的课时补助与科研带来的可观效益相比，在现实生活中实在没有多大的诱惑力。因而，出现“教授不教，讲师不讲”现象，淡化了教师人才培养的角色，淡忘了人才培养的义务，弱化了高校教师教学的根本任务，出现了高校人才培养取向的弱化。不可否认，高校科研对学校专业建设具有引导作用，对专业教育具有促进作用，对青年教师具有培养作用，它是培养学生创造力的源泉，培养学生科研意识的动力，培养学生思想教育的重要阵地，它可以促进教学内容的更新，可以促进教师教学质量的提高，可以促进学生面向社会的实践能力的提高，可以促进科研与教学的融合。因此，我们需要充分认识高校科研育人的本质特征，高度重视高校科研育人的功能，强化以人才培养为导向的高校科研评价价值取向。总之，高校科研在进行知识创新、技术创新的同时，必须重视高校人才培养，高校科学研究的过程也应该是创新人才培养提升的过程，遵循科学研究与人才培养和谐统一的原则。

（五）定性评价与定量评价并用，定量评价取向有余

高校科研得到普遍重视，政府科研部门、教育部门等职能部门，高校科研部门、人事部门等都强调了科研在高校中的重要作用和意义，高校教师及其他工作人员也必然重视科研。对科研的高度重视，产出了大量的科研成果，如何评价这些成果，已成为科研相关主体的重要任务。目前，高校科研评价主要采用定性评价和定量评价相结合的方式，并且通常多采用定量评价，定量评价在高校科研评价中占据了主导地位，出现了过度定量评价的现象。所谓过度定量，事实上也包括两个方面：一方面评价标准多采用定量指标，极少采用定性指标；另一方面是多采用定量评价的评价方法，极少采用定性评价。虽然有的考核评价也顾及科研价值及科技成果本身对经济社会的贡献大小，但大部分以“SCI论英雄”、以“科研成果转化率论英雄”只是表面和形式上的公平。另外，在高校科研评价中，过于强调管理职能，而且指标评定成为管理的重要手段①。这种管理手段的经常采用，忽视了高校科研的目的价值，过于重视手段工具价值，导致定量指标的泛化。

（六）片面追求“高大上”的成果，忽视一般科研尝试

在多数高校科研评价中，依据通用的评价指标，对科研项目的纵向横向之分，对纵向的国家级、省部级、厅局级、校级等不同级别的偏好中，几乎都唯“国家级”马首是瞻。科研人员的课题、项目只要是国家社科或国家基金就会受到格外关照，省部级课题次之，而校级、院级在高级职称评定中几乎成了鸡肋。期刊论文只有发表在核心期刊或权威期刊上，在职称晋升、科研考核中才有分量，许多高校对于刊发在普刊上的论文明确规定在晋升高级职称时“不计分”，甚至干脆“不算科研成果”。这种在高校科研评价机制中片面追求“高大上”的做法，直接导致一些级别相对较低但确有科研价值又有实用价值的课题、项目研究被人为冷落，客观上造成一些基础研究的荒废，忽略了一些教师自身纵向发展的希望与动力，将部分高校教师排斥在科研之外。

① 周文泳，陈守明，尤建新．论科学研究的质量改进模式［J］．科学管理研究，2005（6）：54-57.

二、评价指标体系过于笼统

在普遍重视科研的环境下，在科研成果倍出的情势下，高校科研评价也成必然。在现行的高校科研评价中，存在诸多问题，评价指标体系过于笼统，评价体系不系统已引起多方关注。在评价指标等级设定、指标特色化、评价标准、评价方法等方面需要进一步理清。

（一）评价指标的等级设置通常在 4 级以内

当前高校科研评价指标的等级，一般可以分为一级指标、二级指标、三级指标、四级指标（该等级指标命名较少，通常是三级指标的主要参数），过于粗略的评价指标对评价的效度产生较大影响，过于繁细的评价指标对评价的操作性产生误导。所以，现行的高校科研评价指标体系一般设置三级指标，并对三级指标给予一定量化说明，等同事实上的四级指标。每类指标根据"科研投入产出"、"科研影响力"、"科研环境建设"等三项一级指标分别进行构建。科研投入产出主要包括科研队伍、科研经费、成果产出等①。

（二）评级指标的核心要素缺乏特色化指标

目前广泛使用的定量指标主要有：某一文献检索来源的论文数量，著作数量，授权专利数，成果被引次数，论文发表期刊的影响因子或期刊在本学科所有期刊中的等级，科研成果获奖数，不同来源基金项目数等②。

表 3-1　科研评价常用定量指标的质量属性③

指标名称	指标类型	质量属性
论文数量	成果数量	同行专家审稿确认符合发表要求
著作数量	成果数量	书稿三审制度确认符合出版要求

① 王景英. 高校科研质量评价理论与实践［M］. 北京：高等教育出版社，2002：16-36.

② 朱军文，刘念才. 高校科研评价定量方法与质量导向的偏离及治理［J］. 教育研究，2014（8）：52-60.

③ 刘威，张娟，师瑞峰. 高校科研评价体系框架模型研究［J］. 黑龙江高教研究，2015（1）：90-93.

续表

指标名称	指标类型	质量属性
授权专利数	成果数量	专门机构审查确认实用性、新颖性、进步性
成果被引次数	成果影响力	成果在学术共同体内重要性的体现
期刊影响因子/等级	成果影响力	影响因子子高低与期刊声誉、审稿标准成正比
科研成果获奖数	成果影响力	对基于同行专家评审的成果的重要性的确认
基金项目数	科研能力与条件	基于同行专家对创新能力和可行性的确认

表 3-2　科研评价体系模型框架设计指标及其主要内容

类别	设计指标
期刊论文	在现有期刊论文评价模型基础上，增加了长文贡献、被引用频次贡献和论文发表时效贡献等要素，建立了新的期刊论文科研成果评价模型
科研项目	在综合分析不同高校对横向课题与纵向课题的评价原则基础上，在此仅考虑纵向项目贡献，以区分解决科学问题与工程问题的两大类项目对被评价者科研能力得分的贡献
专利成果	为体现专利技术的时效性，对新近获得的发明专利，赋予更高的评分，对已被采用的专利，赋予更高的评分
获奖/成果鉴定	奖项级别的认定需要在调研基础上，制定出可以覆盖全集的奖项集合，奖项与成果鉴定权重系数的确定问题，与该奖项的专业或行业认可度相关
学术兼职/社会服务	在专业领域或社会服务方面为个人或集体赢得声誉的兼职工作，既可肯定其工作专业性，又可鼓励其服务相关领域的公益行为
科研成果转化/横向项目成果	横向项目贡献得分参照纵向项目计算方式，但不对项目级别进行区分，专利授权成果转化考虑了专利类型及专利采用后的社会经济效益等因素

（三）评价制度不全，顶层设计不够

从目前高校科研评价制度看，其中权威性、层次性较高的制度还是以2003年科学技术部、教育部、中国科学院、中国工程院、国家自然科学基金委员会联合下发的《关于改进科学技术评价工作的决定》（国科发基字〔2003〕142号）为依据；同年9月，科技部又颁布了《科学技术评价方法（试行）》，作为部门规章对高校科研工作提供了指导意见。这两个文件对规范科学技术评价工作，建立健全科学技术评价机制，正确引导科技工作健康发展，不断增强我国的科技持续创新能力，起到了一定的作用。从目前来看，从国家科技和教育行政主管部门对高校科研评价制度的正规性、连续性、针对性的角度看，重视程度和力度还不够，政府和社会组织等非政府组织的科研考核理论研究较为滞后，对高速发展的高校科研态势和需求缺乏科学的评价理论指导，从某种角度而言导致高校科研质量评价思路不清，高校科研评价政策方向不明，高校科研评价的法律保障不够健全。需要从过程上完善评价制度，需要从管理顶层设计科研质量评价①。现行的评价制度为了全国高校的通用性、统一性、一致性，统一标准定得较为单一，在不同学科专业之间，不同类别、不同管辖的高校之间缺乏针对性和差异性。尤其在学科之间，没有较好关注自然科学、工程技术、社会科学与人文科学等学科的差别，存在学科差异关注不足的制度设计弊端。

（四）行政管理泛化，盲从专家权威

高校科研评价既有官方性质的也有非官方性质的评价，其中官方评价占据主导地位，具有较强的行政管理色彩，被部分批评者认定为泛行政化管理评价。所谓泛行政化管理，是指当下高校科研管理者不尊重科研管理规律，混淆自然科学与社会科学各自固有的本质特征，片面追求程序简单、便于操作的管理模式。泛行政化管理实际上是管理者本位主义思想导致的官僚僵化行为，其最直观的弊端表现就是在高校科研评价机制中“一刀切”式的管理手段，而不是具体问题具体分析、具体处

① 刘在洲，徐红，陈承．高校科研质量评价标准研究［M］．北京：科学出版社，2015：40-45.

理。高校科研评价的行政管理泛化，势必导致迷信专家、权威，从而在评价过程出现盲从行为。一些高校在课题、项目招投标工作中习惯于请少数业内专家、权威进行定夺。对于某项科研成果的等级评价、是否评优，他们的意见往往一锤定音。我们不可否认专家、权威的作用及他们的学识与睿智，但过度倚重专家、权威，漠视淡化一般教师、科研人员及社会大众的意见，导致一些优秀和实用的科研成果被“看走眼”的情况时而发生；又由于某些专家、权威在科研项目评审中，出于对被评价人员专业能力的主观印象、个人好恶等思维定式，很容易做出不够客观的武断结论，自然难免失之公允。

三、评价运行机制过于呆板

国内高校科研评价运行中主要是以官方、半官方为主导，非官方社会组织虽有参与，但是参与的程度和权威都还不高。主要评价不同级别的奖励类型、大学排名类、服务社会类、学科与科技管理类、教师发展类等。西方国家科研评价大体可分为三类：第一类是国家评级模式，与科研经费没有直接的联系；第二类是与科研经费分配挂钩模式，其评价结果决定了科研经费的分配；第三类是混合评价模式，即同行评议和绩效指标的共同运用，定量评价与定性评价同时被运用于对科研工作的等级评定。我国高校科研评价制度的发展大约经历了行政评议、同行评议、指标量化评议和国际科研计量评价等四个阶段的不断完善过程，但现状仍然不尽如人意。

（一）行政评议机制长官意识浓厚

高校科研评价的行政评议是科研机构的行政官员对科研工作者的科研成果进行评价并据此对科研人员评价。中华人民共和国成立初期，科研机构与行政级别挂钩，构成了科研机构的行政体系，科研结构以行政级别的形式体现出来，科研工作者也相应享有国家行政级别和待遇。这一制度在当时环境下具有积极作用，迅速奠定了新中国科研事业的基础。但是其主要体现的是政府意志、长官意识，不能较好地、真正地反映科研成果的价值，受到广泛诟病后遭摒弃。

（二）同行评议机制用于期刊发审

高校科研评价的同行评议是指同行专家从专业学术的角度对学术成

果的创新性、前沿性、应用性等方面进行评议，并依据评议的结果认定该成果的学术价值。目前，同行评议在国内外科学系统中得到了广泛的应用。这种模式适用于学科内部对于期刊论文发表、科研项目经费申请及科技人员职称评定等微观领域，并需要科研水平和质量极高的专家来保证其有效性。有关专家对学者的研究能够有更深入的了解，其建议和评定也更具有针对性和合理性。但是不可否认，同行评议机制用于期刊发审，而且专家的来源和筛选是不小的问题，存在具备领导职务的专家更受青睐的情况，以及评价的独立性与客观性还有待进一步检验等缺陷。

（三）指标量化评议机制过度使用

自 20 世纪 80 年代以来，我国对学术人员的科研成果评价越来越重视量化指标的考量，科研管理机构运用科学计量学的方法，对科研人员及其成果进行绩效考核，作为职务晋升、职称评定、资源分配等的重要依据。高校科研评价指标量化评议引入初期，在引导科研人员积极进行学术探索、提高科研效率及加强与国际接轨等方面都具有良好的作用。随着量化指标的广泛运用，产生了过度重视数量，甚至是唯数量论的问题，对 SCI、EI、CSSCI 等不同影响因子的期刊过度迷信和崇拜，同时也加剧了高校科研发表功利性的低质量论文的趋势，不利于高校科研的长期发展。还有些高校和科研机构强调行政级别的重要性，并以此衡量科研成果的实际质量和价值，这些非学术因素都明显影响了学术的健康持续发展。

（四）国际科研计量评价借鉴不足

他山之石可以攻玉。我们高校科研评价除按照自身实际和发展需要进行评价外，还可以借鉴国外科研评价的有益经验。国外科研计量评价的考量方法通常是依据科研工作者发表论著的数量和引证次数等细化指标。当前，我国仍处于向国际科研计量评价借鉴过渡阶段，国际科研计量评价制度的运用，有待根据中国国情进一步完善并在实践中加以检验。虽然这些高校科研评价在中国的提法越来越多，但是中国现行的科研评价制度仍然是行政部门主导的科研绩效评价，主要由各级科研行政主管部门管理人员通过量化方法对科研人员进行简单的绩效评价，在科研成果的影响因子、引证次数方面采用不足。论文数量和科研经费的多少成为衡量高校科研人员的关键性指标，对科研成果质量忽视严重，导致高校学术浮躁和急功近利之风盛行。近年来，我国对科研的重视程度及科研经费的投入力度不断加大，但是科研投入—产出结构不合理，科研项目严进宽出、科研评价重数量轻质量等问题不容小觑，科研水平与发达国家仍存在较大差距①，我们还需要进一步借鉴、吸收和优化，立足实情，实用有效。

四、评价主体构成过于失衡

当下对高校科研评价的组织可谓丰富多样，有研究者将高校科研评价的主体分为校内和校外两大类。对校内而言，高校科研评价有学校层面的考核和二级学院、系两级考核评价，有单一行政部门的考核、有多个部门联合考核等；在校外，有政府科技管理部门的和其他政府职能部门的，还有各种各类的社会组织等。这些评价主体发挥作用不均，比如学术共同体占据核心地位，学术书刊机构居于发审前端，社会受众发挥作用有限，各级政府和科研管理部门主宰，第三方评价机构优势突出、发挥作用不够，这些都使得评价主体构成失衡②。

（一）学术共同体占据核心地位

在高校科研评价中，所谓“学术共同体”即通常所说的“同行专家”，由某一学科领域具备高深学术造诣的研究者组成。他们具有扎实的学术功底，了解世界最前沿的理论问题，具备渊博的知识体系，在专业领域内具有较高的学术地位，对科研成果的价值判断具有独特的学术敏感性和精准定位。因此，学术共同体在高校社会科学教师科研评价中应占据核心地位，是定性评价的载体。其中，自主权是学术共同体的主要评价权力，主要体现在不受外界压力干扰，拥有根据长期以来达成的共识自主制定学术评价标准及评价程序，主导评价过程，进行结果公布和运用的权力。另外，学术共同体有自由发表学术意见，制定学术规范和伦理准则的权力，并对学术不端行为具有一定的追责权。

① 胡锦绣．高校科研评价制度的国际比较研究［J］．科研管理，2015（1）：324-329.

② 肖远军．高校科研质量评价原理及应用［M］．杭州：浙江大学出版社，2004：51-56.

（二）学术书刊机构居于发审前端

高校科研绝大多数成果在公之于世之前，首先要通过学术书刊机构的审核，学术书刊机构就以科研成果第一评价人的身份出现。高校科研成果是否被书刊机构录用并进行公开发表，其决定权就在学术书刊机构的专家手中。具体体现在学术书刊机构有权根据自身发展需要，凭借特有的专业敏感性，评议科研成果的创新性、学术规范性和社会影响力，进而判断是否符合书刊要求，并决定能否进行公开发表。可见，学术书刊机构的科研评价对于教师的学术生涯具有至关重要的影响，其自身的权威性和影响力也是衡量研究者科研成果质量的重要标准之一，但是它最大的弊端就是其评价均在高校科研成果公开发布之前。

（三）社会受众发挥作用有限

高校科研在教学、科研和社会服务等方面都起到一定作用，社会受众对高校科研具有较强的评价义务和权利。基于社会科学以发现并解释社会现象为宗旨，受其直接影响的社会受众，同样具有科研评价的权力。社会受众既包括大众读者也包括相关政策制定者，他们对社会科学科研成果的实用性具有最直观的体会和话语权。因此，社会受众有权力根据自身的价值观念和需求，对高校社会科学教师科研成果自由发表观点和意见；同时，有权力借鉴和引用相关科研成果，并对其进行公开评论。不过，到目前为止，社会受众对高校科研评价发挥的作用比较有限。总之，社会受众作为社会科学研究者的主要服务对象，其评价结果更能反映出相关科研成果的价值和应用前景。

（四）各级政府和科研管理部门主宰

在高校科研评价中，各级政府和科研管理部门有权制定相关政策和制度，对各类项目或奖项的申请、流程、审议、评议、监督和追责具有绝对权力，教师需要达到相应要求，方能获得研究支持。因此，各级政府和科研管理部门对教师的科研评价，往往成为教师科学研究的风向标，是激励广大社会科学教师长期坚持科学研究的重要保障。可见，虽然不具备学术共同体的专业评价功能，但各级政府和科研管理部门所拥有的学术资源分配和管理权在科研评价中同样扮演着重要角色。

（五）第三方评价机构优势突出、发挥作用不够

高校科研评价的第三方评价机构是指外在于学术共同体及各级政府和科研管理部门的专业评价机构，其脱离利益相关者独立存在的身份，使得客观性成为其最重要的优势。在高校科研评价中，第三方评价机构有权力不受外在影响，依据科学统计方法，对科研成果进行量化考评，同时有权力对各类学术书刊机构进行分类分级，用最客观科学的数据给全体学术同仁和社会大众以参考。因此，第三方评价机构在社会科学教师科研评价中，承担着定量评价的重要任务，其统计方法的科学性和客观性成为评价结果可信度的关键①。

五、评价实施过程过于粗糙

高校科研评价实施过程目前面临评价组织周期长，评价环节多，专家评审时间短的情况，在评价的过程中容易受到一定因素干扰，评价的过程相对封闭，对外开放程度有限，导致部分评价结果有争议。

（一）评价过程的公开化与非公开化并存，公开化显著不足

我国高校科研评价相较国外起步较晚，评价过程虽然存在公开化和非公开化并存的情况，但是整体而言以非公开化为主，评价过程还不够透明、不公开者居多。从现实来看，我国高校科研评价缺乏完整的公示过程，很多公示的结果仅仅是阶段性或终结性分数，送审材料一般都不公开，评价分数如何形成、具体构成也不清楚，这或多或少造成了公众对评价结果不信任，甚至怀疑其公正性和客观性。因此，高校科研评价后续工作中，可以探索性建立公正、公开的评价透明机制，给予被评审对象一定的知情权。在高校科研评价中应该从正式评价之前就做到透明化，把评价相关业务工作人员、评价过程和评价结果公示做到透明化，接受社会的监督，这样才能增加评价的可信度。

（二）评价过程牵扯切实利益，导致易受干扰

高校科研评价从学校整体来看，评价结果可能对高校活动相关奖励、

---

① 史万兵，曹方方. 高校社会科学教师科研评价主体权力配置及其运行机制研究［J］. 东北大学学报（社会科学版），2017（3）：312-317.

大学排名、社会声誉、服务社会、学科发展、教师发展等方面都会产生影响。从高校科研教师来看，由于高校科研的整体影响，许多高校将科研评价结果和本校教师的晋级晋职、教师的岗位津贴等主要利益直接挂钩。在物质激励和功利动机的驱逐下，高校科研评价常常受到很多非学术性因素的掣肘。一是行政管理的权力干扰。高校内部普遍按照行政模式进行管理运作，不可避免地按照政府部门规章运转，因而存在官僚化的现象。二是熟人社会的人情干扰。我国特有的熟人社会中，人情关系或者利益关系可能会出现在评价主体与评价对象之间。三是业内权威或专家的干扰。主要表现在申请项目和奖励时，往往取决于受评对象的人脉、名望和资历。

（三）评价过程标准方法多样，选择标准的价值取向各异

高校科研评价过程因评价主体的偏好，在评价的方法选择、指标体系的采纳、评价环节的简繁、评价规模的把控、评价功能的发挥等方面都存在一定差异。因此，在评价过程中要充分考虑多方影响因素，如下图 3-1 所示。

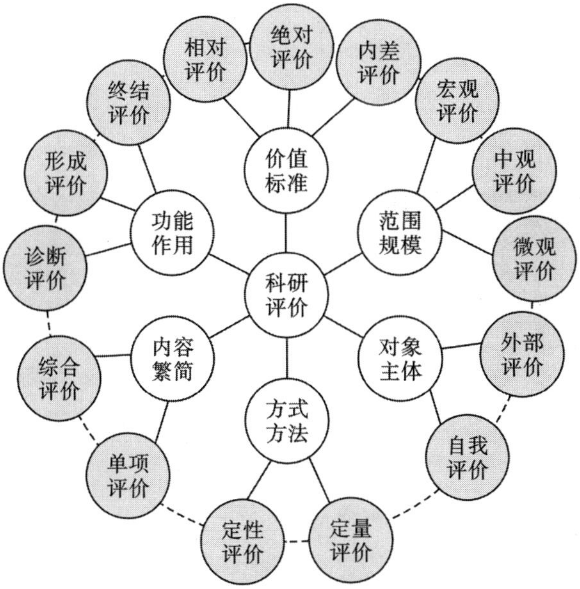

图 3-1　高校科研评价体系的综合考虑因素

第二节　高校科研评价体系的主要问题

诚然，当前高校科研评价体系在促进高校科研发展中发挥了较好作用，但是，不可否认现行高校科研评价体系也存在不少问题。如高校科研评价的价值取向偏离、高校科研评价指标体系的缺陷、高校科研评价运行机制的紊乱、高校科研评价主体构成的单一、高校科研评价过程的失范等方面的问题不可小视。

一、评价价值取向偏离

高校科研评价的价值取向存在着价值取向偏离，工具性手段偏重，定量评价过度；重眼前利益，轻长远利益，重经济效益，轻社会效益的问题。

（一）价值取向偏离，工具性手段偏重，定量评价过度

评价是一种价值判断活动，高校科研评价是对科研成果的一种价值判断。高校科研评价的价值取向对于高校科研评价的影响重大①。高校科研评价在价值取向上，工具和价值理性取向时有失衡，导致高校科研评价工具性手段偏重，定量评价过度②。换言之，在当今的科研评价中，其评价的价值观普遍存在重工具理性，轻价值理性的倾向，实践中往往将评价方法与手段作为工具使用，主要以科研成果的多少、科研工作量的大小等为价值取向进行判断，很少以科研成果质量的高低以及科研成果对社会经济的发展、对人类文明的进步与推动作用为价值取向进行判断，进而影响了高校科研评价的指导思想、主体体系、评价标准。

（二）重眼前利益，轻长远利益，重经济效益，轻社会效益

当前社会功利主义和工具理性较为突出，直接导致高校科研的短视行为，过于偏重短期利益和经济利益，而对长远利益和社会利益关注不

---

① 刘娟．政府主导型的高校科研成果评价研究［D］．长沙：中南大学，2011：29．

② 刘在洲，张云婷．高校科研质量评价问题与改进思路［J］．科技进步与对策，2014（4）：15．

足。部分高校为解决一些办学经费，将希望寄托于高校科研项目的申报，指望申请到的科研经费助推高校发展。在高校科研方向选择上，许多高校也存在重视科研经费较多的横向课题，而忽视科研经费少，甚至没有经费的纵向课题。许多单位或部门的横向课题，具有满足客服需求的应用性强、见效时间周期短、收益相对较高，科研项目的理论水平和课题结项要求相对较低。部分高校科研工作者受经济利益的诱惑，从事“效益科研”。进而在高校科研政策制定上，重视经济效益，忽视社会效益，这导致科研资源配置的马太效应，经费较多的横向课题成为“香饽饽”，经费少的纵向课题成为“窝窝头”，高校科研造血功能越来越弱。这些现象的存在，要求我们需要将当前利益与长远利益、经济效益与社会效益相兼顾①。

二、评价指标体系欠当

高校科研评价指标体系在高校科研评价中发挥了许多促进作用，与此同时，也存在一些问题。比如存在定性评价选用极少，定性评价指标不好设定；定性评价与定量评价相结合，着重采用定量评价方式；替代质量标准的机制普遍存在，定量评价产生挤出效应；正视定量指标自身的缺陷，进一步完善评价基础数据等方面的问题。

（一）定性评价选用极少，定性评价指标不好设定

高校科研定性评价主要常用基本评价指标有：从高校科研过程看，科研任务计划完成率、时限、及时性、完成时间、批准时间、开始时间、结束时间等；从高校科研结果看，成果评价结果是否满足科研需求单位的需要；科研过程中，研究中相关检查结果、研究流程及研究对环境影响的投诉情况，研究对需求主体的服务满意度、成果的准确性、任务的达成率、项目的完成情况、项目产品的合格率等②。由于高校科研评价中定性指标无法像定量指标那样精确细化，因此定性指标在很多高

---

① 陶春莉，曾华辉．高校科研评价与激励制度对教师行为导向功能的分析[J]．发展，2011（11）：21.

② 李云波．DJ公司绩效管理体系的研究与设计［D]．成都：电子科技大学，2006：24.

校科研评价中没有得到应有的关注和重视，考核者或评价者往往依据主观印象给出定性评价，导致出现多方不满意考核评价结果：考核评价结果出现偏差，被考核者的实际业绩不能得到真实反映，被考核者不满意；考核评价结果“趋中”，拉不开被考核者之间的差距，考核方不满意；考核评价结果太完美时，社会受众不满意，认为在造假；等等。

（二）定性评价与定量评价相结合，着重采用定量评价方式

高校科研评价通常采用定性评价和定量评价等方法，多数评价中，人们习惯采用定量评价方式①。从实际来看，高校科研定性评价和定量评价的优缺点主要表现在：相比而言，定量分析方法更加科学，但需要较高深的数学知识；而定性分析方法虽然较为粗糙，但在数据资料不够充分或分析者数学基础较为薄弱时比较适用。定性评价和定量评价的联系主要表现在：定性分析与定量分析应该是统一的，相互补充的；定性分析是定量分析的基本前提，没有定性的定量是一种盲目的、毫无价值的定量；定量分析使定性更加科学、准确，它可以促使定性分析得出广泛而深入的结论。事实上，现代定性分析方法同样要采用数学工具进行计算，而定量分析则必须建立在定性预测的基础上，二者相辅相成，定性是定量的依据，定量是定性的具体化，二者结合起来灵活运用才能取得最佳效果。需要指出的是，在高校科研质量评价中虽然两者并存并用，但是在实际过程中定量评价被着重使用，占绝对主导地位。

（三）替代质量标准的机制普遍存在，定量评价产生误导挤出效应

高校科研评价中，既要考虑高级别科研，也要兼顾一般项目和一般科研成果，这就需要将高级别科研与一般科研进行必要换算。比如，一些高校在教师职称晋升文件中，依据学术声誉将期刊由高到低划分为A、B、C、D四个等级，A类等高级别论文数量少，质量高，发表难；相对来说，D类期刊数量多，评审标准较低，论文发表容易，于是多篇低级别论文可以折算1篇高级别论文。较低质量标准的成果对较高质量标准成果的替代机制，为数量扩张提供了刺激，为以数量取胜提供了可能，

① 戚晓萍．航载公司供应商选择与评价指标体系研究［D］．北京：对外经济贸易大学，2013：1.

这又导致了定量指标对质量导向的偏离。在科研项目方面，对于那些确有研究价值、社会价值、使用价值的级别较低的课题、项目，给予必要的鼓励支持甚至是政策倾斜大有必要。对此，已有部分高校做了有益的尝试，例如，有高校规定，教师累计完成3个校级课题研究视为1个省部级课题任务。不过，这种替代机制也会造成较多负面影响，比如，高校科研定量评价对科研人员的行为产生误导，对不可定量测量创新贡献的挤出效应。高校科研人员选择将更多的时间和精力投入到容易被认可的论文、著作、授权专利等工作上，实际上削弱了科研人员推动创新驱动经济社会发展的动力和能力。

（四）正视定量指标自身的缺陷，进一步完善评价基础数据

高校科研评价广泛使用定量指标，尤其是对科研成果中的期刊影响因子及引证次数采用比较频繁。事实上，该期刊上的论文平均可能被引次数，不能等同于其中某一特定论文实际获得的引用次数。另外，每一项研究产出从发表到获得认可的时间间隔差异巨大。有些成果的影响力可能是短期的，有些可能持续很长时间。真正原创性的工作通常需要两年以上才能获得学界的认可和重视，而20世纪生物学领域里最重要的一篇论文在发表后第一个十年里罕有引用。采用定量指标评价科研质量与水平必须注意这些特点，在决定评价时点和时间窗口时应特别小心。另外，定量指标依据的基础数据也存在两个方面的问题，一个与基础数据的数量有关，一个与基础数据的质量有关。单一数据平台收录文献的覆盖范围与偏好、不同学科之间引用行为差异、引用动机差异、自引、多作者合作文献被引次数计算、文献的语种等都对基础数据的质量有影响。

三、评价运行机制紊乱

高校科研评价运行中，统一性和标准化体现充足，但是也存在高校科研评价统一性有余，分级分类评价缺失；高校科研评价体系中数量与质量的关系不当，重量轻质；高校科研评价体系五花八门，标准选择依据模糊；高校科研评价方法中定量评价与定性评价结合不够等问题。

（一）高校科研评价统一性有余，分级分类评价缺失

不论何种高校，对教师科研多用统一的评价模式，未完全、精确反

映不同学科和领域科研的差异性、多样性和不可比性。于是本应进行技术研发和转化、社会服务的教师，却如从事自然、人文社科基础研究的教师一样，去发论文、出专著，而不注重去解决技术或社会实际问题。这有碍于学科发展和成果向生产力转化。

（二）高校科研评价体系中数量与质量的关系不当，重量轻质

高校科研评价体系中，科研成果的数量和质量多数情况下都表现出一定线性关系，质量越高，数量越少；反之亦然，质量越低，数量越多。所以，高校科研评价体系中，总是存在数量和质量的矛盾，常常顾此失彼。然而质量提高的难度大，而质量低的科研成果比较容易获得，使得低水平科研成果数量激增，这导致在追求数量的过程中忽视科研成果的质量保障。尽管科学技术部等部门联合颁发了《关于改进科学技术评价工作的决定》和《科学技术评价方法（试行）》，从国家层面明确了评价方针、准则、目的、方法以及监督机制等，但在实践中，由于科研评价本身的复杂性，科研成果效益的滞后性，效益测量的难操作性，对科研成果难以定量评估等等原因，一直没有找到科研成果数量与质量的科学、恰当关系①。不管是普通高校，还是政府相关职能部门和第三方社会组织，通常都是以不同级别获奖、不同期刊论文、不同类型专利等作为科研基准，将 SCI、EI、SSCI、CSSCI 等作为刚性定量指标，而且一味地放大与加强，导致评价标准不科学，重量轻质，以量代质。

（三）高校科研评价体系五花八门，标准选择依据模糊

高校科研评价过程中虽然已有统一的文件、一致的要求、共同的目的，但是在具体评价中，由于评价主体的价值偏好及高校自身发展的诉求，高校科研评价体系出现了标准不一、多种多样的情形②。比如，在现实的科研评价中，一是评价组织众多，评价目的各异，评价标准多种多样，甚至一个组织一个评价标准，致使同一成果评价结果大相径庭。

① 贺建军，等．科技评价的制度变迁研究——基于制度经济学视角［J］．科技进步与对策，2005（8）：64.

② 周文泳．论支持改进的科研质量评价［J］．科研管理，2012（1）：100.

如有的成果在校内竞争相对较少的环境中评不了奖，而在校外竞争相对激烈的情况下，反而能得奖。这无疑会造成评价组织失威，评价结果失信。二是科研成果在创造价值方面，更是缺少科学的、统一的评价标准，科技成果转化效益常常是教师搞证明，科技成果有无创新价值，其效益大小、贡献多少往往是定性认定，这样极易造成弄虚作假，夸大成果效益。标准不一，政出多门，不仅造成高校科研成果泡沫，而且容易引发学术不端。

（四）高校科研评价方法中定量评价与定性评价结合不够

在高校科研评价中，由于某些项目、某些要素实在是不能转换成分值，虽然也实行同行专家定性评价，但往往也是几个“专家学霸”说了算。科研评价属于学术组织的学术事务，在学术组织内，应把握学者平等的准则，一旦是几个“学霸”随便说了算，一些教师为了拿奖、拿奖金，只好放下尊严去拉关系、走后门，甚至请客送礼，用金钱铺路，进而导致学术腐败的产生。长此以往，轻则妨碍创新，束缚年轻人脱颖而出；重则败坏世道人心，腐蚀学者人格，导致学术泡沫化和无谓地消耗人力物力。这可能也是我国近代对世界科技发展贡献不大，很难培养拔尖创新人才的缘故之一。

四、评价主体构成单一

高校科研评价运行中主要是以官方、半官方为主导（国家科研机构和公办高等学校按半官方对待），社会组织虽有参与，但是参与的程度和权威都还不高，因此高校科研评价主体呈现比较单一的态势。

（一）高校科研成果汗牛充栋，评价主体构成屈指可数

当前高校科研评价主要评价不同级别的奖励类型、大学排名类、服务社会类、学科与科技管理类、教师发展类等。高校科研质量评价类型众多，评价对象各有不同，有的是对高校科研项目进行鉴定考核，有的是对科研工作量进行评价，有的是对大学科研水平进行评价，有的是对高校科研成果进行评价，也有的是对科研成果的学术水平和转化效益进行评价。评价对象不同，评价目的亦有所不同，从评价的目的来看，评价动因并不一致，目的各异。有的是为了表彰奖励，有的是为了科技管

理，有的是为了大学排名，有的是为了教师个人发展等；高校科研评价目的取向多样，成果丰富，评价主体单一。

（二）评价主体构成官方单一，评价指标以偏概全

高校科研评价主要由官方及半官方的机构组成，外加以偏概全的评价体系，导致科研评价不仅不能帮助科研质量的提高，还割裂了科学研究的条件、过程、结果与质量体系要素之间的内在联系的客观规律①，使科研评价结果失去了应有的价值，对我国创新型国家建设进程产生负面效应。在科研工作的实践中，由于高校内外科研质量评价存在疏漏缺失问题，教师不得不将大量的时间与精力盲目地投入到追求成果数量或若干科研指标上，偏离了科技创新应然的价值追求。面对不同的科研考核，高校及其科研人员不得不面对不同组织所开展的科研质量评价，过多过繁的评价给高校科研质量的提升带来负面效应：一方面，学校或教师忙于应付，消耗了学校或教师大量的精力；另一方面，由于评价指标、评价标准、评价时间不同，教师不得不专于应对，一个成果重复参评，多次获奖②。

（三）评价主体利益相互穿插，第三方评价机构缺位

当前，高校社会科学教师科研评价主体已由单一的政府主导或学界主导，发展成为由多方主体共同构成的多元模式。结合已有研究并基于高校社会科学教师科研评价利益相关者的视角，可将其评价主体分为：高校科研评价学术共同体，发表高校科研评价成果的学术书刊出版机构，高校科研成果鉴别的社会受众，高校科研成果管理指导的各级政府及科研管理部门，高校科研成果鉴定的第三方评价机构（见图 3-2 所示）。其中，厘清各评价主体的权力配置及内在关系，进而完善其运行机制，是保障高校社会科学教师科研评价结果科学性与公正性的前提基础，同时也是促进社会科学事业发展的关键环节。

---

① 周文泳，尤建新，陈守明．论科学研究过程的质量改进［J］．科学学研究，2006（4）：492-496.

② 刘在洲，张云婷．高校科研质量评价问题与改进思路［J］．科技进步与对策，2014（4）：95-98.

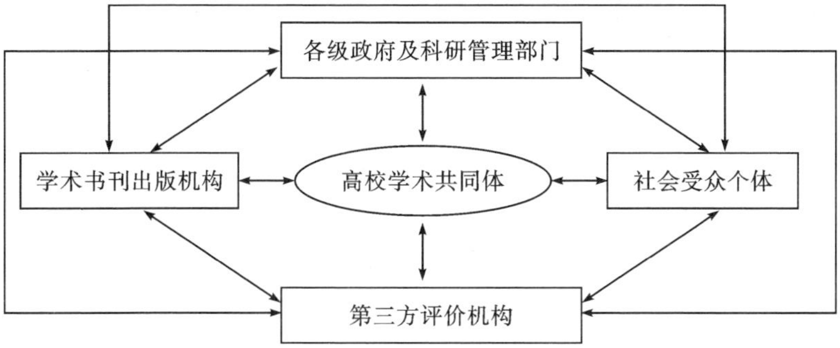

图 3-2　高校科研评价主体关系示意图

五、评价过程明显失范

高校科研评价过程失范存在评价过程管理不严，评审操作不规范；评价过程开放性不足，第三方评价被边缘化；评价过程注重达标合格，发展激励体现不足的问题。

（一）评价过程管理不严，评审操作不规范

在高校科研评价中各种各样的专家论证评价过程中，由于专家功利化严重，加上学术民主的制度性缺失，不可避免地受人情观念的影响，难以公正地对科技成果进行客观的评价；一些高校科研成果的鉴定，同行专家对科研成果的真实性，对高校科研水平的高低，往往通过短短几天或者几小时，甚至几分钟的走马观花地翻阅，缺乏严格科学的考量时间及依据。往往几个专家仅凭着几份材料，在很短的时间就给出“国内领先”或“国际先进水平”的结语。另外，加上高校科研评价聘请的专家大多是同行学者，相互之间都比较熟悉，今天你求我，明天我求你，评价过程在很大程度上成了互相捧场、相互关照的一种形式。反思以上高校科研评价问题及其产生的原因，笔者认为当下高校科研评价体系缺乏，既是高校科研评价问题背后的根本问题，又是其原因背后的根本原因，需要规范高校科研评价过程。

（二）评价过程开放性不足，第三方评价被边缘化

评价主要按行政逻辑来设计、组织和运转，学术评价被淡化，行政干扰了学术，用户、市场等第三方评价被边缘化，这些现象引发了诸多

争议，降低了评价的效度和信度。过于关注短期效果、频繁实施评价，简单以追求产量指标的企业为参照，要求快出多出成果的导向，违背了科技产出规律，使许多教师疲于应付，产生职业倦怠和不受尊重之感，心生抵触，不愿投入长期研究，故难获重大科技突破。

（三）评价过程注重达标合格，发展激励体现不足

现行的评价体系，重对教师基于物化成果的业绩区分、晋升或获奖人员的确定，鉴别和选择并使用此结果几乎成了考评的唯一目的；却轻隐性成就和发展性评价，缺乏对评价过程中发现的突出问题给予个性化分析并提出改进的具体建议，以帮助被评价者找到今后努力的方向等举措。考评一结束，任务就算完成，失去了其应有的促进教师学术成长的意义①。

---

① 顾海波，赵越．高校科研评价规则变革问题研究［J］．科研管理，2018（8）：126-132．

第四章　发达国家高校科研评价体系的比较借鉴

当今时代，国与国之间综合实力的竞争，表面上体现为诸多科学技术产品的竞争，实质上归结于整个科学研究活动的竞争。不言而喻，谁的科学研究质量与水平高，谁就占领了科学技术产品的制高地，谁的综合实力就会领先。在此背景下，世界各国都十分重视通过提高科研质量与水平来提升自身的竞争力，发达国家尤其如此。综观发达国家在科研管理方面的举措，尽管各国互异，但大多有两个共同之处：其一，非常注重通过科研评价来引导与促进本国的科研发展；其二，高校是其重点关注的科研阵地之一。他山之石可以攻玉，借鉴发达国家高校科研评价的先进之处，以之促进我国高校科研评价事业的发展与创新，实属必要。本章选取了美、英、日、澳、荷五个代表性的发达国家，在分析与比较这些国家有关高校科研评价特点的基础上，阐述了其中有助于构建我国高校科研评价体系的几点启示。

第一节　发达国家高校科研评价体系的特点

审视美、英、日、澳、荷五个发达国家的高校科研评价体系，这五个国家有关高校科研的评价体系均有鲜明的特点。

一、美国高校科研评价体系的特点

（一）评价机构多层次化

20世纪初，美国国会成立了国会研究服务部（CRS），该部门的一个主要任务就是直接针对国会各委员会和议员提出的有关科技方面的问题进行研究、分析和评估，可以说这就是科研评价的雏形。

目前，美国科研评价机构分为三个层次，一是国会科研评价机构，二是非官方科研评价中介机构，三是高校本身①。不过，美国科研评价的主体是前两个层次。

美国的官方科技评价机构有美国国会技术办公室（OTA）、国会预算办公室（CBO）、国会研究服务部（CRS）、美国政府责任署（GAO）。除了以上国会层面上的评价机构以外，美国有关政府部门也都设有类似的评价办公室，如卫生与人类服务部计划与评估助理办公室、卫生与人类服务部监察办公室下的评估与监察办公室、环保署监察长办公室下的环境项目独立评估办公室，这些联邦政府部门下设立的评价机构分别负责本部门内的宏观科研评价和评估工作②。

为了提高监督效率，减少徇私舞弊、暗箱操作的可能性，美国又诞生了民间科技评价机构。美国的民间科技评价机构，是以政府出钱委托科研机构代理评价的格局存在。美国联邦机构依据相关法律履行评价职能，政府委托一大批高水平、相对稳定的社会咨询机构，包括企业和营利机构。政府只是出资，具体执行就在其他部门和机构。这种出资人和执行人分离的制度保证了评价的公平性和合理性，出资人和评价执行者之间建立相互监督的机制③。这种民间科技评价机构以美国国家科学研究委员会（NRC）最为典型，它是作为由美国国家科学院创建的民间非营利组织，在近20年里对美国高层次的科研活动进行了多次评价④。

---

① 黄岗. 美国科研机构及其领导体制［J］. 全球科技经济瞭望，1993（3）：15-16.

② 戚湧，李千目. 科学研究绩效评价的理论与方法［M］. 北京：科学出版社，2009：14-15.

③ 陈宁. 美国的科技评价与科研事后评价概况［J］. 全球科技经济瞭望，2007（12）：25-31.

④ 蒋玉梅. 全球科研评价体系的演进与发展——以美国、英国、澳大利亚、荷兰四国为例［J］. 国家教育行政学院学报，2013（9）：81-86.

美国高校通常会基于自身特点定期或不定期开展科研评价活动。比如，在加州大学伯克利分校，开展科研评价的目的主要是为调整教师薪酬、晋升职位和终身聘任等提供依据，且评价教师的科研时更注重其科研已达到何种程度而不是取得多少数量；在理士满大学，过去教授获得终身聘任可以不要出版学术著作，而现在要想获得终身教授，则必须得到相应的研究经费，并发表过多篇学术论文①。

（二）评价内容三位一体

在 2008—2009 年对美国博士项目进行了新一轮评价，NCR 在评价博士项目时采用的是三维指标体系：科研活动（research activity）、学生支持与成果（student support and outcomes）、教育环境的多样性（diversity of the educational environment）。其中科研活动包括教师在出版、引用、科研经费和获奖等方面的情况，出版和引用的文献计量指标来自 SCI 数据库；学生支持与成果包括第一年获得全额资助的学生比例、规定时间内获得学位的学生比例、学生获得学位的时间、为学生设置的学术职位情况、毕业生就业信息的提供情况；教育环境的多样性则包括少数民族师生比例、女性师生比例、国际学生比例②。

（三）评价方法质量结合

评价方法质量结合是指，使用质性评价方法和量化评价方法相结合。从已有文献看，美国在评价科研时，往往采用同行评议法这样的质性评价方法和文献计量法这样的量化评价方法相结合。

比如，NRC 的评价方法是以同行评议法为主的。所谓同行评议，是用于评价科学工作的一种组织方法。这种方法常常被科学界用来判断工作程序的正确性，确认结果的可靠性以及对有限资源分配的公认性。同行评议是某一或若干领域的专家采用同一种评议标准，共同对涉及相关领域的某一事项进行评价的活动，即专家评分的平均值就是各个参评单

① 王学松. 试析美国高校教师科研绩效评价机制［J］. 合济与科技，2013（23）：40-41.

② 蒋玉梅. 全球科研评价体系的演进与发展——以美国、英国、澳大利亚、荷兰四国为例［J］. 国家教育行政学院学报，2013（9）：81-86.

位的最终分数，其评价结果对有关部门的决策具有重要的参考价值。Lutz Bornmann 认为同行评议并非十分完美，仅仅依靠同行评议并不能完全说明科研质量①，这种评价方式是一种人的主观判断，会受到评价人的个人好恶、远近亲疏的影响，其公正性和客观性受到质疑。

由于同行评价具有主观判断，影响公正性和客观性等缺点，美国采用了调查法、回归分析法、文献计量法等定量的评价方法做补充。NRC 在 2001—2003 年期间开发了全新的评估方法，它最大的特点在于其基于数据，即通过调查法和回归分析法两种不同路径的方法来评价。

文献计量法是用于分析科学研究活动始于 19 世纪末 20 世纪初，美国国家自然科学基金会于 20 世纪 70 年代开始探索基础研究及其影响力的定量评价方法，支持研究科学出版物指标的文献计量学的早期工作。它包括对出版物、论文引用情况及专利等的计数分析②，出版物和专利被认为是衡量传出能力的尺度，引用情况则是衡量其工作结果影响力的尺度。该方法的一个前提是假设任何一项科研都是具有价值的，并认为，如果某刊发表一篇论文，该论文一定要经过专家或编辑评议认同；如果一篇论文被其他科研人员引用，则表示对其权威性和真实性的认同，引用的越多越有价值。文献计量学最大的优势是其能够定量，尤其是引文计量法是定量评价基础研究成果的重要手段，具有简单性、可操作性、准确性、客观性等特点。引文计量的简单性体现在可以通过大型引文数据库快捷、直观地获得相应的引用数据，如哪些著者的哪些文献的被引用频次高，哪些期刊被哪些期刊引用，被引的频次有多少等，这些数据也就是我们作为引文评议的基础。引文分析提供的数据基本都是客观可靠的引证数据，这也是行内利用引证数据来进行各项评价的基本前提；引证数据如来自客观地引用统计，是客观定量的数据，一般具有准确性的特点。同时引文计量法已能为决策科学化、民主化提供较为客观的定量参考意见，因此这种方法弥补了同行评议的不足，可以作为同

① BORNMANN L. Scientific peer review [J]. Annual review of information science and technology, 2011 (1): 197-245.

② 王雅芬，贾丽娜. 国内外高校科研评价方式的比较研究 [J]. 评价与管理，2005 (1): 19-22.

行评议的补充和参照。

二、英国高校科研评价体系的特点

（一）以社会中介为主要评价机构

英国的科研评价由政府主导，是全球历史最悠久和最成熟的科研评价体系之一。近 20 年来，英国建立了欧洲领先的研究评价系统。从 1986 年开始，英国在全国范围内推行大学科研评估体系（RAE），这些年 RAE 评价体系不断改进完善，极大地促进了英国大学科研水平的提高，使其诸多学术指标跃居世界领先地位。为进一步增强科研评价机制对高水平科学研究的导向作用，并引导大学研究更好地服务于国家社会经济发展，英国政府从 2008 年开始对 RAE 进行全面改革，并于 2014 年正式以研究卓越框架（REF）取代以往的科研评价体系，成为英国用于评价大学学科科研质量，以及选择性地分配高等教育科研机构研究经费的主要办法。

以上的评价都是由政府作为评价机构评价大学科研质量，并分配高等教育科研机构研究经费。为了提供更加客观的评价结果，英国政府不直接进行大学科研评价，而是建立或委托中介机构即委托大学科研评价机构——英国高等教育基金委员会，负责实施的对全英范围内高校的科研进行的评价。英国科技评价呈现社会化的趋势，政府已经开始减少对科技评价的干涉，把一些具体的活动交给立场中立的中介机构。

（二）以同行评议法为主要评价方法

RAE 具有同行评估、评价方法定性与定量结合等特点①，同行评价的评价组成员由来自不同机构的资深评价人员组成，他们不代表某一特定团体和某些可能的受益者，仅代表个人进行客观的评价。此外学科组还和海外专家进行商讨，以确保评价是否达到国际先进水准②。定性与

---

① 余琳琳．英国科技评价体系的研究与借鉴［J］．中国电力教育，2008（114）：180-182．

② 朱文雨．国内外高校科研评价研究简评［J］．教育界，2012（12）：5-6．

定量结合，以定性评价突出，这样就避免了评价中重视数量而忽视质量的倾向性，坚持成果质量第一的原则。

（三）以研究卓越框架为主要评价内容

在2008年科研评估体系的“质量概评”中，首先由主、次评小组共同制定评估标准，主评小组决定提交活动的具体分类，评价内容主要围绕研究成果、研究环境、声誉指标这三个方面展开，其中研究成果的评价主要基于科研人员的代表性出版物的权重至少达到50%，研究环境的权重不得低于5%，学科名誉的权重不得低于5%①。

2014年以研究卓越框架（REF）的评价标准和评价内容相比2008年的科研评估体系有了较大的变化。评价内容维度分别为“成果（output）”、“影响力（impact）”和“环境（environment）”，每个维度的权重都予以明确的规定。成果被赋予65%的权重，以“原创性、意义和严密性”作为其评价标准；影响力被赋予20%的权重，从“广度（reach）”和“意义（significance）”两个方面进行衡量，强调科研在文化、经济、环境、教育、政策制定、公共服务等各个方面造成的影响；环境则被赋予15%的权重，以“活力（vitality）”和“可持续（sustainability）”为衡量标准，主要包括科研策略、人员（教师发展和研究生培养）、科研收入及基础设施和设备、科研合作②。

（四）以八项原则为主制定评价标准

评价标准是评价活动的核心，对评价起到了最直接的制约作用，“评价的结论不同，最主要的因素是因为评价标准的不同”③。评价标准也是评价理论体系的核心④。

英国根据国际化原则、一致性原则、透明度原则、中立性原则、跨

① 王娜. 英国高校科研水平评估的发展与创新［J］. 出国与就业（就业版），2010（10）：128-129.

② 蒋玉梅. 全球科研评价体系的演进与发展——以美国、英国、澳大利亚、荷兰四国为例［J］. 国家教育行政学院学报，2013（9）：81-86.

③ 冯平. 评价论［M］. 北京：东方出版社，1995：40.

④ 金娣，王钢. 教育评价与测量［M］. 北京：教育科学出版社，2007：76.

学科性原则、可信度原则、有效性原则、同等性原则这八项原则[①]，制定了相应的评价标准。专业评价小组用一个尺度标准对每一份提交的评价材料进行评价定级，主要根据科研成果达到国际、国内优秀标准的比例进行判断。英国高校科研水平评价的等级和标准在 2001 年和 2008 年分别作了不同的调整。2001 年一共划分了 1—5* 七个等级（见表 4-1），2008 年一共划分了无等级到 4* 五个等级（见表 4-2），调整之后的评价等级和标准在打分上给予研究成果更大的空间，对在 2001 年的指标体系中部分描述不太具体的项目进行了重新规定，并针对级别层次太多的意见减少了等级。这样更加明晰的评价标准，对应用研究、实践研究和学科交叉研究做出更适合的评价。

表 4-1　2001 年英国高等学校科研水平评价的等级和标准[②]

评价等级	评价标准
5*	提交的研究项目多于半数达到国际先进水平，其余达到国内先进水平
5	提交的研究项目少于半数达到国际先进水平，其余全部达到国内先进水平
4	提交的研究项目全部达到国内先进水平，其中某些接近国际先进水平
3A	提交的研究项目 2/3 以上达到国内先进水平，或接近国际先进水平
3B	提交的研究项目多于半数达到国内先进水平
2	提交的研究项目少于半数达到国内先进水平
1	提交的研究项目几乎没有一个达到国内先进水平

① What is the RAE 2008? [EB/OL]. [2014-02-16]. http://www.rae.ac.UK/.

② PAUL G. HARE P G. The united kingdom's research assessment exercise: impact on institutions, department, individuals [J]. Higher education management and policy, 2012 (2): 43-62.

表 4-2　2008 年英国高等学校科研水平评价的等级和标准①

等级	质量概况描述
4*	在原创性、精确性、重大意义方面达到世界领先水平
3*	在原创性、精确性、重大意义方面达到较高的国际水平，仅次于世界领先水平
2*	在原创性、精确性、重大意义方面达到国际认可的水平
1*	在原创性、精确性、重大意义方面达到国内认可的水平
无级别	科研质量尚未达到国内认可的水平或不符合该评估对科研的界定

三、日本高校科研评价体系的特点

（一）评价机构专门化

日本的科技评价最早可追溯到 20 世纪 40 年代末。20 世纪 40 年代至 60 年代初，日本建立了比较完善的科技审议会制度。其科技审议机构可以认为是日本最初的科技评价机构②。进入 90 年代，日本科技政策的最高决策机构科学技术会议政策委员会下设立技术评价分委员会，并根据国际形势的变化，相继颁布了一系列与科技评价有关的法律法规。1995 年日本政府颁布了《科学技术基本法》，明确了科技评价的地位；1997 年 8 月，日本科学技术会议审议通过了《国家研究开发评价实施办法大纲指针》，极大地推进了日本研究评价体制的建设。文部科学省的学术审议会和研究大学强化促进调查委员会是对日本大学科研的评价机构，对大学科研制定科研评价指标并进行评议。

① Quality profile [EB/OL]. [2018-05-28]. http://www.rae.ac.uk/results/intro.aspx.

② 张平．日本科技评估及其对我国的借鉴［J］．中国科技论坛，2005（2）：142-144.

（二）评价方法同行化

评价方法同行化是指，以同行评议为主的评价方法。从相关文献看，日本构建研究评价系统，导入同行评议法①。例如，日本早稻田大学以研究型大学的崛起为目标，在学术院、附属研究所、研究机构等校内研究组织中进行人员优化组合。通过研究院推动研究人员承担合作课题的同时，制定多样性研究主题，在全校的研究资源管理架构下付诸讨论，适时地充实和调整研究人员，有效地组织研究活动，开展高水平的研究。特别是研究院担负着促进重点领域研究，发挥研究组织的经济性、效率性，不断推出高水平研究成果的职责。早稻田大学致力于构筑引领亚洲乃至世界最尖端技术的研究体制，把多样化的研究方法用于学术研究，重视开展产学研合作研究。导入"重点领域研究评价系统"，以有效的研究管理体制为目标，对重点研究领域实行事先评价、中间评价、进程管理和事后评价的同行评价制度。

（三）评价内容基础化

评价内容基础化是指在评价内容上，十分关注一些基础性的科研成果。比如，徐文焕、罗长坤、黄国琼的研究指出，日本重视基础研究，其科研评价指标主要包括论文发表情况（论文发表数和被引用次数）；著作情况（学术论著、辞书、教科书等）；被表彰和学术界的评价；演讲被邀次数；人才培养与人士交流情况；研究创造和指导能力；被技术开发采用和为发现、发明提供理论依据的情况②。其评价方法同样采用的是定性和定量相结合的方法，其中定量指标包括论文的数量及引用率、专利数量、专利实施情况等。

四、澳大利亚高校科研评价体系的特点

（一）评价机构国家化

澳大利亚的科研评价由政府主导。澳大利亚研究委员会（ARC）开

① 熊国经．早稻田大学科研管理体制与模式研究［J］．科技进步与对策，2013（2）：122-125.

② 徐文焕，罗长坤，黄国琼．基础科研成果评价值比较体系研究进展［J］．中国高等医学教育，2006（11）：35-36.

展的科研评价经历了从综合指数（Composite Index）到科研质量框架（RQF）再到澳大利亚科研卓越（ERA）的转变。

（二）评价内容规范化

1995年的综合指数评价以大学为独立单元进行评价，评价内容主要包括大学所获得的经费及科研产出（出版物数量及授予的硕士和博士学位数量等）。这种体制造成大量的学者重视发表论文，其科研产量在不断地提高，但是影响力却在不断地下降，在1988到1993年间，澳大利亚文献引用率在OECD国家中从第6位下滑到第11位①。

为了改变这种评价，澳大利亚政府于2006年开始筹备新的科研评价体系，RQF制度设计历时三年。建立RQF制度的目的就是要更加迅速地认定和奖励澳大利亚大学和国家科研机构从事高质量的科研。新一届政府于2008年宣布以ERA来取代RQF。ERA已分别于2010年和2012年进行了两次评价，共41所科研机构参评。评价内容包括四个方面：（1）科研质量（research quality），包括出版物及会议的级别、引用分析、ERA同行评议、经同行评议的国内和国际科研收入；（2）科研数量及活动（research volume and activity），包括科研产出总量、科研收入等指标；（3）科研应用（research application），包括科研商业收入等应用测量指标；（4）声誉（recognition），包括在权威出版单位担任编辑的人数、参加知名学术团体的人数和全国科研奖金获得者的人数等声誉测量指标。

（三）评价方法原则化

澳大利亚的评价遵循四项原则②：（1）公开透明。这是指科研评价的过程和结果要以事实为依据，并对科研评价涉及的所有相关人员公开透

① BUTLER L. Explaining Australia's increased share of ISI publications—the effects of a funding formula based on publication counts [J]. Research policy, 2003 (32): 143-155.

② Australian Research Council. Excellence in research for Australia 2012 [EB/OL]. [2014-03-22]. http://www.arc.gov.au/pdf/era12/report_2012/ARC_ERA12_Introduction.pdf.

明，当然，这也包括评价的标准和手段。（2）普遍认同。这是指科研评价的方法和手段被广泛地接受与认同。（3）有效性。这是指科研评价以适当的资源供给为基础，实现对科研产出进行有效和准确评价的目标。（4）鼓励积极的科研行为。这是指澳大利亚的科研评价从结果上来说，要有助于提高澳大利亚的科研质量和水平，并且要进一步鼓励和加强在澳大利亚大学和科研机构中充满活力的相互协作的科研文化。

五、荷兰高校科研评价体系的特点

（一）评价机构非官方化

20世纪90年代初，荷兰大学协会（VSNU）是代表荷兰14所大学利益的非官方组织，其目的主要是帮助高校进行科技管理，帮助个体研究者保持和提高科技水平。

自2003年后，荷兰大学的科研评价开始采用标准评价协议（SEP）框架，该协议由荷兰皇家艺术和科学院（KNAW）、荷兰大学协会（VSNU）、荷兰科学研究组织（NOW）联合制定。SEP评价树立了两大目标：提高科研质量和代表资助部门、政府及社会进行科研工作检查。

（二）评价方法质量结合

如同美国一样，荷兰在评价科研时，兼有同行评议法和文献计量法。研究表明，荷兰在进行科研评价时采用同行评议法，评估小组对高校科研从四个方面进行评价、打分，然后撰写报告，指出问题和提出建议。除此之外，评估委员会会委托有关机构进行相关的文献计量分析[①]，这样可以保证评价的公正性和客观性。

（三）评价内容四位一体

荷兰大学协会通过外部同行委员会对科研的四个方面进行评价[②]：

---

① 陆根书，等．构建高校科研评价系统　提高我国自主创新能力［J］．高等工程教育研究，2006（6）：37-47．

② 陆根书，张晓磊．荷兰高校科研评估实践与启示［J］．大学·研究与评价，2007（11）：56-60．

生产率、成果质量、适切性和长期生存能力。

2003年标准评价协议（SEP）的评价包括四个维度[①]：质量（quality）、产出率（productivity）、社会相关性（societal relevance）、活力与可行性（vitality and feasibility）。每个维度都有各自的内容，质量包括研究质量及科学相关性、领导地位、学术声誉、人力资源和财力资源、博士研究生培养情况；产出率包含科研产出策略和科研成果，研究成果的评价基于3～5篇代表作及出版物的总数，必要时使用文献计量指标；社会相关性包括社会价值、社会影响及社会应用性；活力与可行性包括SWOT（长处、短处、机遇、威胁）分析、策略、稳健性。SEP评估以同行评价和自我评价为主。

（四）评价标准采用五点量表

在对主要标准做出判断时采用五点量表，分为优秀、非常好、好、满意和不满意五个等级，分别从被评价的科研机构或科研项目在国际或国内的地位，对本学科领域的影响程度和在学术界的声望这几个方面做出判断（见表4-3）。

表4-3　荷兰高校科研评价等级及其标准[②]

优秀	科研工作具有国际前沿性，对本领域有重要和实质性影响；科研机构在国际上处于领先地位。
非常好	科研工作具有国际竞争力并有望取得重大突破，同时在国内处于领先地位；科研机构应在国内处于领先地位并能参与国际竞争。
好	科研工作在国内具有竞争力，并可能在国际上对该领域的研究有推动作用；科研机构在国际上有一定知名度，并且在国内具有竞争力。

① 蒋玉梅．全球科研评价体系的演进与发展——以美国、英国、澳大利亚、荷兰四国为例［J］．国家教育行政学院学报，2013（9）：81-86．

② 刘蓉洁，赵彩霞．荷兰高校科研评估的特点及启示［J］．思考与借鉴，2009（11）：67-70．

续表

满意	科研工作扎实却不卓越，但会增加人们对科研工作的认知，值得获取支持，比上述等级稍低一些；科研机构在国内知名。
不满意	科研工作既不卓越也不扎实，科研结果没有突破或只是重复他人的工作等，不值得继续。

在对质量、产出率、社会相关性以及活力与可行性这几项主要标准进行评价时，每一项标准也对应详细的评价指标，根据上述五个等级的判断标准做出总结性评价，对每项指标打出相应的分数。

第二节　发达国家高校科研评价体系的比较

由上文可知，美、英、日、澳、荷五国高校科研评价的特点既各有千秋，又存有相同之处。本节将着重探讨这些相同之点和不同之处，为构建我国高校科研评价体系提供借鉴。

一、发达国家高校科研评价体系的相同点

（一）注重以同行评价为主导

以上国家的评价方法都采用了同行评价的方法和定性、定量相结合的评价方法，美国国家科学研究委员会（NRC）的评价方法是以同行评价为主；英国高校科研评价是由中介组织负责组织的同行评价；日本所构建的研究评价系统中导入了同行评价；澳大利亚注重同行评价的方法。同行评价是有权威的专家集中在一起对科学问题或科学成果的潜在价值或现有价值进行评价，这种方法可以促进新学科的发展，并提高绩效评价的有效性和可靠性，因此这种方法在各国都普遍使用。定性和定量相结合的方法改变了以往只看数量不看质量，可以保证质量第一，有利于质量的提高。

（二）注重中介组织的参与

上述国家的评价机构由中介组织或者民间非营利组织对科研成果进

行评价，RAE的组织机构高等教育基金委员会是介于政府和高校之间的中介组织，它具有依据RAE结果分配政府对高校科研拨款的权利；美国国家科学研究委员会（NRC）就是作为民间非营利组织对科研成果进行评价；政府减少对科技评价的干涉，有利于增强大学科研评价的科学性、公正性、透明性。

（三）注重评价成员的广泛性

RAE评估组成员涵盖了国内外的各学科专家学者，如RAE 2001的评价专家中，除了有465名来自英国国内各大学的教授、学者外，更有多达345名的海外顾问，其中不仅包括哈佛大学、斯坦福大学、普林斯顿大学和麻省理工学院等世界一流大学的教授，也包括瑞典、瑞士、法国、澳大利亚和新西兰等国的大学教授①；日本在对社会关注的研究课题中，评价人员还可以吸收反映公共意见的人士，实际操作中主要是在因特网上征求一般意见，同时在一些评价中，还广泛吸收外国专家作为评价人员；荷兰为了保证公正性，委员会成员主要由外国专家担任。

（四）注重评价过程的公开化

英国在开展高校科研评价之前，评价机构要公布指导高校提交评价材料的详细说明书，并且各个评价小组必须事先向社会公布评价标准和方法，接受社会各界的质询和监督②；评价结果中的每一项得分都予以公布。因此英国的评价从评价单元的确定到学科专家组的任命，从评价组工作程序的制定到评价结果的公布，各个环节的信息，都可以直接从RAE或英国高等教育基金会的主页上查阅得到，允许各界人士对此进行公开和充分的讨论。

日本把包括评价过程有关的全部内容和结果公布于众。1998年，日本科学技术会议对各省厅的评价工作状况作的调查显示：大部分科研机构都公布了评价结果，约有2/3的大学公开发表了评价结果，在数量上

① 袁锐锷，胡安娜．英国高等教育的科研评估［J］．比较教育研究，2003（10）：75．

② 陆根书，杨兆芳．英国高校科研评估的特点及启示［J］．大学·研究与评价，2008（1）：75-82．

呈递增趋势。评价结果基本上采用在互联网上发布和向记者发布的形式。

澳大利亚的RQF科研评价的过程和结果都以事实为依据，并对科研评价涉及的所有相关人员公开透明，也包括评价的标准和手段。

（五）注重评价指标的发展性

所谓注重评价指标的发展性，是指在拟定科研评价指标时，比较注重设定一些发展性的指标，即通过设定指标，达到促进科研发展的目的。通过比较发现，美、英、日、澳、荷各国开展科研评估的指导思想非常明确，即通过评价的导向作用，促进大学、院系、研究所及科研人员的科研质量与水平提高，产生更多世界一流的科研成果。由于科研评价是以促进和提高科研质量与水平为目标的，评价本身不是目的，因此，在评价体系制定过程中，一切围绕着促进提高科研质量与水平来进行，其中包括指标体系的设计、专家组的形成、评价过程的完成与实施等。

虽然各国评价体系所采用的指标各不相同，但归纳起来以下几点是相同的：朝着质量导向来设定，主要有科研成果、团队、环境和科研合作。科研成果是关键，对科研成果的发表要求都限于Nature、Science及专业领域中的国际顶尖刊物。各国对研究者的学术专著、被政府采纳的研究报告等也非常重视；团队是核心，在评价过程中，各国非常重视各研究机构团队的组成及对后备科学家的培养，比如参与研究的研究生的数量、参与研究的后备科学家的发展情况等方面的指标。

二、发达国家高校科研评价体系的不同点

（一）评价机构属性不同

从评价组织机构的性质上看，评价组织机构有政府性的和非政府性的两种。从组织机构的层次上看，评价组织机构可以分为国家级、地方或州级、科研院所级①。美国、英国、日本等国科技评价体系完整，组织机构相当健全，具有以上两种属性和三个层次并存的属性。但由于世界各国的历史背景不同，各国从事科技评估工作的组织机构设置也有所不同。

① 刘继芬．国外科技评估机构、方法的比较研究及对我国的科技成果管理工作的启示［J］．农业科技管理，2001（1）：50-53．

美国的科研评价机构有官方和民间两种，民间科技评价的开展也是政府出钱委托科研机构代理评价。美国对科研的评价主要是由美国国家科学研究会来实行的，它是民间的非营利机构，对美国高层次的科研活动进行过多次评价。

英国的高校科研评价是由政府主导，政府在全英范围内推行了从RAE到REF的评价体系转变。为了提供更加客观的评价结果，英国政府委托大学科研评价机构——英国高等教育基金委员会，这就呈现出社会化的趋势。但是由于英国高等教育基金委员会的工作就是按照政府的建议，负责确定大学绩效标准，要求大学按照这些标准去实现政府的目标，因此，英国高等教育基金委员会的性质也应该属于政府层面的。

日本的科研评价机构较多，较为重要的就有近二十个，大致分为四个层次：综合性评价机构和国家直接管理开发的事业评价机构，专业性评价机构，企业型评价机构，各个研究机构内部也设有评价机构。其中，专业性评价机构是对大学类的研究机构及其负责的课题进行评价的机构，比如文部科学省的学术审议会和研究大学强化促进调查委员会，这种评价机构往往附属各省厅。

澳大利亚的科研评价由政府主导，评价机构是澳大利亚研究委员会，这个机构的性质属于政府层面的。

由此可以看出，日本与美、英两国不同的是高层次科技评价机构较多，重要的就有近二十个，而欧美国家一般只有几个；日本大多设立专业性的科技评价，而欧美国家除英国外，均以综合性科技评价机构为主，在各部门设立专业科技评价机构较少；日本科技评价的内容多为应用技术的创新，欧美国家的评价内容多为科学研究的创新；日本的科技评价机构中企业界人士较多，而欧美科技评价机构中学者较多。

（二）评价方法各有千秋

美、英、日、澳、荷五国除了都十分注重同行评议法、文献计量法等质性评价和量化评价相结合的评价方法，还注重采用其他一些评价方法。比如，美国在评价科研时，还采用了调查法和回归分析法。就拿NRC对博士科研项目的评价方法来说，调查法通过自下而上、显性化的途径，让教师直接在问卷中对博士项目的多个特征进行评分；回归法是一种自上而下、推断性的评价方法，先邀请每个学科的教师对各博士项目进行整体评分，然后通过回归模型寻找这些评分与项目特征之间的联系，即通过回归的技术手段来推断项目各个特征的优劣，这种方法在分析多因素模型时，更加简单和方便，还可以准确地计量各个因素之间的相关程度与回归拟合程度的高低，提高预测方程式的效果。

（三）评价目的互不相同

美国开展科研评价的目的，在宏观层面上是要对科研机构的科研质量与水平进行检查和评价，从而提高科研质量与水平，对高校进行科研评价是为了帮助高校确定发展方向及策略。英国的高校科研评价的目的有两个，除了提高高校科研水平，引导高校科研更好地为国家社会经济发展服务外，由于英国的高校科研评价的排名与拨款挂钩，因此通过科研评价可以确定政府对大学的经常性科研拨款，以提高政府对大学科研拨款的透明度和选择性①。日本的高校科研评价的目的是提高科研质量与水平，为日本经济发展做出更大贡献。澳大利亚的高校科研评价的目的同样是两个：认定和奖励澳大利亚大学和国家科研机构所取得的高质量科研成果，基于大学绩效给予资助。荷兰建立了一个周期性的、以学科为导向、国际化的高校科研评估系统，这个系统试图达到三重目标：一是帮助高校进行科研管理和质量管理，帮助高校和科研人员保持和提高科研质量与水平；二是帮助有关部门管理者了解高校科研绩效，并在此基础上掌握高校科研全局情况，为科学合理的宏观决策服务；三是在高校引进公共财产投入资金的问责机制，努力提高公共财产支持的科研项目的绩效。

（四）评价对象有所不同

美国评价机构大多数是对国家科研机构、科研院所的评价等，美国虽然有专门对高等教育质量评价的机构，比如美国最早的地区性评审机构是1885年成立的新英格兰院校协会，但是没有完全针对高校的科研评价机构。因此，美国国家科学研究会在对美国高层的科研活动进行评价时，也评价高校中的博士科研项目。

---

①　潘发勤．英国高等教育：优势、挑战与对策［J］．比较教育研究，2004（2）：23-27．

英国的评价机构是直接针对全国高校科研进行评价，并且有专门针对高校的评价指标体系、科研水平评估的等级和标准，并且按照评价结果的高低来分配各系科研经费。

日本虽然有二十多个评价机构，但是不同的评价机构所评价的对象不同，对高校科研的评价有专门的评价机构，能够帮助高校科研朝更好的方向发展。

澳大利亚的评价机构即澳大利亚研究委员会，评价对象从1995年的综合指数评价是以高校为独立单元进行评价，转变到2006年实施科研质量框架（RQF）制度后对高校和国家科研机构一起评价。

荷兰的评价机构即荷兰大学协会是专门对高校科研进行评价的，2003年后荷兰高校的科研评价采用的是标准评价协议，这些标准在对具体的高校和科研项目进行评价时，可根据实际情况对评价标准进行必要的补充。荷兰也有专门针对荷兰高校的科研评价等级及其标准。

（五）评价体系各有侧重

从各国科研评价体系看，其评价指标及权重都各有侧重。虽然各国评价指标都是以质量为导向，但是各国制定的评价指标仍然各不相同，从所赋的权重也可以看出一个国家更重视的是哪一个指标。美国将学校声誉赋予相当权重，作为一级指标之一对高校科研活动进行评价；英国更重视的是成果这一项指标，即“原创性、意义和严密性”，这也是区别于其他国家的评价指标，同时在高等学校科研评估水平的等级和标准中也是以原创性、精确性、重大意义为等级标准，可以看出英国重视科研的原创。日本的评价指标区别于其他国家的就是专利这一项，而且赋予了较高的权重，日本把专利的申请与授权作为了前期的评价标准，科学技术创新立国战略标志着日本科技政策进入重视基础研究和强调创新的新阶段。日本保护发明创造专利权，鼓励发明创造，这有利于发明创造的推广应用，促进国家科学技术的发展，增强国家的科技创新能力，这种专利制度是实现经济强国目标的关键①。澳大利亚只将科研质量一项指标

① 王雅芬，贾丽娜．国内外高校科研评价方式的比较研究［J］．评价与管理，2005（1）：19-22.

排在前列，可以看出澳大利亚重视科研质量及论文的质量而不是数量。荷兰的活力和可行性这一评价指标区别于其他国家的评价指标的制定，是从过去的科研成绩、未来研究规划和计划等来分析，这是其他国家没有的科研评价指标，从这一项指标可以看出荷兰善于自我评价和总结归纳。

表 4-4　美、英、日、澳、荷不同点的比较

	美国	英国	日本	澳大利亚	荷兰
评价机构不同	美国国家科学研究会	英国高等教育基金会	专业性评价机构，如文部科学省的学术审议会和研究大学强化促进调查委员会	澳大利亚研究委员会	荷兰大学协会
评价方法不同	定性定量、同行评价、调查法和回归法	定性定量、同行评价	定性定量、同行评价	定性定量、同行评价	定性定量、同行评价、文献计量法
评价目的不同	在宏观层面上是要对科研机构的科研质量进行检查和评价，从而提高科学质量，对高校的科研质量进行评价是为了帮助大学确定发展方向及策略	提高大学科研水平，引导大学研究更好地为国家社会经济发展服务；分配科研经费	为了提高科研质量水平，为日本经济发展做出更大贡献	认定和奖励澳大利亚大学和国家科研机构所取得的高质量科研成果，基于大学绩效给予资助	帮助高校进行科研管理和质量管理，帮助高校和科研人员保持和提高科研质量和水平；帮助有关部门管理者了解高校科研绩效，并在此基础上掌握高校科研全局情况，为科学合理的宏观决策服务；高校引进公共财产投入资金的问责机制，努力提高公共财产支持的科研项目的绩效

续表

	美国	英国	日本	澳大利亚	荷兰
评价对象不同	大多数是对国家科研机构、科研院所的评价等	直接针对全国高校科研进行评价	不同的评价机构所评价的对象不同，对大学科研的评价有专门的评价机构	对大学和国家科研机构一起评价	对高校科研质量进行评价
评价指标及权重侧重点不同	学校声誉赋予相当权重，作为一级指标之一对高校科研活动进行评价	成果这一项指标，即“原创性、意义和严密性”	专利这一项赋予了较高的权重	科研质量及论文的质量	活力和可行性这一评价指标

第三节　发达国家高校科研评价体系的启示

通过比较美、英、日、澳、荷五国高校科研评价体系的异同点，不难发现其中有不少经验值得我国借鉴。具体来说，从比较五国高校科研评价体系异同点的过程中，我们可以得到以下几点启示。

一、坚持评价主体的多元化

坚持评价主体的多元化，就是要把政府评价、社会评价和高校自主评价等评价主体结合起来，共同评价高校科研。纵观美、英、日、澳、荷五国科技评价机构的发展历程，基本上都经历了以政府部门设立为主到中介机构评价的过程，而我国目前高等教育的评价基本是政府行政主管部门的行为，采取的是自上而下的行政检查，通过上级压力来推动科研质量与水平的提高，缺乏对科研质量与水平的第三方监督。我国行政评价有利于高效地组织评价，推动评价工作的开展，形成了我国评价工作独有的模式。但是，在评价的过程中，政府是评价主体，主体相对单一，所进行的评价带有明显的行政行为性质，不利于评估的公正、公平，不利于打破我国科研评价的窘境，也不利于高校活力的增强。因此我国政府应尽快鼓励建立一些权威的高校评价中介机构，委托这些中介机构对高校的科研等进行定期评价。政府主要确立评价的基本方针，抓住宏观评价指标，在微观层面，具体操作事宜由中介机构独立操作。学术评价机构作为一种专业性独立评价机构，其最大的优势在于其专业性与独立性，具体包括：评价方法的科学性，评价操作的规范性，评价标准的价值中立性，以及与评价主客体之间的中介性关系。因此，为了促进高校科研评价的发展，政府要加强对中介机构的培育，逐步建立起专业化的评价机构，发挥其在评价工作中的作用，促使我国科技评价事业在一个健康有序的环境中蓬勃发展。

评价的人员应该具有广泛性，即评价人员来自不同的机构，有来自教育界的人员，来自企业、政府和工商界等的人员，可从多角度、全方位进行评价。这样的评价主体有利于克服国内存在的“人情”弊病，有利于保证公正性。

二、坚持评价方式的整合性

坚持评价方法的整合性，就是要质性评价方法和量化评价方法结合起来。具体来说，在评价高校科研时，应坚持将同行评议法、成果计量法和文献计量法等评价方法相结合。科研评价是依据一套比较完整的技术标准和规范对科研系统及其相关活动的作用、影响和效果进行科学、独立、客观、公正的评价。对于科研评价方法的研究，一直是各国进行科研评估理论研究的重点。目前较多国家采用的是同行评议法，以及以定性分析为基础，以定量分析为手段，定性与定量相结合的方法，即在专家评议的基础上，结合科学计量学、经济计量学方法[①]。目前，尽管我国高校科研评价方法有同行评议、成果计数和文献计量等方法，但在评价实践中它们极少被结合起来使用。事实上，由于评价对象具有复杂性，作为一种科学的评价方法不可能适用于所有的科研活动，每一种评价方法只能适用于特定的环境、特定的评价对象和特定的评价目标，且各有利弊。为此，对于科研评价的理论和方法，要不断地研究、发展

① 鲍玉昆．国外科技评估实践及对中国的借鉴［J］．软科学，2003（2）：22-24.

和创新，要针对用户需求的差异性、项目的多样性和技术指标的复杂性，探索科研评价的一般规律，使评价工作既缜密可靠又具备良好的适用性。

尤值一提的是，尽管发表于 SCI、SSCI 及其他一些专业领域中的国际顶尖刊物上的文章通常是高质量的文章，但千万不能以发表于这些刊物上的文章数量多少作为评价高校科研质量与水平的唯一指标。这是因为，SCI 来源期刊的地域分布存在着明显的不平衡性，与各个国家或地区的科技水平与综合实力并不完全成正比。在来源期刊的收录上，ISI 侧重于美国及母语为英语的地区及英文科技期刊，一些高水平的科技刊物往往由于出版地或语言因素而没有被收录；被 SCI 收录的科技论文，一般都用英语书写或至少要用英语规范书写文摘。尽管我国近几年来一直重视英语教育，但对我国学者总体来说，像用汉语一样流利准确地用英语书写论文还是有一定难度的，而英文书写不规范，也是我国科技期刊难以入选 SCI 的一个重要原因。因此，对我国来说，所使用的 SCI 数据中我国期刊的采用一直很少，这直接导致 SCI 对中国学者的报道偏少，很难设想用这样一个评价指标可以科学评价涵盖多个研究领域的诸多中国学者的工作。如果仅用 SCI 等国外期刊的标准，就难以评价以中文发表在国内期刊但是没有被 SCI 收录的高质量论文。我国曾有不少学者的研究成果都是国际一流但并没有被国外期刊收录，比如我国已故著名数学家、北京大学的廖山涛教授前些年关于微分动力系统的研究结果。

三、坚持评价体系的发展性

坚持评价标准的发展性是指，通过重点拟定某些能够促进高校科研发展的评价指标，以及加大某些具有促进高校科研发展的指标的权重，促进高校科研不断发展。我国科研评价指标主要包括科研项目、科研成果、学术交流、成果奖励和成果转化。其中，科研项目包括项目申报、立项和项目完成；科研成果包括科研论文、著作与教材、职务专利和新产品；学术交流包括学术会议和学术报告；成果奖励包括自然科学成果奖励和教学、社会成果奖励。张守华在大学科研核心竞争力评估中主要考虑5个指标：科研课题、知识产权、著作、学术论文、管理水平①。从资料分析中可以看出，我国对科研论文和科研项目的权重赋予了较高的分值，而对专利和成果转化的权重赋予得很少，获得科研项目多少及质量高低是衡量学校科研能力的重要标尺，因此一些教师为了申报课题就不顾申报课题的质量。同样，发表SCI文章及核心期刊的文章数量、科技成果与利益挂钩，会导致部分单位部门和个人过分强调产出而片面追求数量指标，造成“天下文章一大抄”的局面。高质量论文数量少，垃圾文章充斥学术期刊，造成学术风气浮躁、泡沫化现象严重的状况，这些对我国长期发展是不利的。中国要出一流的科学家甚至诺贝尔奖获得者，如果没有高水平的论文和一流的成果做保障是不可能实现的②。

国外在建立评价指标体系时，对成果质量指标特别重视。如英国RAE不要求科研成果的数量，只要求科研人员提供4份有代表性的科研成果，注重考察成果的质量而不是数量。这样做，既能够反映出一个研究者的水平又能够减轻评估团的工作负担③。荷兰除了要求科研人员提供出版物列表，还要求提供5份关键出版及其质量和声誉的指标。鉴于此，我国也应该重视科研成果的质量，科研评价工作应该以提高科研成果的质量来开展。由于科研成果可以全球共享，因而应该争取科研成果在国际上处于领先地位。从当前的现实看，日本和英国都很重视论文和科研项目的原创性和质量。比如，日本的研究大学强化促进事业委员会在2013年5月8日明确指出，论文指标中要求创造国际性的高质量论文，英国在其高等学校科研水平评价指标中也将科研项目的原创性、严密性作为评价指标。为此，我国可以在高校科研评价指标中增加一些诸如原创性、达到国际领先水平等的指标。这样做，不仅可以提高论文和科研项目的质量，还可以防止学术不端和学术泡沫的出现。

---

① 张守华，侯成义，王娟茹．高等学校科研核心竞争力及其评价［J］．西北大学学报，2005（3）：129-131．

② 邱均平，赵蓉英，王伟军．2013—2014世界一流大学与科研机构竞争力评价研究报告［M］．北京：科学出版社，2014：243．

③ 王中向．英国REF评估框架研究［J］．高教探索，2013（4）：66-69．

除了以上评价指标外，还应该把科研环境、科研应用、影响力、科研人员等维度纳入科研评价指标中来，从而实现科研生态的整体优化，使科研环境—科研产出—科研应用形成一个良性循环过程。在设计评价维度和指标时，应把主观与客观、投入与产出、过程与结果几组相互联系和补充的因素考虑在内，更好地提高科研质量与水平。

长期以来，我国实行科研成果鉴定及奖励制度和专利法激励制度，即科研管理双轨制①。这种体制使得各种奖励政策向科研成果偏移，从而也使高校科研指标体系的设计向科研成果偏移，而对专利等知识产权以及对科研成果转化为生产力的重视程度不够。对专利等知识产权的权重设置得很小，这使得我国投资产出的智力成果大部分以科研成果而非专利形式保持其技术形态，导致我国的科技成果只停留在知识资产的形态上，而没有转化为国家知识产权的产权形态。据统计，我国高校每年通过鉴定的科技成果达 1 万项左右，然而目前科技成果转化率不足 15%，我国高校科研呈现出“成果多、转化少、推广难”的局面②，造成了我国大量科技产权的流失，以及科技成果只限于学术上的认可，这样的局面，明显不利于我国科技的发展。日本的研究大学强化促进事业委员会在 2013 年 5 月 8 日提出的研究成果向社会回报这一指标，就是强调科技成果的转化，也正是因为重视专利及科技成果的转化，日本走上了科技强国之路。因此，我国应该把专利纳入评价指标体系并给予重视，不能只停留在科研成果鉴定、论文发表的数量、SCI 等收录情况、科研成果奖励等方面，并且赋予专利、知识产权适当的权重，不能太少。

四、坚持评价过程的公开化

美、英、日、澳、荷五国评价高校科研时，都十分注重公开评价过程。我国高校科研评价起步较晚，评价过程不够透明、不够公开，当下诟病较多。从现实看，我国高校科研评价缺乏完整的公示，很多公示仅

---

① 王雅芬，贾丽娜．国内外高校科研评价方式的比较研究［J］．评价与管理，2005（1）：19-22.

② 陈竹．高校科技成果转化率低　教授曝项目招标“潜规则”［N］．中国青年报，2011-01-11.

仅是一个分数，造成了公众不信任，怀疑其公正性和客观性。因此，应该真正建立科学公正、公开透明的评价机制，避免暗箱操作之嫌。无论是对人的评价，还是对项目、机构、基地的评价，评审工作越公开透明，被评审对象有更多的知情权，评价工作越容易得到被评审对象的理解、支持与配合。理论上讲，在正式评价之前就应该做到透明化，把评价人员、评价过程和评价结果公布于众，接受社会的监督，这样才可以增加评价的可信度。

第五章　高校科研评价体系的构建

评价体系包括评价指标体系、评价指标权重集（简称权集）及相应的评价标准（本书中简称评价标准体系）等方面。其中，评价指标体系及其权集是评价体系的主要组成部分，评价标准是在评价指标体系及权集的基础上，根据具体实际而规定的。本章首先阐述高校科研评价指标体系的整个构建过程及其结果；接着介绍高校科研评价指标权集的确立过程及最终的结果；最后立足高校科研评价的内涵阐释高校科研评价标准体系的具体内容。

第一节　高校科研评价指标体系的构建

评价指标体系是评价体系的核心组成部分，要想构建高校科研评价体系，必先构建高校科研评价指标体系。本节将立足高校科研评价的内涵，探讨高校科研评价指标体系构建的问题。评价指标是反映评价对象某方面本质属性或特征的具体化、行为化的主要因素，是对评价对象进行价值判断的依据。评价指标体系是一系列评价指标有机构成的整体，能够根据研究对象和研究目的综合反映研究对象的各方面情况，构建评价指标体系的关键在于，探寻一组具有典型代表意义且能全面反映评价对象整体属性的特征指标。下面将着重阐述高校科研评价指标体系的构建思路与构建过程。

一、高校科研评价指标体系的构建思路

评价指标体系的构建过程十分复杂，通常包括指标体系的初选和筛选两个环节。其中，初选指标体系的直接方法一般有分析法、综合法、

交叉法、指标属性分组法等。综合法是对已存在的一些指标群按一定的标准进行聚类，使之体系化的一种方法，它适用于对现行评价指标体系的完善与发展。交叉法是通过两维、三维或多维的交叉，派生出一系列指标，形成指标体系。指标属性分组法是指标体系的结构化方法，由于统计指标本身具有许多不同属性，有不同的表现形式，初选评价指标体系时，指标属性也可以是不统一的，因此，初选评价指标体系时，也可以从指标属性角度构思体系中的指标组成。分析法是将综合评价指标体系的度量对象和度量目标，划分成若干个不同组成部分或侧面并逐步细分，明确评价的总目标与子目标，层层进行细分，直至每个目标都可用一个或几个明确的具体统计指标来描述、实现，最后设计出每一子层次的指标。由于我国迄今尚缺较为系统的高校科研评价指标体系，因而显然难以用以上几种直接初选指标体系来初拟高校科研评价指标体系，故本书在此将着重阐述运用文献法、逻辑思辨法、专家咨询法及头脑风暴法等初选指标的方法初选高校科研评价指标体系的过程及结果。

筛选指标体系的方法主要有经验法和调查统计法。其中，经验法是指，由指标体系的设计者根据自己的学识水平和实践经验，对初选的指标体系进行筛选；调查统计法是指，通过调查获得相应的资料之后，再运用统计的方法对所获资料进行处理，进而达到筛选指标体系的目的。其具体做法是：先把初拟指标制成问卷，然后发给有关专家和有经验的教育工作者，请他们对初拟指标的每一项作出判断，最后由指标体系的设计者将低于某数值的指标删去（一般以低于三分之二或四分之三处作为标准）。由于经验法主要凭指标体系设计者自身的经验进行筛选指标，其科学性和客观性明显不足，因而，本书在此将主要阐述运用调查统计法筛选高校科研评价指标体系的过程及结果。

就构建高校科研评价指标体系的整体思路而言，我们的基本做法是：首先，广泛阅读相关文献，并在阅读文献的基础上，提炼出有关高校科研的评价指标；然后，运用头脑风暴法补充已有文献中尚未提及的某些有关高校科研的评价指标；接着，在逻辑思辨的基础上初拟一套高校科研评价指标体系；再在广泛征询有关专家意见的基础上，初选出一套高校科研评价指标体系；最后，通过问卷调查与统计，筛选出一些关键特征指标，并在此基础上确定高校科研评价指标体系。高校科研评价指标体系的构建思路如图 5-1 所示。

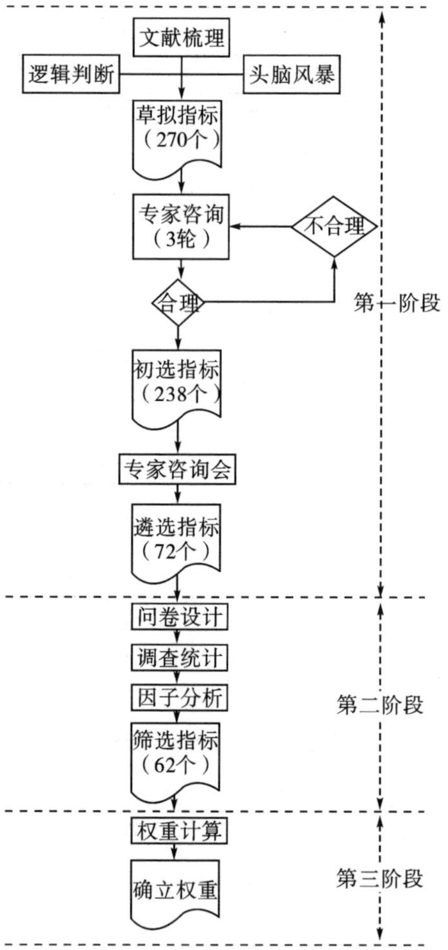

图 5-1　高校科研评价指标体系构建思路图

二、高校科研评价指标体系的构建原则

高校科研评价指标体系的构建原则是指构建高校科研评价指标体系时所依据的准则或标准。从高校科研的本质属性出发，本书认为在构建高校科研评价指标体系时应该遵循以下原则。

（一）教学性原则

尽管科研是高校的基本职能之一，但高校的根本职能是通过教学培养人才，因而高校开展的科研不能完全脱离培养人才这一高校的根本责任与使命，这是高校科研与科研院所科研最大的区别。对于高校来说，尽管不是在每一科研活动的每一环节都要体现科研的育人使命，但总体上应该牢记自己的根本使命是育人，在科研活动中，尽可能做到以研促教。为此，构建高校科研评价体系时，理应凸显其引导高校重视科研育人的责任与使命。

（二）导向性原则

开展高校科研评价是促进高校走内涵式发展道路的重要抓手，构建高校科研评价体系理应注重引导高校提升科研质量、致力科研创新。

（三）系统性原则

高校科研涉及人、财、物、时等诸多层面，其构成要素很多，各类要素相互作用构成了一个复杂的有机整体，为此，在高校科研评价指标体系的构建过程中应采用系统的观点，全面地考察各个要素之间的作用和影响。在指标的选择上，应围绕评价的目标，尽可能地保证信息的完整性、精确性和可信性。

（四）科学性原则

从教育评价学的视角看，高校科研评价是一种科学研究活动，其评价体系的构建理当遵循科学研究活动的规律。一方面，科学、公正、透明、有效的评价指标体系应当在分析评价目标和目的、评价对象特点和评价内容的基础上，在与决策者、评审专家和各方权益人达成一致的基础上建立①；另一方面，在评价指标体系的遴选上注重科学、合理，确保各指标之间不得交叉或重叠。此外，评价体系应该符合实际并能经得起实践检验。

（五）可测性原则

毋庸置疑，高校科研评价指标只有做到可采集、可量化、可比较，

① 转引自孟溦，李强，刘文斌. 基于3E理论构建科研机构评价指标体系［J］. 科学学研究，2007（5）：908-914.

才具有评价的效用。这就要求在构建评价指标体系时，尽可能将抽象化的概念指标转化为相对具体的可操作的指标。此外，评价指标体系构建的方法应方便、直观和可行，评价过程的可靠度和评价结果的可信度应得到有效的保障。

（六）借鉴性原则

尽管我国高校科研的目的与意义、条件与结果、价值与功能等与国外高校科研有着诸多不一样，但从评价的视角看，国外高校科研评价体系的发展性是值得借鉴的。即是说，在构建我国高校科研评价指标体系时，应该注重那些能够促进高校科研发展的指标。

三、高校科研评价指标体系的构建过程

如同一般评价指标体系的构建过程一样，高校科研评价指标体系的过程同样包括评价指标体系的初选和评价指标体系的筛选两个环节。

（一）高校科研评价指标体系的初选

初选高校科研评价指标体系的过程十分复杂，不过，总体来说，其主要包括以下三个环节。

第一步，草拟高校科研评价指标体系。首先，梳理文献并列出有关高校科研的评价指标清单。其基本做法是，广泛阅读中外各类相关文献（包括著作、期刊、报纸及互联网上的相关文献与信息），并在研读相关文献的基础上，提炼关于高校科研的评价指标并逐一列出清单。其次，运用头脑风暴法大胆想象，以之补充已有文献中尚未提及的某些有关高校科研的评价指标并逐一列出清单。再次，在借鉴国外高校科研评价标准的基础上，根据高校科研的内涵，运用逻辑思辨，从高校科研的条件、过程及成果三个维度逐层分解“高校科研”这一评价对象，并结合前面两个阶段获得的有关清单，草拟高校科研评价指标体系（如表 5-1 所示）。草拟的指标体系共有一级指标 3 个、二级指标 14 个、三级指标 50 个、主要参数 270 个。下面是关于表 5-1 中所显示的各级指标及其主要参数的阐释。

一级指标的阐释。根据前文界定的高校科研评价之要义，高校科研评价涉及科研条件评价、科研过程评价及科研成果评价三个维度，鉴于此，本书将科研条件、科研过程及科研成果作为高校科研评价体系的三个一级指标。

二级指标的阐释。（1）关于科研条件下一级指标的阐释。高校科研是一项活动，如同一般的活动一样，其顺利开展的条件理应涉及人、财、物、时四个方面。不过，从高校科研实践来看，只要高校科研管理科学、规范、适度、有序，时间对于高校科研来说就可以看成一个可以忽视的条件。其主要原因在于：一方面，高校教师在完成正常的教学工作以外，通常有比较充分的时间开展科研；另一方面，迫于各种考核与评晋等原因，高校教师也会尽可能挤出一定的时间开展科研。因而在设计高校科研条件的下一级指标时，我们没有直接将时间作为高校科研条件的下一级指标，而是将科研管理作为高校科研条件的下一级指标。值得指出的是，科研队伍属于高校科研条件中的“人”，科研经费属于高校科研条件中的“财”，科研平台、学科与学位点属于高校科研条件中的“物”。（2）关于科研过程下一级指标的阐释。从高校科研实践来看，尽管不同的高校开展的具体科研活动有别，但从科研过程的视角看，无论哪所高校的科研过程都主要包括申报项目、研究设计及研究执行三个方面，为此，本书将科研过程的下一级指标设定为申报项目、研究设计及研究执行。（3）关于科研成果下一级指标的阐释。从高校科研成果看，其直接成果主要有著作类、期刊论文类、研究报告类、专利类、结题项目类等，其间接成果主要体现为人才培养。值得一提的是，本书之所以将人才培养视为高校科研成果的一部分，主要是因为高校科研与其他机构的科研之最大区别在于，高校科研具有鲜明的育人性。这种育人性不仅体现为培养学生，而且体现为培养高校教师本身。

三级指标的阐释。表 5-1 中所显示的三级指标都是相应二级指标所涵盖的主要内容。比如，对于高校科研队伍而言，既有科研团队，又有科研个体（包括一般贡献的科研个体及特别贡献的科研个体）。值得加以说明的是，本书在拟定高校科研队伍的下一级指标时，之所以将科研团队与科研个体并列地放在一起，这是因为：一方面，尽管某些科研个体同时归属于某一科研团队，但从当下高校科研队伍的现状来看，绝大多数科研个体根本没有长期归属于某一科研团队，何况不少科研个体从未归属于某一科研团队；另一方面，实践表明，科研个体与科研团队对于高校的科研贡献来说，其差别是十分明显的，这种差别不仅表现为

“科研量”的差别，而且表现为“科研质”的不同，两者之间不能相互代替或包含。关于表 5-1 中的其他三级指标，限于篇幅，恕不逐一阐释。

主要参数的阐释。表 5-1 中各三级指标的主要参数是在前两个阶段的基础上，根据当下高校实践初步确定的。

表 5-1　高校科研评价指标体系（草拟）

一级指标	二级指标	三级指标	主要参数
科研条件	科研队伍	特别层次科研队伍	两院院士人数
			千人计划（中组部）人数
			杰出青年基金获得者人数
			长江学者（教育部）人数
			长江学子人数
			百千万跨世纪人才国家级人选（人社部）人数
			省级学者（比如湖北省的楚天学者）人数
			百千万跨世纪人才省级人选（人社厅）人数
			省新世纪高层次人才工程第一层次人选的人数
			省新世纪高层次人才工程第二层次人选的人数
			省新世纪高层次人才工程第三层次人选的人数
		非特别层次科研队伍	二级教授人数
			三级教授人数
			四级教授及研究员人数
			副教授及副研究员人数
			其他科研人员人数
		科研团队	国家基金创新团队的个数
			科技创新团队（科技部）的个数
			省级创新团队的个数
	科研平台	实验室	国家实验室个数
			国家重点实验室个数
			教育部重点实验室个数
			省级重点实验室个数

续表

一级指标	二级指标	三级指标	主要参数
科研条件	科研平台	工程中心	国家工程技术研究中心（科技部）个数
			国家工程研究中心（发改委）个数
			教育部工程研究中心个数
			省级工程中心个数
		研究中心	国家级研究中心个数
			省级研究中心个数
		协同创新中心	国家级协同创新中心个数
			省级协同创新中心个数
		人文社科研究基地	国家级人文社科研究基地个数
			省级人文社科研究基地个数
	学科与学位点	学科	国家重点学科个数
			国家重点培育学科个数
			省级重点学科个数
		学位点	一级学科硕士点个数
			一级学科博士点个数
			博士后流动站个数
	科研管理	科研管理队伍	组成结构的合理性程度
			专业化建设的程度
		科研管理制度	规范性程度
			科学性程度
		科研管理理念	科研质量意识的强烈程度
			科研服务意识的强烈程度
		科研定位与规划	科研定位的准确程度
			科研规划的明确程度
	科研经费	纵向经费	国家级经费总金额
			省部级经费总金额
			地市级经费总金额

续表

一级指标	二级指标	三级指标	主要参数
科研条件	科研经费	横向经费	国家级经费总金额
			省部级经费总金额
			地市级经费总金额
科研过程	申报项目	国家级	973 计划项目的数量
			863 计划项目的数量
			教育部规划课题国家重大项目的数量
			教育部规划课题国家一般项目的数量
			教育部规划课题国家青年专项的数量
			国家社会科学基金重点项目的数量
			国家社会科学基金一般项目的数量
			国家社会科学基金青年项目的数量
			国家自然科学基金重点项目的数量
			国家自然科学基金重大项目的数量
			国家自然科学基金重大研究计划的数量
			国家自然科学基金杰出青年科学基金的数量
			国家自然科学基金面上项目的数量
			国家科技重大专项的数量
			国家科技支撑计划的数量
			国家公益性行业科研专项的数量
			国家软科学研究计划的数量
		部级	教育部科学技术研究项目的数量
			教育部人文社科重点项目的数量
			教育部人文社科一般项目的数量
			教育部人文社科青年项目的数量
			教育部规划课题重点项目的数量
			教育部规划课题青年专项的数量
			省社会科学基金的数量

续表

一级指标	二级指标	三级指标	主要参数
科研过程	申报项目	部级	省自然科学基金的数量
		省级	省科技厅项目的数量
			省教育厅项目的数量
	研究设计	文献综述	所选文献切合研究主题及所涉及的范畴的程度
			反映有关领域研究的最新进展的程度
			文献的真实性程度
			文献的权威性程度
			不同篇目文献归类的恰当性程度
			文献综述对研究主题的指导价值大小
		研究内容	研究内容的明确性程度
			研究内容与研究目的的一致性程度
		研究假设	研究假设的科学性程度
			研究设计中理论假设与研究实践的契合度程度
		研究变量	操作性定义的准确程度
			研究变量控制的有效程度
		研究方法	研究方法的规范性程度
			研究方法的科学性程度
			研究方法的合理性程度
			研究方法的可行性程度
			研究方法的创新性程度
		其他	研究进度安排的合理性程度
			研究分工的合理性程度
	研究执行	研究活动与预定计划的一致性程度	按研究设计中的研究思路开展研究工作的程度
			按照项目计划书的要求开展研究工作的程度
			完成项目计划书确定的研究内容的程度
			研究重点突出的程度
			达到预期目标的程度

续表

一级指标	二级指标	三级指标	主要参数
科研过程	研究执行	科研资料的搜集与处理	搜集科研资料的充分程度
			整理科研资料的合理性程度
			验证科研资料的科学性程度
			分析科研资料的恰当性程度
科研成果	著作	专著	国家级出版基金的数量
			省（部）级出版基金的数量
			国家级出版社出版的数量 *
			省级出版社出版的数量
			其他级别出版社出版的数量
			国家级一等奖的数量
			国家级二等奖的数量
			国家级三等奖及以下奖励的数量
			省（部）级一等奖的数量
			省（部）级二等奖的数量
			省（部）级三等奖及以下奖励的数量
			地市级一等奖的数量
			地市级二等奖的数量
			地市级三等奖及以下奖励的数量
		译著	国家级出版基金的数量
			省（部）级出版基金的数量
			国家级出版社出版的数量
			省级出版社出版的数量
			其他级别出版社出版的数量
			国家级一等奖的数量

* 出版社本无国家级、省级之分，为了统计与研究的方便，我们将非区域性的出版机构称为“国家级出版社”，将区域性（省域）出版社称为省级出版社，以下不再注明。

续表

一级指标	二级指标	三级指标	主要参数
科研成果	著作	译著	国家级二等奖的数量
			国家级三等奖及以下奖励的数量
			省（部）级一等奖的数量
			省（部）级二等奖的数量
			省（部）级三等奖及以下奖励的数量
			地市级一等奖的数量
			地市级二等奖的数量
			地市级三等奖及以下奖励的数量
		编著	国家级出版基金的数量
			省（部）级出版基金的数量
			国家级出版社出版的数量
			省级出版社出版的数量
			其他级别出版社出版的数量
			国家级一等奖的数量
			国家级二等奖的数量
			国家级三等奖及以下奖励的数量
			省（部）级一等奖的数量
			省（部）级二等奖的数量
			省（部）级三等奖及以下奖励的数量
			地市级一等奖的数量
			地市级二等奖的数量
			地市级三等奖及以下奖励的数量
		教材	国家级出版基金的数量
			省（部）级出版基金的数量
			国家级出版社出版的数量
			省级出版社出版的数量
			其他级别出版社出版的数量

续表

一级指标	二级指标	三级指标	主要参数
科研成果	著作	教材	国家级一等奖的数量
			国家级二等奖的数量
			国家级三等奖及以下奖励的数量
			省（部）级一等奖的数量
			省（部）级二等奖的数量
			省（部）级三等奖及以下奖励的数量
			地市级一等奖的数量
			地市级二等奖的数量
			地市级三等奖及以下奖励的数量
		工具书	国家级出版基金的数量
			省（部）级出版基金的数量
			国家级出版社出版的数量
			省级出版社出版的数量
			其他级别出版社出版的数量
			国家级一等奖的数量
			国家级二等奖的数量
			国家级三等奖及以下奖励的数量
			省（部）级一等奖的数量
			省（部）级二等奖的数量
			省（部）级三等奖及以下奖励的数量
			地市级一等奖的数量
			地市级二等奖的数量
			地市级三等奖及以下奖励的数量
	期刊论文	Science、Nature	数量
			影响因子的平均值大小
			被引用频数总数

续表

一级指标	二级指标	三级指标	主要参数
科研成果	期刊论文	Science、Nature	被《新华文摘》转载总数
			被人大报刊复印资料等转载总数
		SSCI、SCI（一区）	数量
			影响因子的平均值大小
			被引用频数总数
			被《新华文摘》转载总数
			被人大报刊复印资料等转载总数
		SCI（二区）、中文权威期刊	数量
			影响因子的平均值大小
			被引用频数总数
			被《新华文摘》转载总数
			被人大报刊复印资料等转载总数
		SCI（三区、四区）、CSSCI、A&HCI	数量
			影响因子的平均值大小
			被引用频数总数
			被《新华文摘》转载总数
			被人大报刊复印资料等转载总数
		EI	数量
			影响因子的平均值大小
			被引用频数总数
			被《新华文摘》转载总数
			被人大报刊复印资料等转载总数
		CPCI-SSH、CPCI-S（ISTP）	数量
			影响因子的平均值大小
			被引用频数总数
			被《新华文摘》转载总数
			被人大报刊复印资料等转载总数

续表

一级指标	二级指标	三级指标	主要参数
科研成果	期刊论文	非CSSCI源刊的全国中文核心期刊	数量
			影响因子的平均值大小
			被引用频数总数
			被《新华文摘》转载总数
			被人大报刊复印资料等转载总数
	研究报告	获奖情况	国家级一等奖的数量
			国家级二等奖的数量
			国家级三等奖及以下奖励的数量
			省部级一等奖的数量
			省部级二等奖的数量
			省部级三等奖及以下奖励的数量
			地市级一等奖的数量
			地市级二等奖的数量
			地市级三等奖及以下奖励的数量
		被采纳情况	国家级的数量
			省部级的数量
			地市厅级的数量
			其他的数量
		领导批示情况	国家级的数量
			省部级的数量
			地市厅级的数量
			其他的数量
	专利	发明专利	获批数
			应用与推广的层次
		实用新型专利	获批数
			应用与推广的层次

续表

一级指标	二级指标	三级指标	主要参数
科研成果	专利	外观设计专利	获批数
			应用与推广的层次
	结题项目	级别	国家级的数量
			部级的数量
			省级的数量
			地市厅级的数量
		鉴定情况	国际领先
			国际先进
			国内领先
			国内先进
		获奖情况	国家级一等奖的数量
			国家级二等奖的数量
			国家级三等奖及以下的数量
			部级一等奖的数量
			部级二等奖的数量
			部级三等奖及以下的数量
			省级一等奖的数量
			省级二等奖的数量
			省级三等奖及以下的数量
			地市厅级一等奖的数量
			地市厅级二等奖的数量
			地市厅级三等奖及以下的数量
	人才培养	学位论文	国家级优秀博士学位论文数量
			省级优秀博士学位论文数量
			省级优秀硕士学位论文数量
			省级优秀本科学位论文数量

续表

一级指标	二级指标	三级指标	主要参数
科研成果	人才培养	教师的成长	两院院士人数
			千人计划（中组部）的人数
			杰出青年基金获得者的人数
			长江学者（教育部）的人数
			长江学子的人数
			百千万跨世纪人才国家级人选（人社部）的人数
			省级学者（比如湖北省的楚天学者）的人数
			百千万跨世纪人才省级人选（人社厅）的人数
			省新世纪高层次人才工程第一层次人选的人数
			省新世纪高层次人才工程第二层次人选的人数
			省新世纪高层次人才工程第三层次人选的人数

第二步，初拟高校科研评价指标体系。运用德尔菲法对草拟的高校科研评价指标体系进行专家征询，通过三轮专家征询之后，我们获得了如表 5-2 所示的高校科研评价指标体系。初拟的指标体系共有一级指标 3 个，二级指标 15 个，三级指标 51 个，主要参数 238 个。

表 5-2　高校科研评价指标体系（初拟）

一级指标	二级指标	三级指标	主要参数
科研条件	科研队伍	特别层次科研队伍	两院院士人数
			千人计划（中组部）人数
			杰出青年基金获得者人数
			长江学者（教育部）人数
			长江学子人数
			百千万跨世纪人才国家级人选（人社部）人数
			省级学者（比如湖北省的楚天学者）人数
			百千万跨世纪人才省级人选（人社厅）人数
			省新世纪高层次人才工程第一层次人选的人数

续表

一级指标	二级指标	三级指标	主要参数
科研条件	科研队伍	特别层次科研队伍	省新世纪高层次人才工程第二层次人选的人数
			省新世纪高层次人才工程第三层次人选的人数
		非特别层次科研队伍（除与特别层次科研队伍的下一级指标相重复的人数外）	二级教授人数
			三级教授人数
			四级教授及研究员人数
			副教授及副研究员人数
			其他科研人员人数
			在校博士生人数
			在校硕士生人数
		科研团队	国家基金创新团队个数
			科技创新团队（科技部）个数
			省级创新团队个数
	科研平台	实验室	国家实验室个数
			国家重点实验室个数
			教育部重点实验室个数
			省级重点实验室个数
		工程中心	国家工程技术研究中心（科技部）个数
			国家工程研究中心（发改委）个数
			教育部工程研究中心个数
			省级工程中心个数
		研究中心	国家级研究中心个数
			省级研究中心个数
		人文社科研究基地	国家级人文社科研究基地个数
			省级人文社科研究基地个数
	学科与学位点	学科	国家重点学科个数
			国家重点培育学科个数
			省级重点学科个数

续表

一级指标	二级指标	三级指标	主要参数
科研条件	学科与学位点	学位点	一级学科硕士点个数
			一级学科博士点个数
			博士后流动站个数
	科研管理	科研管理队伍	组成结构的合理性程度
			专业化建设的程度
		科研管理制度	规范性程度
			科学性程度
		科研管理理念	科研质量意识的强烈程度
			科研服务意识的强烈程度
		科研定位与规划	科研定位的准确程度
			科研规划的明确程度
	科研经费	纵向经费	国家级经费数量
			省部级经费数量
			地市级经费数量
		横向经费	单项经费在100万～500万的项目数
			单项经费在500万～1000万的项目数
			单项经费在1000万的项目数
科研过程	申报项目	国家级	973计划项目的数量
			863计划项目的数量
			教育部规划课题国家重大项目的数量
			教育部规划课题国家一般项目的数量
			教育部规划课题国家青年专项的数量
			国家社会科学基金重点项目的数量
			国家社会科学基金一般项目的数量
			国家社会科学基金青年项目的数量
			国家自然科学基金重点项目的数量
			国家自然科学基金重大项目的数量

续表

一级指标	二级指标	三级指标	主要参数
科研过程	申报项目	国家级	国家自然科学基金重大研究计划的数量
			国家自然科学基金杰出青年科学基金的数量
			国家自然科学基金面上项目的数量
			国家科技重大专项的数量
			国家科技支撑计划的数量
			国家公益性行业科研专项的数量
			国家软科学研究计划的数量
		部级	教育部科学技术研究项目的数量
			教育部人文社科重点项目的数量
			教育部人文社科一般项目的数量
			教育部人文社科青年项目的数量
			教育部规划课题重点项目的数量
			教育部规划课题青年专项的数量
			省社会科学基金的数量
			省自然科学基金的数量
		省级	省科技厅项目的数量
			省教育厅项目的数量
	研究设计	文献综述	所选文献切合研究主题及所涉及的范畴的程度
			反映有关领域研究的最新进展的程度
			文献的真实性程度
			文献的权威性程度
			不同篇目文献归类的恰当性程度
			文献综述对研究主题的指导价值大小
		研究内容	研究内容的明确性程度
			研究内容与研究目的的一致性程度
		研究假设	研究假设的科学性程度
			研究设计中理论假设与研究实践的契合度程度

续表

一级指标	二级指标	三级指标	主要参数
科研过程	研究设计	研究变量	操作性定义的准确程度
科研过程	研究设计	研究变量	研究变量控制的有效程度
科研过程	研究设计	研究方法	研究方法的规范性程度
科研过程	研究设计	研究方法	研究方法的科学性程度
科研过程	研究设计	研究方法	研究方法的合理性程度
科研过程	研究设计	研究方法	研究方法的可行性程度
科研过程	研究设计	研究方法	研究方法的创新性程度
科研过程	研究设计	其他	研究进度安排的合理性程度
科研过程	研究设计	其他	研究分工的合理性程度
科研过程	研究执行	研究活动与预定计划的一致性程度	按研究设计中的研究思路开展研究工作的程度
科研过程	研究执行	研究活动与预定计划的一致性程度	按照项目计划书的要求开展研究工作的程度
科研过程	研究执行	研究活动与预定计划的一致性程度	完成项目计划书确定的研究内容的程度
科研过程	研究执行	研究活动与预定计划的一致性程度	研究重点突出的程度
科研过程	研究执行	研究活动与预定计划的一致性程度	达到预期目标的程度
科研过程	研究执行	科研资料的搜集与处理	搜集科研资料的充分程度
科研过程	研究执行	科研资料的搜集与处理	整理科研资料的合理性程度
科研过程	研究执行	科研资料的搜集与处理	验证科研资料的科学性程度
科研过程	研究执行	科研资料的搜集与处理	分析科研资料的恰当性程度
科研成果	著作	专著	国家级出版基金的数量
科研成果	著作	专著	省（部）级出版基金的数量
科研成果	著作	专著	国家级出版社出版的数量
科研成果	著作	专著	省级出版社出版的数量
科研成果	著作	专著	国家级一等奖的数量
科研成果	著作	专著	国家级二等奖的数量
科研成果	著作	专著	国家级三等奖及以下奖励的数量
科研成果	著作	专著	省（部）级一等奖的数量
科研成果	著作	专著	省（部）级二等奖的数量
科研成果	著作	专著	省（部）级三等奖的数量

续表

一级指标	二级指标	三级指标	主要参数
科研成果	著作	译著	国家级出版基金的数量
			省（部）级出版基金的数量
			国家级出版社出版的数量
			省级出版社出版的数量
			国家级一等奖的数量
			国家级二等奖的数量
			国家级三等奖及以下奖励的数量
			省（部）级一等奖的数量
			省（部）级二等奖的数量
			省（部）级三等奖的数量
		编著	国家级出版基金的数量
			省（部）级出版基金的数量
			国家级出版社出版的数量
			省级出版社出版的数量
			国家级一等奖的数量
			国家级二等奖的数量
			国家级三等奖及以下奖励的数量
			省（部）级一等奖的数量
			省（部）级二等奖的数量
			省（部）级三等奖的数量
		教材	国家级出版基金的数量
			省（部）级出版基金的数量
			国家级出版社出版的数量
			省级出版社出版的数量
			国家级一等奖的数量
			国家级二等奖的数量
			国家级三等奖及以下奖励的数量

续表

一级指标	二级指标	三级指标	主要参数
科研成果	著作	教材	省（部）级一等奖的数量
			省（部）级二等奖的数量
			省（部）级三等奖的数量
		工具书	国家级出版基金的数量
			省（部）级出版基金的数量
			国家级出版社出版的数量
			省级出版社出版的数量
			国家级一等奖的数量
			国家级二等奖的数量
			国家级三等奖及以下奖励的数量
			省（部）级一等奖的数量
			省（部）级二等奖的数量
			省（部）级三等奖的数量
	期刊论文	Science、Nature	数量
			影响因子的平均值大小
			被引用频数总数
		SSCI、SCI（一区）	数量
			影响因子的平均值大小
			被引用频数总数
			被《新华文摘》转载总数
			被人大报刊复印资料等转载总数
		SCI（二区）、中文权威期刊	数量
			影响因子的平均值大小
			被引用频数总数
			被《新华文摘》转载总数
			被人大报刊复印资料等转载总数

续表

一级指标	二级指标	三级指标	主要参数
科研成果	期刊论文	SCI（三区、四区）、CSSCI、A&HCI	数量
			影响因子的平均值大小
			被引用频数总数
			被《新华文摘》转载总数
			被人大报刊复印资料等转载总数
		EI	数量
			影响因子的平均值大小
			被引用频数总数
			被《新华文摘》转载总数
			被人大报刊复印资料等转载总数
		CPCI-SSH、CPCI-S（ISTP）	数量
			影响因子的平均值大小
			被引用频数总数
			被《新华文摘》转载总数
			被人大报刊复印资料等转载总数
		非CSSCI源刊的全国中文核心期刊	数量
			影响因子的平均值大小
			被引用频数总数
			被《新华文摘》转载总数
			被人大报刊复印资料等转载总数
	研究报告	获奖情况	国家级一等奖的数量
			国家级二等奖的数量
			省部级一等奖的数量
			省部级二等奖的数量
			省部级三等奖的数量
		被采纳情况	国家级的数量
			省部级的数量

续表

一级指标	二级指标	三级指标	主要参数
科研成果	研究报告	被采纳情况	地市厅级的数量
			其他的数量
		领导批示情况	国家级的数量
			省部级的数量
			地市厅级的数量
			其他的数量
	专利	发明专利	获批数
			国家级应用与推广的数量
			省级应用与推广的数量
		实用新型专利	获批数
			国家级应用与推广的数量
			省级应用与推广的数量
		外观设计专利	获批数
			国家级应用与推广的数量
			省级应用与推广的数量
	标准	国际标准	国际标准的数量
		国内标准	国家级标准的数量
			省级标准的数量
	结题项目	级别	国家级的数量的数量
			部级的数量
			省级的数量
			地市厅级的数量
		鉴定情况	国际领先的数量
			国际先进的数量
			国内领先的数量
			国内先进的数量

续表

一级指标	二级指标	三级指标	主要参数
科研成果	结题项目	获奖情况	国家级一等奖的数量
			国家级二等奖的数量
			部级一等奖的数量
			部级二等奖的数量
			部级三等奖及以下的数量
			省级一等奖的数量
			省级二等奖的数量
			省级三等奖的数量
	人才培养	学位论文	国家级优秀博士学位论文数量
			省级优秀博士学位论文数量
			省级优秀硕士学位论文数量
			省级优秀本科学位论文数量
		博士、硕士人数	博士毕业人数
			硕士毕业人数

下面是关于三轮专家征询①结果的统计与分析。

对于“科研队伍中特别层次科研队伍”一项，有1位专家建议增加“各层次政府特殊津贴人数”。本书暂时认同。不过，在第二轮中，有3位专家对此提出了质疑，其理由是，在高校中，有一大批享受政府特殊津贴的人却极少从事学术研究，比如有些校级领导或处级领导。因而，本书最后并未将它纳入高校科研评价指标体系之中。

对于“科研队伍中非特别层次科研队伍”一项，有1位专家认为其中的二、三级教授应该属于特别层次科研队伍，且分属于表中所提各类特别层次科研队伍，不应另外作为评价指标，否则就重复了。本书认为，各级各类高校中的二、三级教授真正分属于表中所提各类特别层次科研队伍的人数比例并不高，不过，为避免重复，在“非特别层次科研

① 根据德尔菲法的一般要求，我们选择了20位专家参与征询。

队伍”的下级指标中，必须注明“除去分属于表中所提各类特别层次科研队伍的人数”。

对于“科研队伍中非特别层次科研队伍”一项，有1位专家建议增加“博士、硕士人数”这一指标。本书认为，“博士、硕士人数”已经包含于“科研队伍中非特别层次科研队伍”一项里的“其他科研人员人数”之中，不需要另外单独作为一项指标，但这一建议提醒我们，增加“博士、硕士人数”这一项倒是合理，理由是，高校里的博士生和硕士生本身就是高校科研队伍的一部分。

对于“科研平台中人文社科研究基地”一项，有3位专家建议将“国家级人文社科基地”改成“教育部人文社科基地”。本书认为，尽管他们的观点有一定的道理，但从现实来看，不少高校往往将教育部人文社科基地视为国家级人文社科基地，因而没有更改。

对于“科研平台中的协同创新中心”，有专家建议删掉。其理由是，大部分协同创新中心并非为某一所高校所独有，因而在评价某所高校的科研时不应将它纳入评价，故不应将协同创新中心作为一个评价指标。本书认为有一定的道理，因而将这一项从高校科研评价指标体系中删掉了。

对于“科研管理”一项，有两位专家建议删掉。其理由是，科研管理应该精简、淡化，列入评价指标体系会有副作用。当然，也有学者认为它难以量化，建议删掉。本书认为，科研管理是科研条件中非常重要的因素，从实践看，高校科研水平的高低与高校科研管理的水平之间存在明显正相关。为此，本书并未接受这两位专家的建议。

对于“科研经费”一项，有1位专家认为只能作为参考指标。其理由是，在评价上，科研经费的重要性，远低于科研成果的重要性。本书并未接受该专家的意见，这是因为，巧妇难为无米之炊，没有足够的科研经费，就难以保证产出高水平的科研成果。

对于“科研经费中横向经费”一项，在第一轮征询中，有3位专家建议删掉“横向经费”。对此，本书暂未接受，在第二轮专家征询时仍然保留了此项指标。我们的理由是，其一，仍有17位专家未提及删掉此项的建议；其二，对于高校来说，横向经费同样能够支撑其科研发展；

其三，对于不少高校来说，其横向经费往往远远多于纵向经费，其横向经费比纵向经费对于科研的产出起到的作用甚至更大。在第二轮征询中，有两位专家认为，单项横向经费在100万以下的项目不能真正给高校科研带来明显的发展，建议只将“单项横向经费超过100万以上的项目数”作为横向经费的评价指标；另有1位专家建议不将横向经费分为国家级、省部级和地市级，只需将横向经费区分为不同数额等级即可。为此，在修改“科研经费中横向经费”的四级指标时，本书将其四级指标分别改成“单向经费在100万～500万的项目数”、“单向经费在500万～1000万的项目数”以及“单向经费在1000万以上的项日数”。

对于“申报项目”一项，有3位专家建议将它仅作为参考指标或不作为评价指标。其理由是，高校成功申报的项目不能算是高校科研水平的体现。对此，本书并未接受。我们的理由是：其一，许多研究者认为，项目申报书不仅体现了其撰写者的科研水平，而且其本身就是项目的研究成果之一，因而理应将它作为评价高校科研的一项指标；其二，从现实来看，国内普遍认为高校成功申报不同级别项目的数量代表着高校科研水平的高低，比如，当下有关高校的排名中，不少评价机构或评价者就非常注重高校的国家基金项目数及部级基金项目数。

对于“研究设计”一项，有6位专家认为不能将它作为评价高校科研的指标，或者至多只能将它作为评价高校科研的参考指标，因而建议删去。其中，4位专家建议将它删掉的理由是，研究设计的合理与否及好坏程度直接体现在项目能否申报成功上；另外两位专家建议删掉该项的理由是，现实中很难客观评判研究设计的合理与否及好坏程度，其操作性差且评价起来工作量巨大。对此，本书认为其理由并不充分，因而在修改相关指标时并未采纳他们的建议。本书没有采纳前4位专家的建议之理由在于，从科研实践看，研究设计的合理与否及好坏程度不仅直接体现在项目能否申报成功上，而且直接影响项目研究活动的实施，事关项目研究的成败与研究结果的好坏；本书没有采纳后两位专家的建议之理由在于，一是不能因为其评价工作量巨大便放弃对它的评价，二是因为在评价实践中可以运用模糊综合评判法解决其评价操作性差的问题。

对于“研究执行”一项，有4位专家认为不能将它作为评价高校科研的指标，或者至多只能将它作为评价高校科研的参考指标，因而建议删去。其中，有两位专家建议删掉此项的理由是，研究执行的好坏与最终的项目评定和成果是一致的；另外两位专家建议删掉该项的理由依然是，该项很难客观评判，不易操作，且工作量巨大。对此，本书同样认为其理由不充分，因而在修改相关指标时也同样没有接受。本书没有采纳前两位专家的建议之理由在于，不能简单地因为研究执行的好坏与最终的项目评定和成果是一致的就忽视对研究执行的评价，相反，在评价高校的研究过程时，更应注重对高校研究执行情况的评价。这是因为，从科研实践看，研究执行的状况的好坏决定着研究结果的成败与研究成果质量的优劣。本书没有采纳后两位专家的建议，一是不能因为其评价工作量巨大便放弃对它的评价，二是因为在评价实践中可以运用模糊综合评判法解决其评价操作性差的问题。

对于“研究报告中获奖情况”一项，有5位专家认为，研究报告一般不存在国家级三等奖及以下奖励，建议删掉“国家级三等奖及以下奖励的数量”这一四级指标。本书在修改相关指标时采纳了他们的建议。

对于“研究报告中被采纳情况”一项，有3位专家建议将“被采纳情况”改成“被采纳情况和成果转化情况”。对此，本书并未接受，相应的理由是，第一，被采纳情况与成果转化情况尽管相关，但它们的含义有别，不宜放在一起作为一项评价指标；第二，成果转化是一个相当复杂的过程，评价起来非常困难，本着过于复杂的问题因不宜评价而宜忽视的原则，不宜将成果转化单独作为一项评价指标。

对于“研究报告中领导批示”一项，有1位专家建议删掉。其理由是，研究报告不存在领导批示。对此，本书并未采纳，相应的理由是，研究报告在被采纳前，通常需要领导批示。

对于“结题项目中获奖情况”一项，认为不存在国家级三等奖及以下奖励，因而认为应该删掉“国家级三等奖及以下的数量”这一指标。对此建议，本书认为十分在理，因而完全接受。

对于“人才培养”一项，在第二轮征询中，有3位专家建议增加“博士、硕士毕业人数”这一指标。其理由是，高校培养博士及硕士的水平很大程度上取决于高校的科研水平。对此，本书认为，从当下我国研究生培养实践看，高校的科研水平确实明显影响其研究生的培养质量，因而在修改相关指标时，本书增加了“博士、硕士毕业人数”这项三级指标，以及“博士毕业人数”和“硕士毕业人数”这两项四级指标。

对于“著作”一项，有3位专家认为不应将其中的译著和编著作为评价指标，或者最多只能将它们作为评价高校著作的参考指标。其理由是，在译著和编著中，作者的创新成分相当少，这与科研的本质就是创新这一命题是相悖的。对于这一建议，本书并未采纳，主要的理由是，在大多数译著和编著中，尽管没有体现作者较多创新的观点，但在翻译和编写著作的过程中，蕴含着作者较多的加工，这种加工本身就是一种创新。另有3位专家在第二轮征询中提出，不宜将地市级的奖励作为评价高校著作的指标。其理由是，地市级奖励的级别太低，不足以反映高校这样一个高层次学术机构的科研水平。对此，本书认为十分在理，因而在修改相关指标时完全照办；此外，在第二轮征询中，有两位专家建议删掉“著作”中“其他级别出版社出版的数量”这一指标，其理由是，现在的学术腐败明显，所谓“其他级别出版社”其实是只要花钱便能出版著作的出版社。从当下现实来看，本书认为他们的观点十分合理，因而欣然采纳。

对于“期刊论文中的Science、Nature”一项，有4位专家认为其中的影响因子、被引用频数、被《新华文摘》转载数、被人大报刊复印资料等转载数几个四级指标应该删掉。其理由是，第一，这两个刊物的级别非常高，在上面发表论文相当困难，没有必要细究其影响因子和被引用频数；第二，这两个刊物上的论文通常不可能被《新华文摘》转载和人大报刊复印资料等转载。对此，本书只认为其关于后两项的阐述有理，因而在修改时只删去了后两项。

第三步，初定高校科研评价指标体系。我们邀请国内本领域内的资深专家，共同研讨前述三轮专家征询之后的指标体系，并在此基础上，初选出高校科研评价指标体系（如表5-3所示）。在本阶段，专家们不仅提出了诸多宝贵意见与建议，而且在高校科研评价指标体系的初选上达成了一致意见。比如，他们认为，在科研队伍中，专家们一致认为，类似973首席科学家、参与国家政策咨询或起草的专家、国家战略性专家及国际刊物的主编或编委等，都应该是科研队伍中非常重要的人才；又如，专家们一致认为，诸如“特殊层次人才”之类的表达欠妥，应该重新确定这类三级指标；再如，专家们一致认为，三轮之后的高校科研评价指标体系虽然具有一定的科学性，但操作性较差，尤其是关于“科研管理”和“研究设计”这两个部分最为突出，建议适当删改；还有，专家们一致认为，诸如“项目申报”和“研究设计”部分不少评价内容相互重复的地方不少，一定要精简；等等。针对专家们提出的这些意见与建议，在会议之后，我们反复进行了研讨，在研讨的基础上，反复修改上述三轮专家征询之后的高校科研评价指标体系，直至修改后的评价指标体系得到以上与会专家的一致认可为止。由此我们确定了如表 5-3 所示的高校科研评价指标体系，以之作为初选的高校科研评价指标体系。初定的指标体系共有一级指标 3 个，二级指标 14 个，三级指标 41 个，主要参数 72 个。

表 5-3　高校科研评价指标体系（初定）

一级指标	二级指标	三级指标	主要参数
科研条件	科研人才	两院院士	两院院士的总数
		国家级人才	千人计划（中组部）、万人计划（中组部、人社部、教育部、科技部）、杰出青年基金获得者、长江学者（教育部）、新世纪优秀人才支持计划（教育部）、百千万跨世纪人才国家级人选（人社部）、国家有突出贡献的中青年专家（国务院）、973 首席科学家等国家级人才的总数
		省级人才	省级学者（比如湖北省的楚天学者），百人计划（省委组织部），百千万跨世纪人才省级人选（人社厅），省新世纪高层次人才工程第一、二层次人选 省级有突出贡献的中青年专家（省政府）、二级教授等省级人才的总数
		校级人才	三、四级教授、研究员，副教授、副研究员等人才的总数

续表

一级指标	二级指标	三级指标	主要参数
科研条件	科研平台	实验室	国家实验室的总数
			国家重点实验室的总数
			教育部重点实验室的总数
			省级重点实验室的总数
		工程（技术）研究中心（基地）	国家工程技术研究中心（科技部）、国家工程研究中心（发改委）、国家级研究中心及国家级人文社科研究基地等的总数
			教育部工程研究中心的总数
			省级工程中心、省级研究中心及省级人文社科研究基地等的总数
	学科与学位点	学科	国家重点学科的总数
			国家重点培育学科的总数
			省级重点学科的总数
		学位点	一级学科硕士点的总数
			一级学科博士点的总数
			博士后流动站的总数
	科研经费	纵向经费	国家级经费的总额
			省部级经费的总额
			省部级以下政府部门资助经费的总额
		横向经费	经费的总额
科研过程	科研项目	国家级项目	国家自科（社科）基金重点（大）项目、杰青项目、国家973项目、国家科技重大专项、国家科技支撑计划等项目的总数
			其他国家自科基金项目、国家社科基金一般（青年）项目、国家社科基金后期资助项目、星火计划、火炬计划、软科学研究计划、国际合作专项、港澳台科技合作专项、创新人才推进计划、农业科技成果转化资金、重大科学仪器设备开发专项、国家公益性行业专项、教育部规划课题国家重大（一般）项目等的总数

续表

一级指标	二级指标	三级指标	主要参数
科研过程	科研项目	部级项目	教育部的项目（除教育部规划课题国家重大项目及国家一般项目外）和农业农村部、卫计委、国家民委等部门的项目之总数
		省级项目	省社会（自然）科学基金、省科技支撑计划（农村、社发、对外合作、软科学）等的总数
		厅局级项目	省教育厅科学技术研究项目（重点、青年、指导性）项目、省教育厅规划（人文社科）课题、省农业农村厅项目、省卫计委项目、地市级政府科技计划项目等的总数
	执行	课题完成的及时性	按时结题的项目数占应该结题的项目数
	管理	管理制度	管理制度规范
		管理队伍	专职科研管理人员的总数占全校全时研究与发展人员总数的比例
科研成果	成果发表	Science、Nature、Cell	总数
		SCI(Ⅰ、Ⅱ)、SSCI	总数
		SCI(Ⅲ、Ⅳ)	总数
		EI、CSSCI、A&HCI	总数
		非CSSCI的中文核心期刊论文、CPCI-SSH、CPCI-S（ISTP）	总数
		专著	总数
		译著、编著、教材、工具书	总数

续表

一级指标	二级指标	三级指标	主要参数
科研成果	知识产权	专利权	发明专利获批的总数
			实用新型专利、外观设计专利获批的总数
		植物新品种权	获批的总数
		集成电路布图设计专有权	获批的总数
		软件著作权	获批的总数
	物化成果	植物等新品种权审定	国审的总数量
			省审的总数量
		工业标准	国家标准的总数量
			行业标准的总数量
			地方标准的总数量
		新产品认证	ISO9001 认证、工业产品生产许可证、CCC 认证（国家强制认证）、药品认证 GMP 等的总数量
	鉴定（评审）	省部级鉴定（评审）	成果登记总数
		厅局级鉴定（评审）	成果登记总数
	成果获奖	国家科学技术奖	特别奖的总数
			一等奖的总数
			二等奖的总数
		国家教学成果奖	特别奖的总数
			一等奖的总数
			二等奖的总数
		教育部人文社会科学奖	一等奖的总数
			二等奖的总数
			三等奖及以下的总数

续表

一级指标	二级指标	三级指标	主要参数
科研成果	成果获奖	其他部级及省级成果奖	特等奖的总数
			一等奖的总数
			二等奖的总数
			三等奖的总数
	成果转化	政府决策层采纳情况	国家级层面采纳的总数
			省级层面采纳的总数
		转载	被《新华文摘》全文转载的论文总篇数
			被《新华文摘》论点摘录以及人大报刊复印资料等全文转载的论文总篇数
	人才培养	教师队伍成长	新增两院院士的总数
			新增国家级人才（除两院院士外）的总数
			新增省级人才的总数
		学生培养	国家级优秀博士学位论文的总数
			省级优秀博士学位论文的总数
			省级优秀硕士学位论文的总数

（二）高校科研评价指标体系的筛选

筛选指标体系的过程是在初选指标的基础之上，首先编制调查问卷，开展小样本调查并对调查问卷中各个题项进行测试，以确定问卷的信度和效度；接着，对高校科研人员和科研管理人员进行大样本调查，并运用 SPSS 19.0 对调查数据进行统计分析；之后，采用因子分析法对初选的高校科研评价指标进行筛选。

1. 调查问卷的编制

（1）初始问卷的编制。基于初选的高校科研评价指标体系编制调查问卷（问卷详情参见附录）。问卷内容包括三个部分：第一部分是关于填写问卷的说明。其内容一是关于高校科研的定义；二是关于一级指标的阐释；三是关于二级指标和三级指标的阐释；四是关于主要参数的评议。第二部分是关于问卷填写人基本情况的题项设置，主要包括问卷填写人的性别、年龄、学历、学位、职称、教龄、所任职高校的类型，以及所从事的学科。第三部分是关于一、二级指标及三级指标主要参数的题项设置，其中包括 3 个一级指标，14 个二级指标，以及 72 个三级指标。此外，我们采用以 Likert 5 级量表的形式对变量进行了测量，采用分数与评价正方向记分。五级量表的分级描述和对应分值为：很不重要（1 分），较不重要（2 分），一般重要（3 分），比较重要（4 分），非常重要（5 分）。

（2）初始问卷预测验。通过以上设计步骤，我们确定初始问卷包含调查对象基本情况的 8 个题项和 72 个主要评价指标的题项。本问卷中各个题项的确定是在文献分析和专家评议基础上进行分析选择的结果，可能出现部分指标参数的题项需要调整，因此需要进行净化和删除。在研究过程中，我们采用 CITC 分析和 α 信度系数法，净化测量条款。当 CITC 小于 0.5，同时，项已删除的 α 系数不变或增大时，则表示可以删除该条款。按照以上思路和方法，通过小样本调查及其检验，对问卷题项进行分析和净化，其主要目的是对指标进行初步的筛选，以提高研究的效度和信度。小样本调查，发出问卷 160 份，回收有效问卷 146 份，有效回收率 91.25%。运用 SPSS 19.0 对数据进行处理，得到 Cronbach's Alpha 为 0.978（见表 5-4），对小样本调查数据进行 CITC 分析和 α 信度系数分析，我们将两院院士与国家级人才合并，删除了校级人才、博士后流动站、厅局级项目、新增两院院士、新增国家级人才、新增省级人才这 7 个三级指标参数。最后呈现在问卷中的主要参数指标为 65 个题项（见表 5-5）。

表 5-4　可靠性统计量

Cronbach's Alpha	项数
0.978	72

表 5-5　题项总计统计量

问卷题项	项已删除的刻度均值	项已删除的刻度方差	校正的项总计相关性 CITC	项已删除的 Cronbach's Alpha
两院院士数量	141.21	1863.887	0.411	0.987
国家级人才数量	141.43	1864.530	0.673	0.977
省级人才数量	141.40	1874.510	0.648	0.977
校级人才数量	141.50	1890.365	0.463	0.978
国家实验室的总数	141.60	1878.566	0.623	0.977
国家重点实验室的总数	141.62	1878.656	0.623	0.977
教育部重点实验的总数	141.59	1881.938	0.598	0.977
省级重点实验室的总数	141.49	1882.080	0.577	0.977
国家级工程（技术）研究中心或基地的总数	141.53	1876.626	0.630	0.977
教育部工程研究中心的总数	141.45	1875.381	0.651	0.977
省级工程（技术）研究中心或基地的总数	141.42	1879.855	0.599	0.977
国家重点学科的总数	141.66	1882.276	0.615	0.977
国家重点培育学科的总数	141.59	1882.706	0.603	0.977
省级重点学科的总数	141.54	1881.556	0.595	0.977
一级学科硕士点的总数	141.73	1889.131	0.556	0.978
一级学科博士点的总数	141.71	1884.006	0.594	0.977
博士后流动站的总数	141.40	1876.772	0.480	0.978
国家级纵向经费的总数	141.67	1882.967	0.566	0.977
省部级纵向经费的总数	141.54	1883.183	0.555	0.978
省部级以下政府部门资助经费的总数	141.35	1881.638	0.522	0.978
横向经费总数	141.44	1884.267	0.509	0.978
国家级Ⅰ类项目数量	141.67	1876.257	0.677	0.977

续表

问卷题项	项已删除的刻度均值	项已删除的刻度方差	校正的项总计相关性 CITC	项已删除的 Cronbach's Alpha
国家级Ⅱ类项目数量	141.65	1879.386	0.656	0.977
部级项目数量	141.60	1881.488	0.631	0.977
省级项目数量	141.43	1886.258	0.536	0.978
厅局级项目数量	141.30	1892.208	0.417	0.978
按时结题项目数占当年应结题项目数的比例	141.71	1881.531	0.590	0.978
科研管理制度的规范性程度	141.67	1870.070	0.590	0.978
专职科研管理人员的总数占全校全时科研人员总数的比重	141.51	1866.888	0.685	0.978
Science、Nature、Cell 总数	141.44	1871.289	0.592	0.977
SCI（Ⅰ、Ⅱ）和 SSCI 总数	141.48	1868.892	0.618	0.977
SCI（Ⅲ、Ⅳ）	141.33	1862.658	0.659	0.977
EI（期刊）、CSSCI 和 A&HCI 总数	141.30	1870.775	0.609	0.977
EI（收录）、中文核心期刊论文、CPCI-SSH、CPCI-S（ISTP）总数	140.96	1869.923	0.671	0.978
专著总数	141.21	1877.767	0.569	0.977
译著、编著、教材和工具书总数	141.16	1879.411	0.546	0.978
发明专利获批的数量	141.32	1868.319	0.675	0.977
实用新型和外观设计专利获批的数量	141.27	1872.750	0.643	0.977
植物新品种权获批数量	141.30	1871.826	0.671	0.977
集成电路布图设计专有权获批数量	141.22	1872.276	0.633	0.977
软件著作权获批数量	141.22	1866.612	0.680	0.977
国审的数量	141.30	1867.323	0.681	0.977
省审的数量	141.23	1870.612	0.658	0.977

续表

问卷题项	项已删除的刻度均值	项已删除的刻度方差	校正的项总计相关性 CITC	项已删除的 Cronbach's Alpha
国家标准的数量	141.34	1873.863	0.628	0.977
行业标准的数量	141.24	1868.883	0.685	0.977
地方标准的数量	141.12	1871.038	0.656	0.977
新产品认证数量	141.30	1872.775	0.633	0.977
省部级鉴定（评审）成果登记数量	141.21	1871.701	0.630	0.977
厅局级鉴定（评审）成果登记数量	141.13	1877.833	0.592	0.977
国家科学技术奖特别奖的数量	141.50	1873.922	0.646	0.977
国家科学技术奖一等奖的数量	141.51	1871.743	0.674	0.977
国家科学技术奖二等奖的数量	141.46	1871.476	0.685	0.977
国家教学成果奖特别奖的数量	141.46	1871.045	0.694	0.977
国家教学成果奖一等奖的数量	141.45	1871.079	0.696	0.977
国家教学成果奖二等奖的数量	141.38	1870.284	0.700	0.977
教育部人文社会科学奖一等奖的数量	141.44	1871.387	0.705	0.977
教育部人文社会科学奖二等奖的数量	141.35	1870.546	0.699	0.977
教育部人文社会科学奖三等奖及以下的数量	141.25	1871.532	0.669	0.977
其它部级或省级特等奖	141.21	1873.290	0.634	0.977
其它部级或省级一等奖的数量	141.17	1872.673	0.639	0.977
其它部级或省级二等奖的数量	141.08	1875.306	0.612	0.977
其它部级或省级三等奖的数量	141.02	1878.396	0.570	0.977
国家级层面采纳的数量	141.46	1876.823	0.593	0.977
省部级层面采纳的数量	141.36	1874.957	0.605	0.977
被《新华文摘》全文转载的论文篇数	141.26	1866.577	0.667	0.977

续表

问卷题项	项已删除的刻度均值	项已删除的刻度方差	校正的项总计相关性 CITC	项已删除的 Cronbach's Alpha
被《新华文摘》论点摘录以及人大报刊复印资料等全文转载的论文篇数	141.25	1868.175	0.640	0.977
新增两院院士总数	141.22	1855.429	0.467	0.978
新增国家级人才（除两院院士外）的总数	141.33	1863.015	0.471	0.978
新增省级人才的总数	141.32	1870.431	0.440	0.978
国家级优秀博士学位论文的数量	141.49	1872.829	0.595	0.977
省级优秀博士学位论文的数量	141.45	1875.900	0.604	0.977
省级优秀硕士学位论文的数量	141.44	1881.158	0.556	0.978

（注：表中阴影部分为待删除指标）

2. 大样本问卷调查的实施

（1）数据收集。本问卷调查的对象选择高等教育科研管理和科研评价等领域的专家以及从事高校科研管理的管理者、高校一线科研人员，其原因主要是考虑到这类人员是高校教育理论研究领域的专家及长期从事高校科学研究的学者，他们对高校科研的目标、过程和绩效情况相对其他人员有更多的知识和经验，对各类指标的含义更清楚。

为了顺利完成本次问卷调查工作，我们采用两种形式展开调查：一是通过与问卷星合作，利用其强大的网络通信平台向高校科研人员发送调查问卷的链接，邀请调查对象在网络上填写问卷，大大节约了问卷填写者的时间，共有 530 人访问，有效问卷 424 份，完成率 80%；二是课题组成员分成不同的小组奔赴各大高校，通过熟人引见来发放和回收问卷，共发放 600 份问卷，回收有效问卷 588 份，有效回收率 98%。整个调查过程历时 58 天，共回收有效问卷 1012 份。

（2）样本描述。详情见表 5-6。

表 5-6　样本分类描述表

性别	样本数	百分比（%）
男	606	59.88%
女	406	40.12%
年龄		
25 岁以下	30	2.96%
25～35 岁	312	30.83%
35～45 岁	412	40.71%
45～55 岁	224	22.13%
55 岁以上	34	3.36%
学历		
专科及以下	6	0.59%
本科	100	9.88%
硕士研究生	296	29.25%
博士研究生	610	60.28%
学位		
无	6	0.59%
学士	82	8.10%
硕士	322	31.82%
博士	602	59.49%
职称		
助教	90	8.89%
讲师	312	30.83%
副高	340	33.60%
正高	258	25.49%
其他	12	1.19%
教龄		
3 年以下	164	16.21%
3～5 年	160	15.81%

续表

	样本数	百分比（%）
5～10年	266	26.28%
10～20年	242	23.91%
20年以上	180	17.79%
高校类型		
一本院校	464	45.85%
二本院校	522	51.58%
三本院校	16	1.58%
高职高专	10	0.99%
从事学科类型		
自然科学	500	49.41%
人文社会科学	512	50.59%
合计	1012	

3. 数据处理过程与结果

在问卷回收之后，我们采用因子分析法处理数据。本次问卷调查数据运用 SPSS 19.0 统计分析软件进行处理。我们对问卷中第二部分的 65 个初选指标运用 SPSS 19.0 软件进行因子分析，所得 KMO 值为 0.944，远大于 0.7（如表 5-7 所示），表明数据适合做因子分析。接着按照特征根大于 1 和方差最大旋转的原理，从 65 个题项中抽取出 11 个公共因子，其方差累计贡献率达到 75.262%，表明这 11 个因子能够概括 65 个题项中所包含的大部分信息，其特征值和贡献率如表 5-8 所示。

表 5-7　KMO 和 Bartlett 的检验

取样足够度的 Kaiser-Meyer-Olkin 度量		0.944
Bartlett 的球形度检验	近似卡方	68968.36
	df	2080
	Sig.	0.000

表 5-8　解释的总方差

成分	初始特征值			提取平方和载入			旋转平方和载入		
	合计	方差的%	累积%	合计	方差的%	累积%	合计	方差的%	累积%
1	25.937	39.903	39.903	25.937	39.903	39.903	8.576	13.194	13.194
2	4.727	7.273	47.176	4.727	7.273	47.176	8.433	12.974	26.168
3	3.622	5.572	52.748	3.622	5.572	52.748	6.826	10.501	36.669
4	3.177	4.887	57.635	3.177	4.887	57.635	3.807	5.857	42.526
5	2.227	3.426	61.061	2.227	3.426	61.061	3.683	5.667	48.192
6	2.102	3.235	64.296	2.102	3.235	64.296	3.358	5.167	53.359
7	1.768	2.719	67.015	1.768	2.719	67.015	3.294	5.068	58.427
8	1.633	2.512	69.527	1.633	2.512	69.527	2.867	4.411	62.839
9	1.553	2.389	71.916	1.553	2.389	71.916	2.842	4.373	67.212
10	1.164	1.791	73.706	1.164	1.791	73.706	2.648	4.073	71.285
11	1.011	1.556	75.262	1.011	1.556	75.262	2.585	3.977	75.262

为了更好地解释各个因子的意义，对初始的因子载荷矩阵运用具有Kaiser标准化的正交旋转法进行旋转，经过12次迭代后收敛。之后，对旋转成分矩阵中各公因子载荷小于0.5的数值予以剔除，发现“省级重点学科的总数”和“省部级鉴定（评审）成果登记数量”和“厅局级鉴定（评审）成果登记数量”三个指标在各因子上的载荷均小于0.5（见表5-9所示）。在问卷调查中，拟用这三个条款分别反映学科建设和公开登记成果两个二级指标，但结果表明这三个指标题项的代表性不足。为此，我们对以上三个条款予以删除，最终获得包含62个条款的指标体系，如表5-9所示。

表 5-9　旋转成分矩阵

三级指标参数	成分										
	1	2	3	4	5	6	7	8	9	10	11
国家级人才数量	0.200	0.179	0.591	0.178	0.059	0.453	−0.007	0.105	0.178	−0.036	0.162
省级人才数量	0.080	0.148	0.607	0.322	0.134	0.164	0.183	0.073	0.154	0.058	0.173

续表

三级指标参数	成分										
	1	2	3	4	5	6	7	8	9	10	11
国家实验室的总数	0.260	0.171	0.743	0.028	0.016	0.223	0.019	0.213	0.031	0.030	0.021
国家重点实验室的总数	0.199	0.167	0.780	0.042	0.066	0.250	−0.045	0.193	0.017	0.087	0.039
教育部重点实验的总数	0.093	0.159	0.828	0.113	0.081	0.050	0.060	0.132	0.041	0.150	0.072
省级重点实验室的总数	0.072	0.118	0.789	0.172	0.078	−0.082	0.253	0.089	0.085	0.177	0.043
国家级工程（技术）研究中心或基地的总数	0.284	0.152	0.678	0.124	0.000	0.221	−0.051	0.229	0.147	−0.032	0.086
教育部工程研究中心的总数	0.234	0.162	0.713	0.152	0.101	0.022	0.043	0.160	0.121	0.085	0.184
省级工程（技术）研究中心或基地的总数	0.113	0.131	0.653	0.324	0.194	−0.117	0.118	0.146	0.055	0.152	0.134
国家重点学科的总数	0.236	0.206	0.405	0.049	0.104	0.226	−0.097	0.631	0.030	0.112	0.129
国家重点培育学科的总数	0.198	0.140	0.413	0.109	0.146	0.091	0.041	0.666	0.036	0.174	0.050
省级重点学科的总数	0.064	0.136	0.468	0.212	0.116	−0.077	0.256	0.498	0.039	0.263	0.151
一级学科硕士点的总数	0.107	0.111	0.323	0.116	−0.002	0.052	0.119	0.720	0.132	0.229	0.186
一级学科博士点的总数	0.147	0.235	0.341	0.094	−0.054	0.137	0.060	0.712	0.123	0.107	0.159
国家级纵向经费的总数	0.159	0.212	0.167	0.684	0.053	0.287	−0.061	0.190	0.229	−0.053	0.041
省部级纵向经费的总数	0.078	0.124	0.242	0.784	0.148	0.098	0.157	0.098	0.154	−0.031	0.083

续表

三级指标参数	成分										
	1	2	3	4	5	6	7	8	9	10	11
省部级以下政府部门资助经费的总数	0.119	0.115	0.204	0.739	0.103	−0.061	0.320	0.013	0.121	0.049	0.098
横向经费总数	0.242	0.003	0.257	0.554	0.101	0.011	0.169	0.017	0.047	0.255	0.242
国家级Ⅰ类项目数量	0.230	0.357	0.289	0.544	0.119	0.357	−0.052	0.151	0.013	0.105	−0.001
国家级Ⅱ类项目数量	0.195	0.370	0.214	0.543	0.144	0.488	−0.070	0.190	−0.040	0.185	0.006
部级项目数量	0.167	0.356	0.277	0.538	0.192	0.290	−0.042	0.107	−0.164	0.216	0.063
省级项目数量	0.124	0.260	0.236	0.532	0.254	0.134	0.069	0.057	−0.211	0.328	−0.039
按时结题项目数占当年应结题项目数的比例	0.091	0.025	0.168	0.010	0.184	0.152	0.121	0.161	0.006	0.755	−0.008
科研管理制度的规范性程度	0.103	0.026	0.135	0.128	0.017	0.020	0.073	0.147	0.178	0.783	0.091
专职科研管理人员的总数占全校全时科研人员总数的比重	0.105	0.017	0.116	0.053	0.029	0.041	0.143	0.103	0.171	0.744	0.158
Science、Nature、Cell 总数	0.283	0.246	0.156	0.053	−0.141	0.634	0.276	0.091	0.243	0.041	0.099
SCI（Ⅰ、Ⅱ）和 SSCI 总数	0.233	0.226	0.164	0.108	−0.075	0.690	0.293	0.078	0.245	0.150	0.040
SCI（Ⅲ、Ⅳ）	0.349	0.289	0.091	0.207	−0.021	0.533	0.337	0.063	0.211	0.064	0.059
EI(期刊)、CSSCI 和 A&HCI 总数	0.219	0.159	0.216	0.057	0.021	0.452	0.582	0.115	0.133	0.157	0.044

续表

三级指标参数	成分										
	1	2	3	4	5	6	7	8	9	10	11
EI（收录）、中文核心期刊论文、CPCI-SSH、CPCI-S（ISTP）总数	0.306	0.111	0.021	0.137	0.228	0.041	0.654	−0.006	0.042	0.072	0.051
专著总数	0.279	0.211	0.056	0.096	0.129	0.144	0.697	0.081	0.059	0.185	0.096
译著、编著、教材和工具书总数	0.291	0.095	0.123	0.138	0.206	0.159	0.698	0.050	0.006	0.113	0.067
发明专利获批的数量	0.638	0.164	0.203	−0.002	0.102	0.403	0.236	0.111	0.021	0.024	0.138
实用新型和外观设计专利获批的数量	0.670	0.028	0.205	−0.027	0.211	0.287	0.283	0.101	0.033	0.043	0.187
植物新品种权获批数量	0.752	0.125	0.153	0.003	0.251	0.216	0.158	0.094	0.012	0.050	0.190
集成电路布图设计专有权获批数量	0.761	0.124	0.139	0.026	0.230	0.183	0.145	0.042	−0.004	0.020	0.171
软件著作权获批数量	0.772	0.146	0.158	0.045	0.186	0.177	0.159	0.123	0.075	0.023	0.117
国审的数量	0.771	0.252	0.128	0.143	0.048	0.163	0.029	0.101	0.135	0.077	0.076
省审的数量	0.767	0.222	0.156	0.130	0.079	0.044	0.114	0.076	0.118	0.096	0.024
国家标准的数量	0.740	0.347	0.142	0.083	−0.084	0.032	0.029	0.075	0.216	0.125	−0.044
行业标准的数量	0.743	0.313	0.134	0.176	0.002	0.001	0.128	0.096	0.203	0.131	−0.011
地方标准的数量	0.749	0.218	0.176	0.172	0.103	−0.111	0.231	0.073	0.161	0.116	−0.068
新产品认证数量	0.700	0.367	0.107	0.132	0.014	0.069	0.053	0.061	0.128	0.013	0.055
省部级鉴定（评审）成果登记数量	0.441	0.437	0.062	0.300	0.100	0.008	0.223	−0.062	0.137	0.046	0.174

续表

三级指标参数	成分										
	1	2	3	4	5	6	7	8	9	10	11
厅局级鉴定（评审）成果登记数量	0.411	0.368	0.077	0.168	0.220	−0.062	0.374	−0.027	0.116	0.045	0.103
国家科学技术奖特别奖的数量	0.368	0.739	0.195	0.060	0.024	0.185	−0.066	0.013	0.092	−0.037	0.065
国家科学技术奖一等奖的数量	0.283	0.814	0.214	0.075	0.009	0.114	0.006	0.059	0.119	−0.031	0.114
国家科学技术奖二等奖的数量	0.256	0.797	0.155	0.062	0.088	0.113	0.082	0.115	0.149	−0.005	0.103
国家教学成果奖特别奖的数量	0.249	0.814	0.116	0.054	0.160	0.163	0.058	0.126	0.081	0.051	0.108
国家教学成果奖一等奖的数量	0.240	0.821	0.114	0.067	0.159	0.127	0.105	0.166	0.070	0.026	0.097
国家教学成果奖二等奖的数量	0.194	0.818	0.156	0.122	0.217	0.096	0.114	0.113	0.027	0.037	0.118
教育部人文社会科学奖一等奖的数量	0.141	0.794	0.185	0.168	0.252	0.099	0.119	0.044	0.098	0.077	0.102
教育部人文社会科学奖二等奖的数量	0.127	0.759	0.142	0.174	0.301	0.089	0.225	0.085	0.087	0.060	0.080
教育部人文社会科学奖三等奖及以下的数量	0.157	0.651	0.074	0.162	0.385	0.044	0.282	0.130	0.074	0.080	0.093
其它部级或省级特等奖	0.208	0.418	0.121	0.119	0.711	0.070	0.093	0.059	0.188	0.053	0.038
其它部级或省级一等奖的数量	0.209	0.352	0.143	0.152	0.746	0.012	0.146	0.057	0.191	0.078	0.064

续表

三级指标参数	成分										
	1	2	3	4	5	6	7	8	9	10	11
其它部级或省级二等奖的数量	0.181	0.312	0.138	0.171	0.788	−0.037	0.195	0.023	0.153	0.096	0.073
其它部级或省级三等奖的数量	0.182	0.258	0.125	0.178	0.720	−0.087	0.198	0.024	0.203	0.112	0.070
国家级层面采纳的数量	0.310	0.246	0.116	0.075	0.151	0.141	−0.021	0.096	0.736	0.181	0.055
省部级层面采纳的数量	0.311	0.163	0.119	0.162	0.230	0.089	0.072	0.076	0.710	0.197	0.058
被《新华文摘》全文转载的论文篇数	0.194	0.199	0.212	0.104	0.304	0.207	0.145	0.109	0.630	0.101	0.244
被《新华文摘》论点摘录以及人大报刊复印资料等全文转载的论文篇数	0.180	0.161	0.243	0.051	0.294	0.205	0.155	0.082	0.610	0.102	0.261
国家级优秀博士学位论文的数量	0.223	0.392	0.213	0.105	−0.057	0.120	0.015	0.091	0.160	0.012	0.685
省级优秀博士学位论文的数量	0.153	0.228	0.235	0.108	0.086	0.049	0.120	0.167	0.149	0.119	0.821
省级优秀硕士学位论文的数量	0.133	0.165	0.171	0.112	0.169	0.032	0.110	0.200	0.084	0.173	0.800

4. 高校科研评价指标筛选的结果

根据因子分析的结果进行归纳和总结，我们确定了高校科研评价指标及其层级的划分（见表 5-10 所示）。

表 5-10　高校科研评价指标及层级划分一览表

一级指标	二级指标	三级指标	因子											旋转因子载荷	方差贡献率
			1	2	3	4	5	6	7	8	9	10	11		
科研条件	人才与基地	国家级人才	0.200	0.179	0.591	0.178	0.059	0.453	−0.007	0.105	0.178	−0.036	0.162	0.591	10.501
		省级人才	0.080	0.148	0.607	0.322	0.134	0.164	0.183	0.073	0.154	0.058	0.173	0.607	
		国家实验室	0.260	0.171	0.743	0.028	0.016	0.223	0.019	0.213	0.031	0.030	0.021	0.743	
		国家重点实验室	0.199	0.167	0.780	0.042	0.066	0.250	−0.045	0.193	0.017	0.087	0.039	0.780	
		教育部重点实验室	0.093	0.159	0.828	0.113	0.081	0.050	0.060	0.132	0.041	0.150	0.072	0.828	
		省级重点实验室	0.072	0.118	0.789	0.172	0.078	−0.082	0.253	0.089	0.085	0.177	0.043	0.789	
		国家级工程（技术）研究中心或基地	0.284	0.152	0.678	0.124	0.000	0.221	−0.051	0.229	0.147	−0.032	0.086	0.678	
		教育部工程研究中心	0.234	0.162	0.713	0.152	0.101	0.022	0.043	0.160	0.121	0.085	0.184	0.713	
		省级工程（技术）研究中心或基地	0.113	0.131	0.653	0.324	0.194	−0.117	0.118	0.146	0.055	0.152	0.134	0.653	
	学科建设	国家重点学科	0.236	0.206	0.405	0.049	0.104	0.226	−0.097	0.631	0.030	0.112	0.129	0.631	4.411
		国家重点培育学科	0.198	0.140	0.413	0.109	0.146	0.091	0.041	0.666	0.036	0.174	0.050	0.666	
		一级学科硕士点	0.107	0.111	0.323	0.116	−0.002	0.052	0.119	0.720	0.132	0.229	0.186	0.720	
		一级学科博士点	0.147	0.235	0.341	0.094	−0.054	0.137	0.060	0.712	0.123	0.107	0.159	0.712	

续表

一级指标	二级指标	三级指标	因子 1	2	3	4	5	6	7	8	9	10	11	旋转因子载荷	方差贡献率
科研过程	项目与经费	国家级纵向经费	0.159	0.212	0.167	0.684	0.053	0.287	−0.061	0.190	0.229	−0.053	0.041	0.684	5.857
		省部级纵向经费	0.078	0.124	0.242	0.784	0.148	0.098	0.157	0.098	0.154	−0.031	0.083	0.784	
		省部级以下政府部门资助经费	0.119	0.115	0.204	0.739	0.103	−0.061	0.320	0.013	0.121	0.049	0.098	0.739	
		横向经费	0.242	0.003	0.257	0.554	0.101	0.011	0.169	0.017	0.047	0.255	0.242	0.554	
		国家级Ⅰ类项目	0.230	0.357	0.289	0.544	0.119	0.357	−0.052	0.151	0.013	0.105	−0.001	0.544	
		国家级Ⅱ类项目	0.195	0.370	0.214	0.543	0.144	0.488	−0.070	0.190	−0.010	0.185	0.006	0.543	
		部级项目	0.167	0.356	0.277	0.538	0.192	0.290	−0.042	0.107	−0.134	0.216	0.063	0.538	
		省级项目	0.124	0.260	0.236	0.532	0.254	0.134	0.069	0.057	−0.211	0.328	−0.039	0.532	
	执行与管理	按时结题项目数占当年应结题项目数的比例	0.091	0.025	0.168	0.010	0.184	0.152	0.121	0.161	0.006	0.755	−0.008	0.755	4.073
		科研管理制度的规范性程度	0.103	0.026	0.135	0.128	0.017	0.020	0.073	0.147	0.178	0.783	0.091	0.783	
		专职科研管理人员数占全校全时研究与发展人员数的比重	0.105	0.017	0.116	0.053	0.029	0.041	0.143	0.103	0.17[illegible]	0.744	0.158	0.744	
科研成果	公开发表成果Ⅰ	Science、Nature、Cell 的数量	0.283	0.246	0.156	0.053	−0.141	0.634	0.276	0.091	0.243	0.041	0.099	0.634	5.167
		SCI（Ⅰ、Ⅱ）和 SSCI 的数量	0.233	0.226	0.164	0.108	−0.075	0.690	0.293	0.078	0.245	0.150	0.040	0.690	

续表

一级指标	二级指标	三级指标	因子 1	2	3	4	5	6	7	8	9	10	11	旋转因子载荷	方差贡献率
科研成果	公开发表成果Ⅰ	SCI（Ⅲ、Ⅳ）的数量	0.349	0.289	0.091	0.207	−0.021	0.533	0.337	0.063	0.211	0.064	0.059	0.533	5.167
	公开发表成果Ⅱ	EI（期刊）、CSSCI和A&HCI的数量	0.219	0.159	0.216	0.057	0.021	0.452	0.582	0.115	0.133	0.157	0.044	0.582	5.068
		EI（收录）、核心期刊论文、CPCI-SSH、CPCI-S的数量	0.306	0.111	0.021	0.137	0.228	0.041	0.654	−0.006	0.042	0.072	0.051	0.654	
		专著的数量	0.279	0.211	0.056	0.096	0.129	0.144	0.697	0.081	0.059	0.185	0.096	0.697	
		译著、编著、教材和工具书的数量	0.291	0.095	0.123	0.138	0.206	0.159	0.698	0.050	0.006	0.113	0.067	0.698	
	公开登记成果	获批发明专利的数量	0.638	0.164	0.203	−0.002	0.102	0.403	0.236	0.111	0.021	0.024	0.138	0.638	13.194
		获批实用新型和外观设计专利的数量	0.670	0.028	0.205	−0.027	0.211	0.287	0.283	0.101	0.033	0.043	0.187	0.670	
		集成电路布图设计专有权的数量	0.761	0.124	0.139	0.026	0.230	0.183	0.145	0.042	−0.004	0.020	0.171	0.761	
		软件著作权的数量	0.772	0.146	0.158	0.045	0.186	0.177	0.159	0.123	0.075	0.023	0.117	0.772	
		植物新品种权的数量	0.752	0.125	0.153	0.003	0.251	0.216	0.158	0.094	0.012	0.050	0.190	0.752	
		植物等新品种权国家审定的数量	0.771	0.252	0.128	0.143	0.048	0.163	0.029	0.101	0.135	0.077	0.076	0.771	
		植物等新品种权省级审定的数量	0.767	0.222	0.156	0.130	0.079	0.044	0.114	0.076	0.118	0.096	0.024	0.767	

续表

一级指标	二级指标	三级指标	因子											旋转因子载荷	方差贡献率
			1	2	3	4	5	6	7	8	9	10	11		
科研成果	公开登记成果	国家工业标准的数量	0.740	0.347	0.142	0.083	−0.084	0.032	0.029	0.075	0.216	0.125	−0.044	0.740	13.194
		行业工业标准的数量	0.743	0.313	0.134	0.176	0.002	0.001	0.128	0.096	0.203	0.131	−0.011	0.743	
		地方工业标准的数量	0.749	0.218	0.176	0.172	0.103	−0.111	0.231	0.073	0.161	0.116	−0.068	0.749	
		新产品认证的数量	0.700	0.367	0.107	0.132	0.014	0.069	0.053	0.061	0.128	0.013	0.055	0.700	
	成果奖励Ⅰ	国家科学技术奖特别奖的数量	0.368	0.739	0.195	0.060	0.024	0.185	−0.066	0.013	0.092	−0.037	0.065	0.739	12.974
		国家科学技术奖一等奖的数量	0.283	0.814	0.214	0.075	0.009	0.114	0.006	0.059	0.119	−0.031	0.114	0.814	
		国家科学技术奖二等奖的数量	0.256	0.797	0.155	0.062	0.088	0.113	0.082	0.115	0.149	−0.005	0.103	0.797	
		国家教学成果奖特别奖的数量	0.249	0.814	0.116	0.054	0.160	0.163	0.058	0.126	0.081	0.051	0.108	0.814	
		国家教学成果奖一等奖的数量	0.240	0.821	0.114	0.067	0.159	0.127	0.105	0.166	0.070	0.026	0.097	0.821	
		国家教学成果奖二等奖的数量	0.194	0.818	0.156	0.122	0.217	0.096	0.114	0.113	0.027	0.037	0.118	0.818	
		教育部人文社会科学奖一等奖的数量	0.141	0.794	0.185	0.168	0.252	0.099	0.119	0.044	0.098	0.077	0.102	0.794	
		教育部人文社会科学奖二等奖的数量	0.127	0.759	0.142	0.174	0.301	0.089	0.225	0.085	0.087	0.060	0.080	0.759	

续表

一级指标	二级指标	三级指标	因子 1	2	3	4	5	6	7	8	9	10	11	旋转因子载荷	方差贡献率
科研成果	成果奖励Ⅰ	教育部人文社会科学奖三等奖的数量	0.157	0.651	0.074	0.162	0.385	0.044	0.282	0.130	0.074	0.080	0.093	0.651	12.974
	成果奖励Ⅱ	其它部级或省级特等奖的数量	0.208	0.418	0.121	0.119	0.711	0.070	0.093	0.059	0.188	0.053	0.038	0.711	5.667
		其它部级或省级一等奖的数量	0.209	0.352	0.143	0.152	0.746	0.012	0.146	0.057	0.191	0.078	0.064	0.746	
		其它部级或省级二等奖的数量	0.181	0.312	0.138	0.171	0.788	−0.037	0.195	0.023	0.153	0.096	0.073	0.788	
		其它部级或省级三等奖的数量	0.182	0.258	0.125	0.178	0.720	−0.087	0.198	0.024	0.203	0.112	0.070	0.720	
	成果采纳	国家级层面采纳的数量	0.310	0.246	0.116	0.075	0.151	0.141	−0.021	0.096	0.736	0.181	0.055	0.736	4.373
		省部级层面采纳的数量	0.311	0.163	0.119	0.162	0.230	0.089	0.072	0.076	0.710	0.197	0.058	0.710	
		被《新华文摘》全文转载的篇数	0.194	0.199	0.212	0.104	0.304	0.207	0.145	0.109	0.630	0.101	0.244	0.630	
		被人大报刊复印资料全文转载的篇数	0.180	0.161	0.243	0.051	0.294	0.205	0.155	0.082	0.610	0.102	0.261	0.610	
	人才培养	国家级优秀博士学位论文的数量	0.223	0.392	0.213	0.105	−0.057	0.120	0.015	0.091	0.160	0.012	0.685	0.685	3.977
		省级优秀博士学位论文的数量	0.153	0.228	0.235	0.108	0.086	0.049	0.120	0.167	0.149	0.119	0.821	0.821	
		省级优秀硕士学位论文的数量	0.133	0.165	0.171	0.112	0.169	0.032	0.110	0.200	0.084	0.173	0.800	0.800	

一级指标包括“科研条件”、“科研过程”和“科研成果”。其中，“科研条件”之下的二级指标可用“人才与基地”和“学科建设”两个指标来分别概括因子 3 与因子 8。“人才与基地”之下的三级指标包括因子 3 中所包含的 9 个题项，即“国家级人才、省级人才、国家实验室、国家重点实验室、教育部重点实验室、省级重点实验室、国家级工程（技术）研究中心或基地、教育部工程研究中心、省级工程（技术）研究中心或基地”；“学科建设”之下的三级指标包括因子 8 中所包含的 4 个题项，即“国家重点学科、国家重点培育学科、一级学科硕士点、一级学科博士点”。“科研过程”之下的二级指标可用“项目与经费”和“执行与管理”两个指标来分别概括因子 4 与因子 10。“项目与经费”之下的三级指标包括因子 4 中所包含的 8 个题项，即“国家级纵向经费、省部级纵向经费、省部级以下政府部门资助经费、横向经费、国家级Ⅰ类项目、国家级Ⅱ类项目、部级项目、省级项目”；“执行与管理”之下的三级指标包括因子 10 中所包含的 3 个题项，即“按时结题项目数占当年应结题项目数的比例、科研管理制度的规范性程度、专职科研管理人员数占全校全时研究与发展人员数的比重”。“科研成果”之下的二级指标可用“公开发表成果Ⅰ”、“公开发表成果Ⅱ”、“公开登记成果”、“成果奖励Ⅰ”、“成果奖励Ⅱ”、“成果采纳”、“人才培养”7 个指标来分别概括因子 6、因子 7、因子 1、因子 2、因子 5、因子 9、因子 11。“公开发表成果Ⅰ”之下的三级指标包括因子 6 中所包含的 3 个题项，分别为“Science、Nature、Cell 的数量”、“SCI（Ⅰ、Ⅱ）和 SSCI 的数量”、“SCI（Ⅲ、Ⅳ）的数量”；“公开发表成果Ⅱ”之下的三级指标包括因子 7 中所包含的 3 个题项，分别为“EI（期刊）、CSSCI 和 A&HCI 的数量”、“核心期刊论文、CPCI-SSH、CPCI-S 的数量”、“专著的数量”、“译著、编著、教材和工具书的数量”；“公开登记成果”之下的三级指标包括因子 1 中所包含的 11 个题项，分别为“获批发明专利的数量”、“获批实用新型和外观设计专利的数量”、“集成电路布图设计专有权的数量”、“软件著作权的数量”、“植物新品种权的数量”、“植物等新品种权国家审定的数量”、“植物等新品种权省级审定的数量”、“国家工业标准的数量”、“行业工业标准的数量”、“地方工业标准的数量”、“新产品认证的数量”；“成果奖励Ⅰ的数量”之下的三级指标包括因子2 中所包含的 9 个题项，分别为“国家科学技术奖特别奖的数量”、“国家科学技术奖一等奖的数量”、“国家科学技术奖二等奖的数量”、“国家教学成果奖特别奖的数量”、“国家教学成果奖一等奖的数量”、“国家教学成果奖二等奖的数量”、“教育部人文社会科学奖一等奖的数量”、“教育部人文社会科学奖二等奖的数量”、“教育部人文社会科学奖三等奖的数量”；“成果奖励Ⅱ”之下的三级指标包括因子 5 中所包含的 4 个题项，分别为“其它部级或省级特等奖的数量”、“其它部级或省级一等奖的数量”、“其它部级或省级二等奖的数量”、“其它部级或省级三等奖的数量”；“成果采纳”之下的三级指标包括因子 9 中所包含的 4 个题项，分别为“国家级层面采纳的数量”、“省部级层面采纳的数量”、“被《新华文摘》全文转载的篇数”、“被人大报刊复印资料全文转载的篇数”；“人才培养”之下的三级指标包括因子 11 中所包含的 3 个题项，分别为“省级优秀硕士学位论文的数量”、“省级优秀博士学位论文的数量”、“国家级优秀博士学位论文的数量”。

在表 5-10 的基础上，本书最终确定了高校科研评价指标体系（详见表 5-11）。筛选的指标体系共有一级指标 3 个，二级指标 11 个，三级指标 62 个（为了提升指标体系的操作性，本书将某些三级指标进行了具体化，因而使得筛选后的三级指标增加了 21 个），原主要参数作为相应三级指标的内涵。

表 5-11　高校科研评价指标体系（筛选后）

一级指标	二级指标	三级指标/主要内涵	
科研条件	科研人才与基地	国家级人才	院士、千人计划（中组部）、万人计划（中组部、人社部、教育部、科技部）、杰出青年基金获得者、长江学者（教育部）、新世纪优秀人才支持计划（教育部）、百千万跨世纪人才国家级人选（人社部）、国家有突出贡献的中青年专家（国务院）、973 首席科学家等国家级人才的总数
		省级人才	省级学者（比如湖北省的楚天学者）、百人计划（省委组织部）、百千万跨世纪人才省级人选（人社厅）、省新世纪高层次人才工程第一、二层次人选、省级有突出贡献的中青年专家（省政府）、二级教授等省级人才的总数

续表

一级指标	二级指标	三级指标/主要内涵	
科研条件	科研人才与基地	国家实验室	国家实验室的总数（含培育）
		国家重点实验室	国家重点实验室的总数
		教育部重点实验室	教育部重点实验室的总数
		省级重点实验室	省级重点实验室的总数
		工程（技术）研究中心（基地）	国家工程技术研究中心（科技部）、国家工程研究中心（发改委）、国家级研究中心及国家级人文社科研究基地等的总数
		教育部工程研究中心	教育部工程研究中心的总数
		省级工程（技术）研究中心或基地	省级工程中心、省级研究中心及省级人文社科研究基地等的总数
	学科建设	国家重点学科	国家重点学科的总数
		国家重点培育学科	国家重点培育学科的总数
		一级学科硕士点	一级学科硕士点的总数
		一级学科博士点	一级学科博士点的总数
科研过程	科研项目与经费	国家级纵向经费	国家级纵向经费的总额
		省部级纵向经费	省部级纵向经费的总额
		省部级及以下政府部门经费	省部级以下政府部门支助经费的总额
		横向经费	横向经费的总额
		国家级Ⅰ类项目	国家自科（社科）基金重点（大）项目、杰青项目、国家973项目、国家科技重大专项、国家科技支撑计划等项目的总数
		国家级Ⅱ类项目	其它国家自科基金项目、国家社科基金一般（青年）项目、国家社科基金后期资助项目、星火计划、火炬计划、软科学研究计划、国际合作专项、港澳台科技合作专项、创新人才推进计划、农业科技成果转化资金、重大科学仪器设备开发专项、国家公益性行业专项、教育部规划课题、国家重大（一般）项目等的总数

续表

一级指标	二级指标	三级指标/主要内涵	
科研过程	科研项目与经费	部级项目	教育部的项目（除教育部规划课题国家重大项目及国家一般项目外）和农业农村部、卫计委、国家民委等部门的项目之总数
		省级项目	省社会（自然）科学基金、省科技支撑计划（农村、社发、对外合作、软科学）等的总数
	执行管理	按时结题的项目数占应该结题的项目数	
		管理制度规范	
		专职科研管理人员的总数占全校全时研究与发展人员总数的比重	
科研成果	公开发表成果Ⅰ	Science、Nature、Cell 总数	
		SCI（Ⅰ、Ⅱ）、SSCI 总数	
		SCI（Ⅲ、Ⅳ）总数	
	公开发表成果Ⅱ	EI（期刊）、CSSCI、A&HCI 总数	
		EI（收录）、中文核心期刊论文、CPCI-SSH、CPCI-S（ISTP）总数	
		专著总数	
		译著、编著、教材、工具书总数	
	公开登记成果	获批发明专利总数	
		获批实用新型和外观设计专利总数	
		集成电路布图设计专有权总数	
		软件著作权总数	
		植物新品种权总数	
		植物等新品种权国家审定总数	
		植物等新品种权省级审定总数	
		国家工业标准总数	
		行业工业标准总数	
		地方工业标准总数	
		新产品认证总数	

续表

一级指标	二级指标	三级指标/主要内涵
科研成果	成果奖励Ⅰ	国家科学技术奖特别奖总数
		国家科学技术奖一等奖的总数
		国家科学技术奖二等奖的总数
		国家教学成果奖特别奖总数
		国家教学成果奖一等奖的总数
		国家教学成果奖二等奖的总数
		教育部人文社会科学奖一等奖的总数
		教育部人文社会科学奖二等奖的总数
		教育部人文社会科学奖三等奖及以下的总数
	成果奖励Ⅱ	其它部级及省级特等奖总数
		其它部级及省级一等奖的总数
		其它部级及省级二等奖的总数
		其它部级及省级三等奖的总数
	成果采纳	国家级层面采纳的总数
		省级层面采纳的总数
		被《新华文摘》全文转载的论文总篇数
		被《新华文摘》论点摘录以及人大报刊复印资料等全文转载的论文总篇数
	人才培养	国家级优秀博士学位论文的总数
		省级优秀博士学位论文的总数
		省级优秀硕士学位论文的总数

第二节　高校科研评价指标权集的构建

由于高校科研评价指标体系不仅含有多级评价指标，而且每级评价指标都含有多维评价指标，尤其是，每维评价指标还含有多项评价指标，因而必须针对每项评价指标分配权重，以之确定每个项目评价指标在高校科研中的相对重要性。本节将对高校科研评价指标权集的确定方法、高校科研评价指标权重的计算模型以及高校科研评价指标权集的确定结果加以阐释。

一、高校科研评价指标权集的确定方法

从目前的情况看，确定评价指标权重的方法主要有关键特征调查法、两两比较法、专家评判平均法和倍数比较法等四种。其中，关键特征调查法就是先请被调查者根据各自的想法，从初拟指标中找出最关键、最典型的指标，再对指标进行筛选并求出其权重的方法；两两比较法是先逐级、逐维地对指标逐对比较，并加以评分，重要者记1分，次重要者记0分，然后分别计算各指标得分之和，再除以所有指标得分之总和；专家评判平均法是指将筛选后的指标体系提供给专家，分别请专家评判其权重，然后以专家批判结果的平均数作为各指标权重；倍数比较法则是指在筛选后的指标体系中，针对每一级指标，以其指标中重要性程度最小的指标为基础，记分1，然后将同级指标中的其他指标与它比较，作出重要性程度是它多少倍的判断，再经归一化处理即可获得该级各项指标的权重，依次类推，直到获得各级指标中的各项指标的权重为止。由于高校科研评价指标体系比较庞大，采用后三种方法确定其权集的难度相当大，故本书选择了关键特征调查法并配合统计学中的因子分析法，来确定高校科研评价指标权集。由于指标体系的筛选过程在上一节已经阐述过，在此不再赘述，而仅仅阐述高校科研评价指标权集的确立过程。

二、高校科研评价指标权重的计算模型

在运用因子分析法来确定评价指标权重的过程中，需要考虑以下几个方面的权重问题：二级指标在一级指标上的权重、三级指标在二级指标上的权重和三级指标在一级指标上的权重。

首先，由于一级指标包含科研条件、科研过程和科研成果，由11个主因子构成二级指标，因此，只要计算出各个因子的权重，通过对同一维度因子权重的简单加法运算即可获得一级指标的权重。

计算公式（1）如下：

$$A_i = \sum_{1}^{j} A_{ij} \tag{1}$$

其中 A_i 为一级指标权重，A_{ij} 为 A_i 所包含的二级指标的权重，也是其对应因子的权重。

其次，接下来的问题就是如何确定二级指标权重，由于方差贡献率的概念所表达的含义是主因子对总目标贡献程度，因此，可以通过对主因子方差贡献率进行归一化处理来获得各二级指标的权重。

计算公式（2）如下：

$$A_{ij} = a_j / \sum_{i=1}^{11} a_i \tag{2}$$

a_j 为对应于 A_{ij} 的因子的方差贡献率的标准化值，公式表示对各因子方差贡献率的归一化处理，获得的值即为相对应二级指标的权重。

再次，三级指标是各主因子所包含的具体题项，也需要考虑这些题项（变量）在二级指标中的权重。根据因子分析法的基本原理，因子得分系数矩阵是在因子分析过程中通过数学变换而得到的，该系数矩阵可以将主因子表示为其所包含的各个变量的线性组合。因此，根据因子得分系数矩阵，可以建立起各个主因子与其所包含的各变量的线性回归方程，而回归方程中自变量的回归系数，即因子得分系数，反映了自变量的变化对因变量的影响程度，故而，将回归系数进行归一化处理，就可以得到各自变量在其主因子上的权重值。

计算公式（3）如下：

$$B_i = \beta_i / \sum \beta_j \tag{3}$$

B_i 表示各三级指标相对于其二级指标的权重值，β_i 则表示因子得分系数的标准化值，公式左边可理解为对各因子所对应指标的得分系数的归一化处理。

最后，三级指标在一级指标上的权重的确定，可以根据各二级指标（主因子）在一级指标上的权重，以及其所包括的三级指标（各变量）在该主因子上的权重的乘积来确定。

计算公式（4）如下：

$$W_i = A_{ij} \times B_i \tag{4}$$

W_i 表示三级指标最终的权重值，即由二级指标的权重 A_{ij} 与三级指标相对于二级指标的权重 B_i 的乘积表示。

三、高校科研评价指标权集的确定结果

根据以上各个计算步骤，可以得到各指标的权重值。详见表 5-12。

表 5-12　高校科研评价指标及其权重一览表

一级指标	权重/A_i	二级指标	权重/A_{ij}	三级指标	权重/W_i
科研条件	0.197	人才与基地	0.14	国家级人才的数量	0.026
				省级人才的数量	0.014
				国家实验室的数量	0.025
				国家重点实验室的数量	0.022
				国家级工程（技术）研究中心或基地的数量	0.021
				教育部重点实验室的数量	0.012
				教育部工程研究中心的数量	0.008
				省级重点实验室的数量	0.007
				省级工程（研究）中心或基地的数量	0.005
		学科与学位点	0.057	国家重点学科的数量	0.016
				国家重点培育学科的数量	0.014
				一级学科博士点的数量	0.015
				一级学科硕士点的数量	0.012
科研过程	0.132	项目与经费	0.078	国家级Ⅰ类项目的数量	0.015
				国家级Ⅱ类项目的数量	0.013
				国家级纵向经费的数量	0.012
				部级项目的数量	0.011
				省级项目的数量	0.009
				省部级纵向经费的数量	0.007
				省部级以下政府部门资助经费的数量	0.006
				横向经费的数量	0.005

续表

一级指标	权重/A_i	二级指标	权重/A_{ij}	三级指标	权重/W_i
科研过程	0.132	执行与管理	0.054	按时结题项目数占当年应结题项目数的比例的数量	0.018
				专职科研管理人员数占全校全时研究与发展人员数的比重	0.018
				科研管理制度的规范性程度	0.018
科研成果	0.671	公开发表成果Ⅰ	0.149	Science、Nature、Cell 的数量	0.091
				SCI（Ⅰ、Ⅱ）和 SSCI 的数量	0.036
				SCI（Ⅲ、Ⅳ）的数量	0.022
		公开发表成果Ⅱ	0.077	EI（期刊）、CSSCI 和 A&HCI 的数量	0.021
				核心期刊论文、CPCI-SSH、CPCI-S 的数量	0.017
				专著的数量	0.020
				译著、编著、教材和工具书的数量	0.019
		公开登记成果	0.116	获批发明专利的数量	0.020
				获批实用新型和外观设计专利的数量	0.016
				集成电路布图设计专有权的数量	0.010
				软件著作权的数量	0.010
				植物新品种权的数量	0.009
				植物等新品种权国家审定的数量	0.011
				植物等新品种权省级审定的数量	0.009
				国家工业标准的数量	0.011
				行业工业标准的数量	0.007
				地方工业标准的数量	0.007
				新产品认证的数量	0.006
		成果奖励Ⅰ	0.161	国家科学技术奖特别奖的数量	0.030
				国家科学技术奖一等奖的数量	0.024
				国家科学技术奖二等奖的数量	0.018

续表

一级指标	权重/A_i	二级指标	权重/A_{ij}	三级指标	权重/W_i
科研成果	0.671	成果奖励Ⅰ	0.161	国家教学成果奖特等奖的数量	0.021
				国家教学成果奖一等奖的数量	0.016
				国家教学成果奖二等奖的数量	0.015
				教育部人文社会科学奖一等奖的数量	0.015
				教育部人文社会科学奖二等奖的数量	0.012
				教育部人文社会科学奖三等奖的数量	0.010
		成果奖励Ⅱ	0.057	其它部级或省级特等奖的数量	0.017
				其它部级或省级一等奖的数量	0.015
				其它部级或省级二等奖的数量	0.013
				其它部级或省级三等奖的数量	0.012
		成果采纳	0.058	国家级层面采纳的数量	0.017
				省部级层面采纳的数量	0.016
				被《新华文摘》全文转载的篇数	0.013
				被人大报刊复印资料全文转载的篇数	0.012
		人才培养	0.053	国家级优秀博士学位论文的数量	0.021
				省级优秀博士学位论文的数量	0.017
				省级优秀硕士学位论文的数量	0.015

结合问卷调查的数据、因子分析法及权重确定的模型，本书确定了高校科研评价体系中各个指标的权重。值得指出的是，由于样本数量的有限性、问卷填写对象认知偏差、数据采集过程中调查员的疏忽等方面的影响，可能会影响到部分权重值与真实状况之间的差异。因此，在实际的使用过程中应当针对不同的应用目的对部分权重加以适当的调整。

第三节　高校科研评价标准体系的构建

在高校科研评价实践中，评价指标体系、评价指标体系的权重集

（指标权集）和评价标准体系是一个有机整体，二者缺一不可。为了将上述高校科研评价指标体系及其权集运用于高校科研评价实践之中，必须构建一套与上述高校科研评价指标体系及其权集相应的评价标准体系。评价标准体系是关于某一评价对象的所有评价标准的有机整体。所谓评价标准，是指评价被评对象的某一方面实际达到指标程度的具体要求①。根据被评对象达到指标程度（简称达标程度）的不同，可将达标程度分为不同等级，不同等级的达标程度对应着不同的评价标准。在评价体系中，“末级指标必须明确规定评价标准”②。根据实际情况，在本书中，我们将高校科研评价指标体系中各项末级指标的评价等级均定为优秀、良好、中等、较差、很差五种，并分别给优秀、良好、中等、较差及差五种评价等级定值为 1 分、0.8 分、0.6 分、0.4 分及 0.2 分。通过互联网显示的高校有关数据及教育部高等教育司汇编的相关资料，查阅近三年来我国 203 所不同层次与类型高校的科研现状后，本书针对各项高校科研评价指标，尤其是其各项末级评价指标，分别建立相应的评价标准。值得指出的是，本书中所设计的各项科研评价指标的数量，均指高校某一年度的数量，下文不再赘述。

一、高校科研条件评价标准体系的构建

高校科研条件评价标准即评价高校科研条件的标准，是对高校科研条件达到某种水平及满足高校科研活动顺利实施程度的价值判断。高校科研条件在一定程度上反映了高校科研的规模与能力。从前文看，科研人才、科研基地、学科与学位点等是高校重要的科研条件。下面将分别构建其相应的评价标准。

（一）科研人才的评价标准

科研人才是科研活动的主体，高校科研人才水平的高低决定着高校科研水平的高低。科学技术要发展，人才是关键。高校科学技术的发展、进步，科研人才是决定因素，科研人才是一所高校综合科研能力的体现，也是衡量一所高校学术水平的重要标志。科研人才的素质直接关

① 徐红．教育测量与评价[M]. 武汉：华中科技大学出版社，2016：121.

② 徐红．教育测量与评价[M]. 武汉：华中科技大学出版社，2016：122.

系到科研活动的深度和广度，影响到科学技术发展的水平与效益的科研活动，这需要科研人才队伍有良好的来源，能源源不断培养、补充优秀科研人才。建立一支具有良好的科研业务能力、结构合理、相对稳定的科研人才队伍，是科研活动的基础。高校科研人才队伍水平决定着科研活动，决定着高校的学术地位和综合实力。由表5-11可知，决定高校科研质量与水平高低的高校科研人才主要有国家级人才和省级人才两类。其中，国家级人才主要包括千人计划（中组部）、万人计划（中组部、人社部、教育部、科技部）、杰出青年基金获得者、长江学者（教育部）、新世纪优秀人才支持计划（教育部）、百千万跨世纪人才国家级人选（人社部）、国家有突出贡献的中青年专家（国务院）、973首席科学家等。省级人才主要包括省级学者（比如湖北省的楚天学者），百人计划（省委组织部），百千万跨世纪人才省级人选（人社厅），省新世纪高层次人才工程第一、二层次人选，省级有突出贡献的中青年专家（省政府），二级教授等省级人才。

本书以上述高校国家级人才和省级人才的数量之多少为基准建立评价标准。

对于国家级人才这一评价项目来说，国家级人才数量在全国高校国家级人才数量方面的排名位于前10%的高校，其相应的评价等级为优秀；国家级人才数量在全国高校国家级人才数量方面的排名位于前10%～30%的高校，其相应的评价等级为良好；国家级人才数量在全国高校国家级人才数量方面的排名位于前30%～70%的高校，其相应的评价等级为中等；国家级人才数量在全国高校国家级人才数量方面的排名位于前70%～90%的高校，其相应的评价等级为较差；国家级人才数量在全国高校国家级人才数量方面的排名位于后10%的高校，其相应的评价等级为很差。详情见表5-13。

对于省级人才这一评价项目来说，省级人才数量在全国高校省级人才数量方面的排名位于前10%的高校，其相应的评价等级为优秀；省级人才数量在全国高校省级人才数量方面的排名位于前10%～30%的高校，其相应的评价等级为良好；省级人才数量在全国高校省级人才数量方面的排名位于前30%～70%的高校，其相应的评价等级为中等；省级人才数量在全国高校省级人才数量方面的排名位于前70%～90%的高校，其相应的评价等级为较差；省级人才数量在全国高校省级人才数量方面的排名位于后10%的高校，其相应的评价等级为很差。详情见表5-13。

（二）科研基地的评价标准

科研基地，又称科研平台，是优质大型科学仪器及科研条件设施经梯次配置和整合优化而形成的科技基础条件，是进行高水平科学研究的重要支撑。科研平台的建设有别于单纯的、满足个别学科发展或课题组需要的仪器购置，带有明显的公共服务特征，其建设目的是支撑和带动一批相关学科的发展，是实现原始理论创新、重大技术突破的物质条件之一①。按照科研平台所涉及的学科领域的范围大小，可以分为广义的科研平台和狭义的科研平台。广义的科研平台是指科研工作者在不同的学科领域内所进行科研工作的平台。不同学科领域内的科研平台相互交错，形成一个大的科研平台网络。在这个网络中，任何一个子领域中的科研平台都是一个节点，这些节点都能成为科研工作者进行科研工作，实现科研目标的特定空间。狭义的科研平台是指科研人员在特定学科领域，进行一项具体科研工作的平台②。本书中所指科研平台是广义的科研平台。由表5-11可知，决定高校科研质量与水平高低的高校科研平台主要有国家实验室、国家重点实验室、教育部重点实验室、省级重点实验室、国家级工程（研究）中心或基地、教育部工程研究中心或基地、省级工程（研究）中心或基地。

本书以上述高校科研平台的数量之多少为基准来构建评价标准。

对于国家实验室这一评价项目来说，国家实验室数量在全国高校国家实验室数量方面的排名位于前10%的高校，其相应的评价等级为优秀；国家实验室数量在全国高校国家实验室数量方面的排名位于前

---

① 周义勇．高等学校科研公共服务平台建设与管理初探［J］．实验室研究与探索，2010（12）：212-213.

② 史扬．科研平台的构建及其对科技创新能力的推动作用［D］．合肥：合肥工业大学，2009：4.

10%～30%的高校，其相应的评价等级为良好；国家实验室数量在全国高校国家实验室数量方面的排名位于前30%～70%的高校，其相应的评价等级为中等；国家实验室数量在全国高校国家实验室数量方面的排名位于前70%～90%的高校，其相应的评价等级为较差；国家实验室数量在全国高校国家实验室数量方面的排名位于后10%的高校，其相应的评价等级为很差。详情见表5-13。

国家重点实验室数量在全国高校国家重点实验室数量方面的排名位于前10%的高校，其相应的评价等级为优秀；国家重点实验室数量在全国高校国家重点实验室数量方面的排名位于前10%～30%的高校，其相应的评价等级为良好；国家重点实验室数量在全国高校国家重点实验室数量方面的排名位于前30%～70%的高校，其相应的评价等级为中等；国家重点实验室数量在全国高校国家重点实验室数量方面的排名位于前70%～90%的高校，其相应的评价等级为较差；国家重点实验室数量在全国高校国家重点实验室数量方面的排名位于后10%的高校，其相应的评价等级为很差。详情见表5-13。

国家级工程（技术）研究中心或基地的数量在全国高校国家级工程（技术）研究中心或基地数量方面的排名位于前10%的高校，其相应的评价等级为优秀；国家级工程（技术）研究中心或基地的数量在全国高校国家级工程（技术）研究中心或基地数量方面的排名位于前10%～30%的高校，其相应的评价等级为良好；国家级工程（技术）研究中心或基地的数量在全国高校国家级工程（技术）研究中心或基地数量方面的排名位于前30%～70%的高校，其相应的评价等级为中等；国家级工程（技术）研究中心或基地的数量在全国高校国家级工程（技术）研究中心或基地数量方面的排名位于前70%～90%的高校，其相应的评价等级为较差；国家级工程（技术）研究中心或基地的数量在全国高校国家级工程（技术）研究中心或基地数量方面的排名位于后10%的高校，其相应的评价等级为很差。详情见表5-13。

教育部重点实验室的数量在全国高校教育部重点实验室数量方面的排名位于前10%的高校，其相应的评价等级为优秀；教育部重点实验室的数量在全国高校教育部重点实验室的数量方面的排名位于前10%～

30％的高校，其相应的评价等级为良好；教育部重点实验室的数量在全国高校教育部重点实验室的数量方面的排名位于前30％～70％的高校，其相应的评价等级为中等；教育部重点实验室的数量在全国高校教育部重点实验室的数量方面的排名位于前70％～90％的高校，其相应的评价等级为较差；教育部重点实验室的数量在全国高校教育部重点实验室的数量方面的排名位于后10％的高校，其相应的评价等级为很差。详情见表5-13。

教育部工程研究中心的数量在全国高校教育部工程研究中心的数量方面的排名位于前10％的高校，其相应的评价等级为优秀，教育部工程研究中心的数量在全国高校教育部工程研究中心的数量方面的排名位于前10％～30％的高校，其相应的评价等级为良好；教育部工程研究中心的数量在全国高校教育部工程研究中心的数量方面的排名位于前30％～70％的高校，其相应的评价等级为中等；教育部工程研究中心的数量在全国高校教育部工程研究中心的数量方面的排名位于前70％～90％的高校，其相应的评价等级为较差；教育部工程研究中心的数量在全国高校教育部工程研究中心的数量方面的排名位于后10％的高校，其相应的评价等级为很差。详情见表5-13。

省级重点实验室的数量在全国高校省级重点实验室的数量方面的排名位于前10％的高校，其相应的评价等级为优秀；省级重点实验室的数量在全国高校省级重点实验室的数量方面的排名位于前10％～30％的高校，其相应的评价等级为良好；省级重点实验室的数量在全国高校省级重点实验室的数量方面的排名位于前30％～70％的高校，其相应的评价等级为中等；省级重点实验室的数量在全国高校省级重点实验室的数量方面的排名位于前70％～90％的高校，其相应的评价等级为较差；省级重点实验室的数量在全国高校省级重点实验室的数量方面的排名位于后10％的高校，其相应的评价等级为很差。详情见表5-13。

省级工程（研究）中心或基地的数量在全国高校省级工程（研究）中心或基地的数量方面的排名位于前10％的高校，其相应的评价等级为优秀；省级工程（研究）中心或基地的数量在全国高校省级工程（研究）中心或基地的数量方面的排名位于前10％～30％的高校，其相应的评价等级为良好；省级工程（研究）中心或基地的数量在全国高校省级工程（研究）中心或基地的数量方面的排名位于前30％～70％的高校，其相应的评价等级为中等；省级工程（研究）中心或基地的数量在全国高校省级工程（研究）中心或基地的数量方面的排名位于前70％～90％的高校，其相应的评价等级为较差；省级工程（研究）中心或基地的数量在全国高校省级工程（研究）中心或基地的数量方面的排名位于后10％的高校，其相应的评价等级为很差。详情见表5-13。

（三）学科建设的评价标准

综合考察国内外有关学科概念内涵的相关研究后发现，学科是一个使用广泛而含义多重的术语，不同的人、不同的情景、不同的视角有不同的定义，每一个定义背后都隐含着特定的价值取向，引导着不同的学科建设实践。毋庸置疑的是，学科是高校的细胞组织，是高校存在的先决条件。如今，大学的各种功能活动都是在学科中展开的[①]。一个学科能否成为重点学科，主要看该学科的科研成果是否达到国际或国内领先水平，而实现这些目标的基础性措施即是科学研究。一所学校即使开设了新学科，如果不开展科学研究，也将难以达到较高的学术水平。另外，随着社会的发展和科学技术的进步，科研成果大量涌现，新学科还在不断地产生，而产生新学科的基础就是科学研究。科学发展的趋势是分支学科、边缘学科、横断学科等层出不穷，它们不仅出现在技术科学各门学科之间，而且发展到自然科学各门学科之间、自然科学与社会科学之间。科学问题的深入研究，一方面加深了对学科内容纵深的认识，出现了一些分支学科或边缘学科等新兴学科；另一方面，新学科的产生，学科与学科间的交叉与融合，促进了先进实验室等物质条件建设，促成了一批著名学者和科研成果的产生。这样学科建设水平在得到不断增强的同时，学校的学术声誉也不断地在提升，有利于形成浓厚的学科建设氛围，促使新兴学科建设进入良性发展轨道，因而学科建设是高校科研运行的有效保证。高校能否完成科研，学科建设是关键，其水平能

① 王顶明．学科、学位点的关系及建设思路［J］．云南电大学报，2012（4）：22-25．

够反映高校的整体科研水平，体现学校的科研思路与特色，直接关系到科研成果的质量和规格。学科是大学学术活动的平台，学科是因人类认识能力的局限和方便将作为整体的科学和知识进行区别的分类，是大学人才培养和学术研究的基本单元、组织系统和规范制度①。从表 5-11 看，对于高校来说，国家重点学科和国家重点培育学科是影响高校科研质量与水平最为重要的学科，理应对其相应的评价标准加以阐述。

本书以高校的国家级重点学科和国家级重点培育学科的数量之多少来构建其评价标准。

国家级重点学科的数量在全国高校国家级重点学科的数量方面的排名位于前 10%的高校，其相应的评价等级为优秀；国家级重点学科的数量在全国高校国家级重点学科的数量方面的排名位于前 10%～30%的高校，其相应的评价等级为良好；国家级重点学科的数量在全国高校国家级重点学科的数量方面的排名位于前 30%～70%的高校，其相应的评价等级为中等；国家级重点学科的数量在全国高校国家级重点学科的数量方面的排名位于前 70%～90%的高校，其相应的评价等级为较差；国家级重点学科的数量在全国高校国家级重点学科的数量方面的排名位于后 10%的高校，其相应的评价等级为很差。详情见表 5-13。

国家重点培育学科的数量在全国高校国家重点培育学科的数量方面的排名位于前 10%的高校，其相应的评价等级为优秀；国家重点培育学科的数量在全国高校国家重点培育学科的数量方面的排名位于前 10%～30%的高校，其相应的评价等级为良好；国家重点培育学科的数量在全国高校国家重点培育学科的数量方面的排名位于前 30%～70%的高校，其相应的评价等级为中等；国家重点培育学科的数量在全国高校国家重点培育学科的数量方面的排名位于前 70%～90%的高校，其相应的评价等级为较差；国家重点培育学科的数量在全国高校国家重点培育学科的数量方面的排名位于后 10%的高校，其相应的评价等级为很差。详情见表 5-13。

① 安学斌，王顶明．现代大学的学科、学位点及其辩证关系［J］．现代教育管理，2011（9）：1-6．

（四）学位点建设的评价标准

学位点是学位授权点的简称，既是研究生培养的重要依托和主要载体，又是高校科学研究的重要依托和主要载体，是高校科研能力的一种表现形式，包括一级学科硕士点和一级学科博士点两类。学位点强调教学研究，特别是各学科自身的个性化、多样化教学研究①。从表5-11可以看出，无论是一级学科硕士点，还是一级学科博士点，其建设的好坏都事关高校科研质量与水平的高低。

本书以高校一级学科硕士点和一级学科博士点的数量之多少来构建其评价标准。

一级学科博士点的数量在全国高校一级学科博士点的数量方面的排名位于前10%的高校，其相应的评价等级为优秀；一级学科博士点的数量在全国高校一级学科博士点的数量方面的排名位于前10%～30%的高校，其相应的评价等级为良好；一级学科博士点的数量在全国高校一级学科博士点的数量方面的排名位于前30%～70%的高校，其相应的评价等级为中等；一级学科博士点的数量在全国高校一级学科博士点的数量方面的排名位于前70%～90%的高校，其相应的评价等级为较差；一级学科博士点的数量在全国高校一级学科博士点的数量方面的排名位于后10%的高校，其相应的评价等级为很差。详情见表5-13。

一级学科硕士点的数量在全国高校一级学科硕士点的数量方面的排名位于前10%的高校，其相应的评价等级为优秀；一级学科硕士点的数量在全国高校一级学科硕士点的数量方面的排名位于前10%～30%的高校，其相应的评价等级为良好；一级学科硕士点的数量在全国高校一级学科硕士点的数量方面的排名位于前30%～70%的高校，其相应的评价等级为中等；一级学科硕士点的数量在全国高校一级学科硕士点的数量方面的排名位于前70%～90%的高校，其相应的评价等级为较差；一级学科硕士点的数量在全国高校一级学科硕士点的数量方面的排名位于后10%的高校，其相应的评价等级为很差。详情见表5-13。

① 王顶明．学科、学位点的关系及建设思路［J］．云南电大学报，2012（4）：22-25．

二、高校科研过程评价标准体系的构建

科学研究是一个复杂而系统的过程，一个重大的科研活动如果在过程层面失去科学规范，其结果是可想而知的。评价科研过程的目的在于，“通过过程审核对质量能力的评定，确保过程能够达到充分控制并具有所需的能力，从而能在各种因素作用下仍然能够产生符合要求的科研产品”①。高校科研过程评价是指对高校科研过程达到学理要求及预期计划程度的价值判断，高校科研过程评价标准即评价高校科研过程的标准。从上文表5-11看，科研项目与科研经费及项目执行与科研管理情况，是决定高校科研过程质量与水平的重要指标。本节将逐一构建它们的评价标准。

（一）科研项目的评价标准

科研项目又叫科研课题，是科研劳动的对象，项目是持续进行的科研活动。科研项目的类别很多，但从表5-11看，影响高校科研过程质量与水平的主要项目是国家级项目和省部级项目，理应为之构建相应的评价标准。其中，国家级项目包括国家级Ⅰ类项目和国家级Ⅱ类项目。国家级Ⅰ类项目主要是指国家自科（社科）基金重点（大）项目、杰青项目、国家973计划项目、国家科技重大专项国家科技支撑计划等项目，国家级Ⅱ类项目主要是指国家自科基金重点（大）项目之外的其它国家自科基金项目、国家社科基金一般（青年）项目、国家社科基金后期资助项目、星火计划、火炬计划、软科学研究计划、国际合作专项、港澳台科技合作专项、创新人才推进计划、农业科技成果转化资金、重大科学仪器设备开发专项、国家公益性行业专项、教育部规划课题国家重大（一般）项目等。省部级项目分为省级项目和部级项目。省级项目主要是指省自然科学、社会科学主管部门下达的科研项目及省教育主管部门下达的教育教学改革项目（课题）。

本书以高校的国家级项目和省部级项目的数量多少来构建其评价标准。

---

① 周文泳，钟灿涛，尤建新．科学研究质量改进理论与方法［M］．北京：化学工业出版社，2012：75．

国家级Ⅰ类项目的数量在全国高校国家级Ⅰ类项目的数量方面的排名位于前10％的高校，其相应的评价等级为优秀；国家级Ⅰ类项目的数量在全国高校国家级Ⅰ类项目的数量方面的排名位于前10％～30％的高校，其相应的评价等级为良好；国家级Ⅰ类项目的数量在全国高校国家级Ⅰ类项目的数量方面的排名位于前30％～70％的高校，其相应的评价等级为中等；国家级Ⅰ类项目的数量在全国高校国家级Ⅰ类项目的数量方面的排名位于前70％～90％的高校，其相应的评价等级为较差；国家级Ⅰ类项目的数量在全国高校国家级Ⅰ类项目的数量方面的排名位于后10％的高校，其相应的评价等级为很差。详情见表5-13。

国家级Ⅱ类项目的数量在全国高校国家级Ⅱ类项目的数量方面的排名位于前10％的高校，其相应的评价等级为优秀；国家级Ⅱ类项目的数量在全国高校国家级Ⅱ类项目的数量方面的排名位于前10％～30％的高校，其相应的评价等级为良好；国家级Ⅱ类项目的数量在全国高校国家级Ⅱ类项目的数量方面的排名位于前30％～70％的高校，其相应的评价等级为中等；国家级Ⅱ类项目的数量在全国高校国家级Ⅱ类项目的数量方面的排名位于前70％～90％的高校，其相应的评价等级为较差；国家级Ⅱ类项目的数量在全国高校国家级Ⅱ类项目的数量方面的排名位于后10％的高校，其相应的评价等级为很差。详情见表5-13。

部级项目的数量在全国高校部级项目的数量方面的排名位于前10％的高校，其相应的评价等级为优秀；部级项目的数量在全国高校部级项目的数量方面的排名位于前10％～30％的高校，其相应的评价等级为良好；部级项目的数量在全国高校部级项目的数量方面的排名位于前30％～70％的高校，其相应的评价等级为中等；部级项目的数量在全国高校部级项目的数量方面的排名位于前70％～90％的高校，其相应的评价等级为较差；部级项目的数量在全国高校部级项目的数量方面的排名位于后10％的高校，其相应的评价等级为很差。详情见表5-13。

省级项目的数量在全国高校省级项目的数量方面的排名位于前10％的高校，其相应的评价等级为优秀；省级项目的数量在全国高校省级项目的数量方面的排名位于前10％～30％的高校，其相应的评价等级为良好；省级项目的数量在全国高校省级项目的数量方面的排名位于前

30%～70%的高校，其相应的评价等级为中等；省级项目的数量在全国高校省级项目的数量方面的排名位于前70%～90%的高校，其相应的评价等级为较差；省级项目的数量在全国高校省级项目的数量方面的排名位于后10%的高校，其相应的评价等级为很差。详情见表5-13。

（二）科研经费的评价标准

科研经费是指用于对新产品、新技术、新材料、新工艺的论证、设计、实验、试制、使用及鉴定、定型等科学研究项目全过程完成所必需的投入资金①。充足有效的科研经费是科研项目进行的基础，如果科研项目没有充足有效的科研经费作保障，科研项目则可能无法顺利完成②。显然，科研经费是促进科研活动得以有效完成的重要物质条件。目前，我国高等学校科学研究经费主要分为纵向科研经费和横向科研经费两种类型。纵向科研经费包括国家级科研立项项目（指国家科学技术部、国家自然科学基金委员会、国家社会科学规划办公室下达的项目等）经费（即上文所指的国家级Ⅰ类项目及国家级Ⅱ类项目的经费，简称国家级纵向经费）、省部级科研立项项目（指省科技厅、省自然科学基金委员会、省社会科学规划办公室、国家有关部委下达的项目等）经费（即上文所指的省部级项目的经费，简称省部级纵向经费）、省部级以下政府部门资助的项目经费（简称省部级以下政府部门资助经费）等。横向科研经费则是指高校与国内外企事业单位、社会团体组织、个人等社会各界科研合作、科技咨询、科技成果转让等经费（简称横向经费）。科研经费本身所具有的先行性、周转性、复杂性和隐含性等特性间接地反映了科研过程及科研成果的质量，从某种程度上说，科研经费的来源及其使用情况，间接地决定着科研过程及科研成果的质量，此外，科研人员能否争取到科研经费在一定程度上反映了其科研能力和科研水平。为此，科研经费亦是高校科研评价过程中必须关注的一个指标。从表5-11看，国家级纵向经费、省部级纵向经费及省部级以下政府部门资助经费

① 闻海燕．高等学校科研经费管理模式研究［D］．西安：西北农林科技大学，2009：8．

② 张静芳．Z大学科研经费分级管理模式研究［D］．郑州：郑州大学，2012：9．

和横向经费是影响高校科研质量与水平的重要指标。

本书以高校的国家级纵向经费、省部级纵向经费及省部级以下政府部门资助经费和横向经费的数量为指标建立高校科研经费的评价标准。

国家级纵向经费的数量在全国高校国家级纵向经费的数量方面的排名位于前10%的高校，其相应的评价等级为优秀；国家级纵向经费的数量在全国高校国家级纵向经费的数量方面的排名位于前10%～30%的高校，其相应的评价等级为良好；国家级纵向经费的数量在全国高校国家级纵向经费的数量方面的排名位于前30%～70%的高校，其相应的评价等级为中等；国家级纵向经费的数量在全国高校国家级纵向经费的数量方面的排名位于前70%～90%的高校，其相应的评价等级为较差；国家级纵向经费的数量在全国高校国家级纵向经费的数量方面的排名位于后10%的高校，其相应的评价等级为很差。详情见表5-13。

省部级纵向经费的数量在全国高校省部级纵向经费的数量方面的排名位于前10%的高校，其相应的评价等级为优秀；省部级纵向经费的数量在全国高校省部级纵向经费的数量方面的排名位于前10%～30%的高校，其相应的评价等级为良好；省部级纵向经费的数量在全国高校省部级纵向经费的数量方面的排名位于前30%～70%的高校，其相应的评价等级为中等；省部级纵向经费的数量在全国高校省部级纵向经费的数量方面的排名位于前70%～90%的高校，其相应的评价等级为较差；省部级纵向经费的数量在全国高校省部级纵向经费的数量方面的排名位于后10%的高校，其相应的评价等级为很差。详情见表5-13。

省部级以下政府部门资助经费的数量在全国高校省部级以下政府部门资助经费的数量方面的排名位于前10%的高校，其相应的评价等级为优秀；省部级以下政府部门资助经费的数量在全国高校省部级以下政府部门资助经费的数量方面的排名位于前10%～30%的高校，其相应的评价等级为良好；省部级以下政府部门资助经费的数量在全国高校省部级以下政府部门资助经费的数量方面的排名位于前30%～70%的高校，其相应的评价等级为中等；省部级以下政府部门资助经费的数量在全国高校省部级以下政府部门资助经费的数量方面的排名位于前70%～90%的高校，具相应的评价等级为较差；省部级以下政府部门资助经费的数量在全国高校省部级以下政府部门资助经费的数量方面的排名位于后10%的高校，其相应的评价等级为很差。详情见表5-13。

横向经费的数量在全国高校横向经费的数量方面的排名位于前10%的高校，其相应的评价等级为优秀；横向经费的数量在全国高校横向经费的数量方面的排名位于前10%～30%的高校，其相应的评价等级为良好；横向经费的数量在全国高校横向经费的数量方面的排名位于前30%～70%的高校，其相应的评价等级为中等；横向经费的数量在全国高校横向经费的数量方面的排名位于前70%～90%的高校，其相应的评价等级为较差；横向经费的数量在全国高校横向经费的数量方面的排名位于后10%的高校，其相应的评价等级为很差。详情见表5-13。

（三）项目执行水平的评价标准

项目是持续进行的科研活动，项目执行水平是指科研项目被科研人员执行的进展情况。具体来说，项目执行水平指的是包括科研计划在执行过程中是否科学无误、科研发展的各个阶段的表现是否及时实现，以及在执行过程中是否产生了预期以外的科研成果等。从表5-11看，评判高校科研项目执行水平的重要指标是高校按时结题项目数占当年应结题项目数的比例。

本书以高校当年按时结题项目数占当年应结题项目数的比例为基准构建高校科研项目执行水平的评价标准。

当年按时结题项目数占当年应结题项目数的比例为60%以下的高校，其相应的评价等级为很差；当年按时结题项目数占当年应结题项目数的比例为60%～70%的高校，其相应的评价等级为较差；当年按时结题项目数占当年应结题项目数的比例为70%～80%的高校，其相应的评价等级为中等；当年按时结题项目数占当年应结题项目数的比例为80%～90%的高校，其相应的评价等级为良好；当年按时结题项目数占当年应结题项目数的比例为90%及以上的高校，其相应的评价等级为优秀。详情见表5-13。

（四）科研管理水平的评价标准

科学管理水平是指科研管理机构设置及其运行的科学性与合理性，

包括科研管理机构设置的科学性，专职科研管理人员数占全校全时研究与发展人员数的比重的合理性，科研管理制度与相关文件的规范性，识别科学研究新方向或技术难题的敏感性，引导及调整研究领域的技术难题的水平等。从表 5-11 看，科研管理制度与相关文件的规范性程度、专职科研管理人员数占全校全时研究与发展人员数的比重，是决定高校科研管理水平的重要指标。

本书分别以高校科研管理制度与相关文件的规范性程度，以及专职科研管理人员数占全校全时研究与发展人员数的比重为基准，建立高校科研管理水平的评价标准。值得指出的是，关于科研管理制度的规范性程度，本书借鉴前期成果①从员工守则及行为规范、岗位职责制度、考勤制度、离职制度、管理培训制度、奖惩制度、绩效考核制度、科研保密制度、资金预结算制度、资金管理制度、财务审批制度、固定资产管理制度、会议管理制度、文件管理制度、报刊及邮件或函电收发制度、档案管理制度、出差管理制度、值班制度、招标管理制度、设备管理制度、合同签订制度、技术转移反馈制度、项目申报制度、项目鉴定制度及项目结项制度 25 个方面（本书中将每一个方面的制度称为一种制度）进行考察，如实统计这些制度的有无及种类数情况。

由于“科研管理制度的规范性程度”这个评价项目没有明确的量化数据，因而本书运用模糊数学的测评方法进行量化处理。具体方法是：首先，采用模糊数学原理将科研管理制度的规范性程度分为“优秀、良好、中等、较差和很差”五个等级；接着，规定“优秀、良好、中等、较差和很差”五个等级所对应的分值依次为 1.0、0.8、0.6 、0.4 及 0.2；然后，规定制定有上述 23～25 种科研管理制度的高校为优秀等级，制定有上述 20～22 种科研管理制度的高校为良好等级，制定有上述 17～19 种科研管理制度的高校为中等等级，制定有上述 14～16 种科研管理制度的高校为较差等级，制定有上述 0～13 种科研管理制度的高校为很差等级。

---

① 徐红. 高校科研质量评价模型初探 [J]. 江汉大学学报（社会科学版），2016 (5)：121-124.

对于高校专职科研管理人员数占全校全时研究与发展人员数的比重这一评价指标而言，专职科研管理人员数占全校全时研究与发展人员数的比重为5%以下的高校，其相应的评价等级为很差；专职科研管理人员数占全校全时研究与发展人员数的比重为5%～10%的高校，其相应的评价等级为较差；专职科研管理人员数占全校全时研究与发展人员数的比重为10%～15%的高校，其相应的评价等级为中等；专职科研管理人员数占全校全时研究与发展人员数的比重为15%～20%的高校，其相应的评价等级为良好；专职科研管理人员数占全校全时研究与发展人员数的比重为20%及以上的高校，其相应的评价等级为优秀。详情见表5-13。

三、高校科研成果评价标准体系的构建

科研成果是指，“人们在科学研究活动中通过复杂的智力劳动所得出的具有某种被公认的学术或经济价值的知识产品”①，高校科研成果评价是指对高校科研成果满足社会相关方面需求程度及其促进人才培养、科技进步和社会经济发展程度的价值判断。高校科研成果评价标准即是对高校科研成果满足社会相关方面需求程度及其促进人才培养、科技进步和社会经济发展程度进行价值判断时的依据。由表5-11可知，影响高校科研质量与水平的科研成果主要有公开发表的成果（简称公开发表成果）、公开登记的成果（简称公开登记成果）、获得奖励的成果（简称成果奖励）、获得采纳的成果（简称成果采纳）以及通过科研促进人才培养的情况（简称人才培养）等五大方面。本节将逐一阐述它们的评价标准。在此尤值一提的是，本书所有类型的高校科研成果仅归入第一成果持有人或独自持有人②，即是说，若某一科研成果的持有人并非该成果

---

① 周文泳，钟灿涛，尤建新. 科学研究质量改进理论与方法［M］. 北京：化学工业出版社，2012：2.

② 如果科研成果是论文，则第一成果持有人就是第一作者；如果科研成果是著作，则第一成果持有人就是第一著作人；如果科研成果是教材或工具书，则第一成果持有人就是第一主编；如果科研成果是公开登记成果，则第一成果持有人就是排在第一位的公开登记人；如果科研成果是奖励类成果，则第一成果持有人就是该奖项排名第一位的人。

的第一持有人或独自持有人，则评价该成果持有人所在高校的科研时，便不将该科研成果纳入评价范畴。

（一）公开发表成果的评价标准

高校公开发表成果的评价标准即是对高校公开发表的科研成果满足社会相关方面需求程度及其促进人才培养、科技进步和社会经济发展程度进行价值判断时的依据。公开发表成果是高校科研产出的重要方式，而公开发表的成果是高校科研产出的重要形态。从当下高校科研成果看，其公开发表的成果很多，但从表5-11看，在公开发表的成果中，评判高校科研质量与水平高低的重要指标主要有Science、Nature、Cell、SCI、SSCI、EI（期刊类）、CSSCI、A&HCI、CPCI-SSH、CPCI-S、核心期刊论文、专著、译著、编著、教材和工具书等。

Science杂志为国际上最著名的自然科学综合类学术期刊，在世界学术界享有盛誉，是1880年由爱迪生投资1万美元创办，于1894年成为美国最大的科学团体美国科学促进会（AAAS）的官方刊物。Science杂志具有新闻杂志和学术期刊的双重特点，每周除向世界各地发布有关科学技术和科技政策的重要新闻外，还发表全球科技研究最显著突破的研究论文和报告。Science是最顶尖级的杂志，社会影响力很大，受到全球公众的广泛关注，能在此杂志上发表文章，可以看出其科研成果很卓越。

Nature杂志创刊于1869年，是历史悠久、影响力大、世界公认的综合性自然科学期刊中的佼佼者。该杂志连同Science被誉为世界上两大顶级杂志，代表了人类自然科学研究的最高水平。Nature一直履行着“将科学研究和科学发现的伟大成果展示于公众面前”的承诺，客观、准确地报道世界科技领域的重要发现和重要事件。130多年来，它一直是科学研究成果报道的前沿阵地，在科学研究领域占据着极为重要的地位①。

Cell与Science、Nature两个已有百余年历史的老牌期刊并驾齐驱，成为自然科学研究领域最著名的期刊之一，现已成为世界自然科学研究

① 刘锦宏，闫翔．自然出版集团的学术期刊出版模式［J］．出版科学，2008（2）：71．

领域最著名的期刊之一，并陆续发行了8种姊妹刊，在各自专业领域里均占据着举足轻重的地位。Cell以发表具有重要意义的原创性科研报告为主，许多生命科学领域最重要的发现都发表在Cell上①。

SCI是美国“科学引文索引”的英文简称，其全称为Science Citation Index，创刊于1961年，它是根据现代情报学家尤金·加菲尔德（Eugene Garfield）1953年提出的引文思想而创立的。SCI是目前世界上四大检索系统中最著名的一种，涵盖了数千种国际性权威科技学术期刊上发表的论文和引文的数据信息，是目前世界上覆盖科面最全、能够查找引用情况的大型文献数据库。在国际学术界占有重要位置，具有独特的科学参考价值，学术影响力很大，因此，许多学者和科研管理者用它来辅助进行不同层次的科研绩效评价。SCI不只是简单体现出国内外最新的科技论文，还对这些最新的科技论文作为文献引用的情况加以分析，更能直观地反映出各个文献之间的关系与相互的影响力。值得指出的是，SCI分为四个区，其中，被SCI（Ⅰ）区检索的论文水平最高，被SCI（Ⅱ）区检索的论文水平次高，被SCI（Ⅲ）区检索的论文水平第三高，被SCI（Ⅳ）区检索的论文水平相对最差。

SSCI是美国“社会科学引文索引”的英文简称，其全称是Social Science Citation Index，是20世纪60年代美国科学情报研究所建立的综合性科技引文检索刊物与综合性社科文献数据库。其中，SSCI涉及经济学、法律、管理学、心理学、区域研究、社会学、信息科学等研究领域。SSCI论文发表的数量与水平在一定程度上反映了社会科学研究的国际化程度，这在学界已经达成了基本共识②。

EI是美国“工程索引”的英文简称，其全称为The Engineering Index，是世界上最早的工程技术文摘，是工程技术领域的综合性、文摘性检索工具，创刊于1884年10月，现由美国工程情报公司（The Engineering Information Incorporation）编辑出版。它主要收录工程技术期

---

① 董尔丹，等. 自然科学领域著名期刊简介——Cell及其姊妹刊 [J]. 中国基础科学，2004 (5)：60.

② 刘莉，刘念才. 1978—2007年我国SSCI论文发表的基本态势研究 [J]. 情报科学，2009 (10)：1590-1594.

刊文献和会议文献的大型检索系统，是国际三大著名检索系统之一。现已成为世界级的权威检索体系，是国际通用的文献统计源。

CSSCI是“中文社会科学引文索引”的英文简称，其全称是China Social Science Citation Index，是由南京大学中国社会科学研究评价中心开发研制的数据库，用来检索中文社会科学领域的论文收录和文献被引用情况，它是我国人文社会科学评价领域的标志性工程。CSSCI遵循文献计量学规律，采取定量与定性评价相结合的方法从全国2700余种中文人文社会科学学术性期刊中精选出学术性强、编辑规范的期刊作为来源期刊。CSSCI目前收录包括法学、管理学、经济学、历史学、政治学等在内的25大类的500多种学术期刊①。

CPCI-SSH是“社会科学与人文科学会议记录索引”的英文简称，其全称是Conference Proceedings Citation Index-Social Science & Humanities，原名ISSHP。1994年创刊，季度更新。它收录了来自社会科学、艺术与人文领域的所有学科，包括心理学、社会学、公共健康、管理学、经济学、技术、历史学、文学与哲学等领域的文献，包括专著、期刊、报告、增刊及预印本等形式出版的各种一般会议、座谈、研究会和专题讨论会的会议记录文献。

CPCI-S是“科技会议录索引”的英文简称，其全称是Conference Proceedings Citation Index-Science，原名ISTP。ISTP由美国科学情报研究所编辑出版。该索引收录生命科学、物理与化学科学、农业、生物和环境科学、工程技术和应用科学等学科的会议文献，包括一般性会议、座谈会、研究会、讨论会、发表会等。ISTP是全球三大检索之一，被誉为全球核心，学术影响力在中国的核心期刊之上。

核心期刊论文是指发表在核心期刊上的专业学术论文，本书中的核心期刊特指全国中文核心期刊。

专著是指“对某方面加以研究论述的专门著作”②，一般是对特定问

① 苏新宁，邹志仁. 从CSSCI看我国人文社会科学研究［J］. 江苏社会科学，2008（2）：231.

② 中国社会科学院语言研究所词典编辑室. 现代汉语词典［M］，北京：商务印书馆，2008：1788.

题进行详细、系统考察或研究的结果。专著通常是作者用来阐述其一家之言，提出自己的观点和认识，而较少单纯陈述众家之说；专著的篇幅一般比较长，因此能围绕较大的复杂性问题作深入细致探讨和全面论述，具有内容广博、论述系统、观点成熟等特点，一般是重要科学研究成果的体现，具有较高的学术参考价值和一定的创造性。专著出版前，作者的研究成果往往先以论文的形式出现，在此基础上深入探讨，并展开阐述，从而形成专著。

译著是将一种语言的作品翻译成另一种语言的作品的工作，由于语言结构的不同，在翻译过程中，近乎再创作，故称译著。译著作为高校发表的成果是因为译著虽然不能完全等同于原创著作，但好的译著同样需要花费巨大的精力，需要专业的知识和智慧，特别是对一些经典著作的翻译，更是如此。

编著是一种著作方式，基本上属于编写，但与编写不同的是，编著要有独自见解的陈述，或补充有部分个人研究、发现的成果。将编著纳入高校发表的成果之中是因为编著具有一定的创新性，能够通过自己的研究而得到的成果，能够发现新成果、新问题，给他们的科研提供一些帮助，作者所提出的一些新的见解和观点，能够让同领域的学者去探索和佐证，给他们一些启发和借鉴，让他们在此领域做得更好；同时给广大的读者一些新的见解和科研成果，让他们对此产生兴趣。

教材是由三个基本要素，即信息、符号、媒介构成，其作用是向学生传授知识、技能和思想。教材的定义有广义和狭义之分。广义的教材指课堂上和课堂外教师和学生使用的所有教学材料，比如，课本、练习册、活动册、故事书、补充练习、辅导资料、自学手册、录音带、录像带、计算机光盘、复印材料、报纸杂志、广播电视节目、幻灯片、照片、卡片、教学实物等等。狭义的教材就是教科书。教科书是一个课程的核心教学材料。从目前来看，教科书除了学生用书以外，几乎无一例外地配有教师用书，很多还配有练习册、活动册以及配套读物、挂图、卡片、音像带等。学者编写教材是为了提升理论研究水平，促进科研成果转化，学者们编写教材融入了自己对内容的理解，并根据学生的年龄和理解能力以及社会发展的实际情况，确定教学理念和教学内容，将理论和实践结合起来，引导学生学以致用并培养学生善于学习、善于发现、善于探索、善于创造发明的精神。因此，教材能够成为高校发表的成果。

工具书是指把某一门或各种门类的知识资料，按一定的编排方式汇集在一起，专供人们查阅、征引已解决各种具体问题的一种特定类型的图书。按其性质和作用，工具书可分为检索性工具书、辞书性工具书以及资料性工具书。检索性工具书主要包括索引、书目、文摘等，它们可以为读者查检各类文献提供线索。辞书性工具书则包括字典、词典等，主要用于查考各类字词以及各种事务的相关知识。资料性工具书则包括类书、年鉴、手册、表谱等，它们提供经过归纳整理的各种资料。工具书有较高的学术价值，是科研工作的支撑和保障①，一本优秀的工具书具有较突出的作用和价值，可以成为高校发表的成果。

本书中以高校公开发表的成果之数量为基准构建高校公开发表成果的评价标准。

对于 Science、Nature 及 Cell 这一评价项目来说，被 Science、Nature 及 Cell 检索的论文总篇数在全国高校被 Science、Nature 及 Cell 检索的论文总篇数方面的排名位于前 10％的高校，其相应的评价等级为优秀；被 Science、Nature 及 Cell 检索的论文总篇数在全国高校被 Science、Nature 及 Cell 检索的论文总篇数方面的排名位于前 10％～30％的高校，其相应的评价等级为良好；被 Science、Nature 及 Cell 检索的论文总篇数在全国高校被 Science、Nature 及 Cell 检索的论文总篇数方面的排名位于前 30％～70％的高校，其相应的评价等级为中等；被 Science、Nature 及 Cell 检索的论文总篇数在全国高校被 Science、Nature 及 Cell 检索的论文总篇数方面的排名位于前 70％～90％的高校，其相应的评价等级为较差；被 Science、Nature 及 Cell 检索的论文总篇数在全国高校被 Science、Nature 及 Cell 检索的论文总篇数方面的排名位于后 10％的高校，其相应的评价等级为很差。详情见表 5-13。

① 宋卫红．工具书利用率提升对策——以中国社会科学院图书馆为例［J］．图书馆学刊，2013（10）：28-31.

对于SCI（Ⅰ、Ⅱ）和SSCI这一评价项目而言，被SCI（Ⅰ、Ⅱ）和SSCI检索的论文总篇数在全国高校被SCI（Ⅰ、Ⅱ）和SSCI检索的论文总篇数方面的排名位于前10%的高校，其相应的评价等级为优秀；被SCI（Ⅰ、Ⅱ）和SSCI检索的论文总篇数在全国高校被SCI（Ⅰ、Ⅱ）和SSCI检索的论文总篇数方面的排名位于前10%～30%的高校，其相应的评价等级为良好；被SCI（Ⅰ、Ⅱ）和SSCI检索的论文总篇数在全国高校被SCI（Ⅰ、Ⅱ）和SSCI检索的论文总篇数方面的排名位于前30%～70%的高校，其相应的评价等级为中等；被SCI（Ⅰ、Ⅱ）和SSCI检索的论文总篇数在全国高校被SCI（Ⅰ、Ⅱ）和SSCI检索的论文总篇数方面的排名位于前70%～90%的高校，其相应的评价等级为较差；被SCI（Ⅰ、Ⅱ）和SSCI检索的论文总篇数在全国高校被SCI（Ⅰ、Ⅱ）和SSCI检索的论文总篇数方面的排名位于后10%的高校，其相应的评价等级为很差。详情见表5-13。

对于SCI（Ⅲ、Ⅳ）这一评价项目来讲，被SCI（Ⅲ、Ⅳ）检索的论文总篇数在全国高校被SCI（Ⅲ、Ⅳ）检索的论文总篇数方面的排名位于前10%的高校，其相应的评价等级为优秀；被SCI（Ⅲ、Ⅳ）检索的论文总篇数在全国高校被SCI（Ⅲ、Ⅳ）检索的论文总篇数方面的排名位于前10%～30%的高校，其相应的评价等级为良好；被SCI（Ⅲ、Ⅳ）检索的论文总篇数在全国高校被SCI（Ⅲ、Ⅳ）检索的论文总篇数方面的排名位于前30%～70%的高校，其相应的评价等级为中等；被SCI（Ⅲ、Ⅳ）检索的论文总篇数在全国高校被SCI（Ⅲ、Ⅳ）检索的论文总篇数方面的排名位于前70%～90%的高校，其相应的评价等级为较差；被SCI（Ⅲ、Ⅳ）检索的论文总篇数在全国高校被SCI（Ⅲ、Ⅳ）检索的论文总篇数方面的排名位于后10%的高校，其相应的评价等级为很差。详情见表5-13。

就EI（期刊）、CSSCI和A&HCI这一评价项目来说，被EI（期刊）、CSSCI和A&HCI检索的论文总篇数在全国高校被EI（期刊）、CSSCI和A&HCI检索的论文总篇数方面的排名位于前10%的高校，其相应的评价等级为优秀；被EI（期刊）、CSSCI和A&HCI检索的论文总篇数在全国高校被EI（期刊）、CSSCI和A&HCI检索的论文总篇数方面的排名位于前10%～30%的高校，其相应的评价等级为良好；被EI（期刊）、CSSCI和A&HCI检索的论文总篇数在全国高校被EI（期刊）、CSSCI和A&HCI检索的论文总篇数方面的排名位于前30%～70%的高校，其相应的评价等级为中等；被EI（期刊）、CSSCI和A&HCI检索的论文总篇数在全国高校被EI（期刊）、CSSCI和A&HCI检索的论文总篇数方面的排名位于前70%～90%的高校，其相应的评价等级为较差；被EI（期刊）、CSSCI和A&HCI检索的论文总篇数在全国高校被EI（期刊）、CSSCI和A&HCI检索的论文总篇数方面的排名位于后10%的高校，其相应的评价等级为很差。详情见表5-13。

就核心期刊论文（非CSSCI源刊类的全国中文核心期刊论文）、CPCI-SSH、CPCI-S这一评价项目而言，公开发表于核心期刊上的论文及被CPCI-SSH、CPCI-S检索的论文总篇数在全国高校公开发表于核心期刊上的论文及被CPCI-SSH、CPCI-S检索的论文总篇数方面的排名位于前10%的高校，其相应的评价等级为优秀；公开发表于核心期刊上的论文及被CPCI-SSH、CPCI-S检索的论文总篇数在全国高校公开发表于核心期刊上的论文及被CPCI-SSH、CPCI-S检索的论文总篇数方面的排名位于前10%～30%的高校，其相应的评价等级为良好；公开发表于核心期刊上的论文及被CPCI-SSH、CPCI-S检索的论文总篇数在全国高校公开发表于核心期刊上的论文及被CPCI-SSH、CPCI-S检索的论文总篇数方面的排名位于前30%～70%的高校，其相应的评价等级为中等；公开发表于核心期刊上的论文及被CPCI-SSH、CPCI-S检索的论文总篇数在全国高校公开发表于核心期刊上的论文及被CPCI-SSH、CPCI-S检索的论文总篇数方面的排名位于前70%～90%的高校，其相应的评价等级为较差；公开发表于核心期刊上的论文及被CPCI-SSH、CPCI-S检索的论文总篇数在全国高校公开发表于核心期刊上的论文及被CPCI-SSH、CPCI-S检索的论文总篇数方面的排名位于后10%的高校，其相应的评价等级为很差。详情见表5-13。

就专著这一评价项目来讲，公开出版专著的总数在全国高校公开出版专著的总数方面的排名位于前10%的高校，其相应的评价等级为优秀；公开出版专著的总数在全国高校公开出版专著的总数方面的排名位于前10%～30%的高校，其相应的评价等级为良好；公开出版专著的总数在全国高校公开出版专著的总数方面的排名位于前30%～70%的高校，其相应的评价等级为中等；公开出版专著的总数在全国高校公开出版专著的总数方面的排名位于前70%～90%的高校，其相应的评价等级为较差；公开出版专著的总数在全国高校公开出版专著的总数方面的排名位于后10%的高校，其相应的评价等级为很差。详情见表5-13。

拿译著、编著、教材和工具书这一评价项目来说，公开出版译著、编著、教材和工具书的总数在全国高校公开出版译著、编著、教材和工具书的总数方面的排名位于前10%的高校，其相应的评价等级为优秀；公开出版译著、编著、教材和工具书的总数在全国高校公开出版译著、编著、教材和工具书的总数方面的排名位于前10%～30%的高校，其相应的评价等级为良好；公开出版译著、编著、教材和工具书的总数在全国高校公开出版译著、编著、教材和工具书的总数方面的排名位于前30%～70%的高校，其相应的评价等级为中等；公开出版译著、编著、教材和工具书的总数在全国高校公开出版译著、编著、教材和工具书的总数方面的排名位于前70%～90%的高校，其相应的评价等级为较差；公开出版译著、编著、教材和工具书的总数在全国高校公开出版译著、编著、教材和工具书的总数方面的排名位于后10%的高校，其相应的评价等级为很差。详情见表5-13。

（二）公开登记成果的评价标准

公开登记成果即公开登记的成果。公开登记成果一般是享有知识产权的科研成果。所谓知识产权，是指申请了专利的科技成果。具体来说，知识产权是指人们就其智力劳动成果所依法享有的专有权利，通常是国家赋予创造者对其智力成果在一定时期内享有的专有权或独占权。从本质上说它是一种无形财产权，其客体是智力成果或者知识产品，是一种无形财产或者一种没有形体的精神财富，是创造性的智力劳动所创造的劳动成果。它与房屋、汽车等有形财产一样，都受到国家法律的保护，都具有价值和使用价值。知识产权包括专利权、商标权、著作权、植物新品种权、网络域名权、集成电路布图设计权等等，并分为两类：一类是著作权（也称为版权、文学产权），另一类是工业产权（也称为产业产权）。

专利权是指一项发明创造向国家专利局提出专利申请，经依法审查合格后，向专利申请人授予的在规定时间内对该项发明创造享有的专有权。专利权是一种专有权，一旦超过法律规定的保护期限，就不再受法律保护。根据中国专利法，发明创造有三种类型：发明、实用新型和外观设计。发明和实用新型专利被授予专利权后，专利权人对该项发明创造拥有独占权，任何单位和个人未经专利权人许可，都不得实施其专利，即不得为生产经营目的制造、使用、许诺销售、销售和进口其专利产品。外观设计专利专利权被授予后，任何单位和个人未经专利权人许可，都不得实施其专利，即不得为生产经营目的制造、销售和进口其专利产品。

植物新品种权是工业产权的一种类型，是指完成育种的单位或个人对其授权的品种依法享有的排他使用权。

集成电路指半导体集成电路，即以半导体材料为基片，将至少有一个是有源元件的两个以上元件和部分或者全部互联线路集成在基片之中或者基片之上，以执行某种电子功能的中间产品或者最终产品。集成电路布图设计必须具备独创性，布图设计应当是作者依靠自己的脑力劳动完成的，设计必须是突破常规的设计，或者即使设计者使用常规设计但通过不同的组合方式体现出独创性，都可以获得法律保护。

软件著作权又指计算机软件著作权，是指软件的开发者或者其他权利人依据有关著作权法律的规定，对于软件作品所享有的各项专有权利。软件经过登记后，软件著作权人享有发表权、开发者身份权、使用权、使用许可权和获得报酬权。

评审是极具中国特色的一个词，是中国特有的一种评价制度，具有评价和审定的双重含义。所谓评审，是指由国家有关管理机构对取得的成果、成就以及某种资格进行评价、审定，并最终给予某种形式的确认的活动①。

① 顾海兵、王宝艳．中外科技成果评审制度：比较与对策研究［J］．开放导报，2004（2）：74-100.

国家标准是指由国家标准化主管机构批准发布，对全国经济、技术发展有重大意义，且在全国范围内统一的标准，分为强制性国标（GB）和推荐性国标（GB/T）。国家标准的编号由国家标准的代号、国家标准发布的顺序号和国家标准发布的年号（发布年份）构成。国家标准的年限一般为5年，过了年限后，国家标准就要被修订或重新制定。强制性国标是保障人体健康、人身安全、财产安全的标准和法律及行政法规规定强制执行的国家标准；推荐性国标是指生产、检验、使用等方面，通过经济手段或市场调节而自愿采用的国家标准。推荐性国标一经接受并采用，或各方商定同意纳入经济合同中，就成为各方必须共同遵守的技术依据，具有法律上的约束性。

行业标准是指在全国某个行业范围内统一的标准，由国务院有关行政主管部门制定，并报国务院标准化行政主管部门备案。当同一内容的国家标准公布后，则该内容的行业标准即行废止。行业标准由行业标准归口部门统一管理。行业标准的归口部门及其所管理的行业标准范围，由国务院有关行政主管部门提出申请报告，国务院标准化行政主管部门审查确定，并公布该行业的行业标准代号。

地方标准又称区域标准，对没有国家标准和行业标准而又需要在省（自治区、直辖市）范围内统一的工业产品的安全、卫生要求，可以制定地方标准。地方标准由省（自治区、直辖市）标准化行政主管部门制定，并报国务院标准化行政主管部门和国务院有关行政主管部门备案，在公布国家标准或者行业标准之后，该地方标准即行废止。

从表5-11看，在公开登记的成果中，评判高校科研质量与水平高低的重要指标主要是获批发明专利的项数、获批实用新型和外观设计专利的项数、植物新品种权的项数、集成电路布图设计专有权的项数、软件著作权的项数、植物等新品种权国家审定的项数、植物等新品种权省级审定的项数、国家标准的项数、行业标准的项数、地方标准的项数、新产品认证的项数。

本书分别以高校获批发明专利的项数、获批实用新型和外观设计专利的项数、植物新品种权的项数、集成电路布图设计专有权的项数、软件著作权的项数、植物等新品种权国家审定的项数、植物等新品种权省级审定的项数、国家标准的项数、行业标准数的项数、地方标准数的项数及新产品认证的项数为基准构建高校公开登记成果的评价标准。具体情况如下。

获批发明专利的项数在全国高校获批发明专利的项数方面的排名位于前10%的高校，其相应的评价等级为优秀；获批发明专利的项数在全国高校获批发明专利的项数方面的排名位于前10%～30%的高校，其相应的评价等级为良好；获批发明专利的项数在全国高校获批发明专利的项数方面的排名位于前30%～70%的高校，其相应的评价等级为中等；获批发明专利的项数在全国高校获批发明专利的项数方面的排名位于前70%～90%的高校，其相应的评价等级为较差；获批发明专利的项数在全国高校获批发明专利的项数方面的排名位于后10%的高校，其相应的评价等级为很差。详情见表5-13。

获批实用新型和外观设计专利的项数在全国高校获批实用新型和外观设计专利的项数方面的排名位于前10%的高校，其相应的评价等级为优秀；获批实用新型和外观设计专利的项数在全国高校获批实用新型和外观设计专利的项数方面的排名位于前10%～30%的高校，其相应的评价等级为良好；获批实用新型和外观设计专利的项数在全国高校获批实用新型和外观设计专利的项数方面的排名位于前30%～70%的高校，其相应的评价等级为中等；获批实用新型和外观设计专利的项数在全国高校获批实用新型和外观设计专利的项数方面的排名位于前70%～90%的高校，其相应的评价等级为较差；获批实用新型和外观设计专利的项数在全国高校获批实用新型和外观设计专利的项数方面的排名位于后10%的高校，其相应的评价等级为很差。详情见表5-13。

获批集成电路布图设计专有权的项数在全国高校获批集成电路布图设计专有权的项数方面的排名位于前10%的高校，其相应的评价等级为优秀；获批集成电路布图设计专有权的项数在全国获批集成电路布图设计专有权的项数方面的排名位于前10%～30%的高校，其相应的评价等级为良好；获批集成电路布图设计专有权的项数在全国高校获批集成电路布图设计专有权的项数方面的排名位于前30%～70%的高校，其相应的评价等级为中等；获批集成电路布图设计专有权的项数在全国高校获批集成电路布图设计专有权的项数方面的排名位于前70%～90%的高校，其相应的评价等级为较差；获批集成电路布图设计专有权的项数在全国高校获批集成电路布图设计专有权的项数方面的排名位于后10%的高校，其相应的评价等级为很差。详情见表5-13。

获批软件著作权的项数在全国高校获批软件著作权的项数方面的排名位于前10%的高校，其相应的评价等级为优秀；获批软件著作权的项数在全国获批软件著作权的项数方面的排名位于前10%～30%的高校，其相应的评价等级为良好；获批软件著作权的项数在全国高校获批软件著作权的项数方面的排名位于前30%～70%的高校，其相应的评价等级为中等；获批软件著作权的项数在全国高校获批软件著作权的项数方面的排名位于前70%～90%的高校，其相应的评价等级为较差；获批软件著作权的项数在全国高校获批软件著作权的项数方面的排名位于后10%的高校，其相应的评价等级为很差。详情见表5-13。

获批植物新品种权的项数在全国高校获批植物新品种权的项数方面的排名位于前10%的高校，其相应的评价等级为优秀；获批植物新品种权的项数在全国高校获批植物新品种权的项数方面的排名位于前10%～30%的高校，其相应的评价等级为良好；获批植物新品种权的项数在全国高校获批植物新品种权的项数方面的排名位于前30%～70%的高校，其相应的评价等级为中等；获批植物新品种权的项数在全国高校获批植物新品种权的项数方面的排名位于前70%～90%的高校，其相应的评价等级为较差；获批植物新品种权的项数在全国高校获批植物新品种权的项数方面的排名位于后10%的高校，其相应的评价等级为很差。详情见表5-13。

获批植物等新品种权国家审定的项数在全国高校获批植物等新品种权国家审定的项数方面的排名位于前10%的高校，其相应的评价等级为优秀；获批植物等新品种权国家审定的项数在全国高校获批植物等新品种权国家审定的项数方面的排名位于前10%～30%的高校，其相应的评价等级为良好；获批植物等新品种权国家审定的项数在全国高校获批植物等新品种权国家审定的项数方面的排名位于前30%～70%的高校，其相应的评价等级为中等；获批植物等新品种权国家审定的项数在全国高校获批植物等新品种权国家审定的项数方面的排名位于前70%～90%的高校，其相应的评价等级为较差；获批植物等新品种权国家审定的项数在全国高校获批植物等新品种权国家审定的项数方面的排名位于后10%的高校，其相应的评价等级为很差。详情见表5-13。

获批植物等新品种权省级审定的项数在全国高校获批植物等新品种权省级审定的项数方面的排名位于前10%的高校，其相应的评价等级为优秀；获批植物等新品种权省级审定的项数在全国获批植物等新品种权省级审定的项数方面的排名位于前10%～30%的高校，其相应的评价等级为良好；获批植物等新品种权省级审定的项数在全国高校获批植物等新品种权省级审定的项数方面的排名位于前30%～70%的高校，其相应的评价等级为中等；获批植物等新品种权省级审定的项数在全国高校获批植物等新品种权省级审定的项数方面的排名位于前70%～90%的高校，其相应的评价等级为较差；获批植物等新品种权省级审定的项数在全国高校获批植物等新品种权省级审定的项数方面的排名位于后10%的高校，其相应的评价等级为很差。详情见表5-13。

获批国家标准的项数在全国高校获批国家标准的项数方面的排名位于前10%的高校，其相应的评价等级为优秀；获批国家标准的项数在全国高校获批国家标准的项数方面的排名位于前10%～30%的高校，其相应的评价等级为良好；获批国家标准的项数在全国高校获批国家标准的项数方面的排名位于前30%～70%的高校，其相应的评价等级为中等；获批国家标准的项数在全国高校获批国家标准的项数方面的排名位于前70%～90%的高校，其相应的评价等级为较差；获批国家标准的项数在全国高校获批国家标准的项数方面的排名位于后10%的高校，其相应的评价等级为很差。详情见表5-13。

获批行业标准的项数在全国高校获批行业标准的项数方面的排名位于前10%的高校，其相应的评价等级为优秀；获批行业标准的项数在全国高校获批行业标准的项数方面的排名位于前10%～30%的高校，其相应的评价等级为良好；获批行业标准的项数在全国高校获批行业标准的项数方面的排名位于前30%～70%的高校，其相应的评价等级为中等；获批行业标准的项数在全国高校获批行业标准的项数方面的排名位于前

70%～90%的高校，其相应的评价等级为较差；获批行业标准的项数在全国高校获批行业标准的项数方面的排名位于后10%的高校，其相应的评价等级为很差。详情见表5-13。

获批地方标准的项数在全国高校获批地方标准的项数方面的排名位于前10%的高校，其相应的评价等级为优秀；获批地方标准的项数在全国高校获批地方标准的项数方面的排名位于前10%～30%的高校，其相应的评价等级为良好；获批地方标准的项数在全国高校获批地方标准的项数方面的排名位于前30%～70%的高校，其相应的评价等级为中等；获批地方标准的项数在全国高校获批地方标准的项数方面的排名位于前70%～90%的高校，其相应的评价等级为较差；获批地方标准的项数在全国高校获批地方标准的项数方面的排名位于后10%的高校，其相应的评价等级为很差。详情见表5-13。

获批新产品认证的项数在全国高校获批新产品认证的项数方面的排名位于前10%的高校，其相应的评价等级为优秀；获批新产品认证的项数在全国高校获批新产品认证的项数方面的排名位于前10%～30%的高校，其相应的评价等级为良好；获批新产品认证的项数在全国高校获批新产品认证的项数方面的排名位于前30%～70%的高校，其相应的评价等级为中等；获批新产品认证的项数在全国高校获批新产品认证的项数方面的排名位于前70%～90%的高校，其相应的评价等级为较差；获批新产品认证的项数在全国高校获批新产品认证的项数方面的排名位于后10%的高校，其相应的评价等级为很差。详情见表5-13。

（三）成果奖励的评价标准

成果奖励是指获奖的成果。成果获奖是对科研产出的一种公开认同。高校科研成果奖励体现高校科研工作的质量与水平，是对研究与发展工作成果的奖励。科研成果奖励评价即是对科研成果奖励的类型与等级进行评价。高校科研成果奖励评价就是对高校所获科研成果奖励的类型与等级进行价值判断；高校科研成果奖励评价标准就是对高校所获科研成果奖励的类型与等级进行价值判断时的依据。科研成果奖励的类型与等级很多，从表5-11看，评判高校科研质量与水平的成果奖励主要有国家科学技术奖、国家教学成果奖、教育部人文社会科学奖、教育部外的其它部级或省级奖。其中，国家科学技术奖有特等奖、一等奖和二等奖；国家教学成果奖有特等奖、一等奖及二等奖；教育部人文社会科学奖包括一等奖、二等奖及三等奖；教育部外的其它部级或省级奖包括特等奖、一等奖、二等奖及三等奖。

本书以高校获批国家科学技术奖的项数、国家教学成果奖的项数、教育部人文社会科学奖的项数及教育部外的其它部级或省级奖的项数为基准构建高校科研成果奖励的评价标准。

获批国家科学技术奖及国家教学成果奖的特等奖和一等奖的项数在全国高校获批国家科学技术奖及国家教学成果奖的特等奖和一等奖的项数方面的排名位于前10%的高校，其相应的评价等级为优秀；获批国家科学技术奖及国家教学成果奖的特等奖和一等奖的项数在全国高校获批国家科学技术奖及国家教学成果奖的特等奖和一等奖的项数方面的排名位于前10%～30%的高校，其相应的评价等级为良好；获批国家科学技术奖及国家教学成果奖的特等奖和一等奖的项数在全国高校获批国家科学技术奖及国家教学成果奖的特等奖和一等奖的项数方面的排名位于前30%～70%的高校，其相应的评价等级为中等；获批国家科学技术奖及国家教学成果奖的特等奖和一等奖的项数在全国高校获批国家科学技术奖及国家教学成果奖的特等奖和一等奖的项数方面的排名位于前70%～90%的高校，其相应的评价等级为较差；获批国家科学技术奖及国家教学成果奖的特等奖和一等奖的项数在全国高校获批国家科学技术奖及国家教学成果奖的特等奖和一等奖的项数方面的排名位于后10%的高校，其相应的评价等级为很差。详情见表5-13。

获批国家科学技术奖及国家教学成果奖二等奖的项数在全国高校获批国家科学技术奖及国家教学成果奖二等奖的项数方面的排名位于前10%的高校，其相应的评价等级为优秀；获批国家科学技术奖及国家教学成果奖二等奖的项数在全国高校获批国家科学技术奖及国家教学成果奖二等奖的项数方面的排名位于前10%～30%的高校，其相应的评价等级为良好；获批国家科学技术奖及国家教学成果奖二等奖的项数在全国高校获批国家科学技术奖及国家教学成果奖二等奖的项数方面的排名位于前30%～70%的高校，其相应的评价等级为中等；获批国家科学技术奖及国家教学成果奖二等奖的项数在全国高校获批国家科学技术奖及国家教学成果奖二等奖的项数方面的排名位于前70%～90%的高校，其相应的评价等级为较差；获批国家科学技术奖及国家教学成果奖二等奖的项数在全国高校获批国家科学技术奖及国家教学成果奖二等奖的项数方面的排名位于后10%的高校，其相应的评价等级为很差。详情见表5-13。

获批教育部人文社会科学奖一等奖的项数在全国高校获批教育部人文社会科学奖一等奖的项数方面的排名位于前10%的高校，其相应的评价等级为优秀；获批教育部人文社会科学奖一等奖的项数在全国高校获批教育部人文社会科学奖一等奖的项数方面的排名位于前10%～30%的高校，其相应的评价等级为良好；获批教育部人文社会科学奖一等奖的项数在全国高校获批教育部人文社会科学奖一等奖的项数方面的排名位于前30%～70%的高校，其相应的评价等级为中等；获批教育部人文社会科学奖一等奖的项数在全国高校获批教育部人文社会科学奖一等奖的项数方面的排名位于前70%～90%的高校，其相应的评价等级为较差；获批教育部人文社会科学奖一等奖的项数在全国高校获批教育部人文社会科学奖一等奖的项数方面的排名位于后10%的高校，其相应的评价等级为很差。详情见表5-13。

获批教育部人文社会科学奖二等奖及其它部级或省级特等奖的项数在全国高校获批教育部人文社会科学奖二等奖及其它部级或省级特等奖的项数方面的排名位于前10%的高校，其相应的评价等级为优秀；获批教育部人文社会科学奖二等奖及其它部级或省级特等奖的项数在全国高校获批教育部人文社会科学奖二等奖及其它部级或省级特等奖的项数方面的排名位于前10%～30%的高校，其相应的评价等级为良好；获批教育部人文社会科学奖二等奖及其它部级或省级特等奖的项数在全国高校获批教育部人文社会科学奖二等奖及其它部级或省级特等奖的项数方面的排名位于前30%～70%的高校，其相应的评价等级为中等；获批教育部人文社会科学奖二等奖及其它部级或省级特等奖的项数在全国高校获批教育部人文社会科学奖二等奖及其它部级或省级特等奖的项数方面的排名位于前70%～90%的高校，其相应的评价等级为较差；获批教育部人文社会科学奖二等奖及其它部级或省级特等奖的项数在全国高校获批教育部人文社会科学奖二等奖及其它部级或省级特等奖的项数方面的排名位于后10%的高校，其相应的评价等级为很差。详情见表5-13。

获批教育部人文社会科学奖三等奖及其它部级或省级一等奖的项数在全国高校获批教育部人文社会科学奖三等奖及其它部级或省级一等奖的项数方面的排名位于前10%的高校，其相应的评价等级为优秀；获批教育部人文社会科学奖三等奖及其它部级或省级一等奖的项数在全国高校获批教育部人文社会科学奖三等奖及其它部级或省级一等奖的项数方面的排名位于前10%～30%的高校，其相应的评价等级为良好；获批教育部人文社会科学奖三等奖及其它部级或省级一等奖的项数在全国高校获批教育部人文社会科学奖三等奖及其它部级或省级一等奖的项数方面的排名位于前30%～70%的高校，其相应的评价等级为中等；获批教育部人文社会科学奖三等奖及其它部级或省级一等奖的项数在全国高校获批教育部人文社会科学奖三等奖及其它部级或省级一等奖的项数方面的排名位于前70%～90%的高校，其相应的评价等级为较差；获批教育部人文社会科学奖三等奖及其它部级或省级一等奖的项数在全国高校获批教育部人文社会科学奖三等奖及其它部级或省级一等奖的项数方面的排名位于后10%的高校，其相应的评价等级为很差。详情见表5-13。

获批教育部外的其它部级或省级二等奖的项数在全国高校获批教育部外的其它部级或省级二等奖的项数方面的排名位于前10%的高校，其相应的评价等级为优秀；获批教育部外的其它部级或省级二等奖的项数在全国高校获批教育部外的其它部级或省级二等奖的项数方面的排名位于前10%～30%的高校，其相应的评价等级为良好；获批教育部外的其它部级或省级二等奖的项数在全国高校获批教育部外的其它部级或省级二等奖的项数方面的排名位于前30%～70%的高校，其相应的评价等级为中等；获批教育部外的其它部级或省级二等奖的项数在全国高校获批教育部外的其它部级或省级二等奖的项数方面的排名位于前70%～90%的高校，其相应的评价等级为较差；获批教育部外的其它部级或省级二等奖的项数在全国高校获批教育部外的其它部级或省级二等奖的项数方面的排名位于后10%的高校，其相应的评价等级为很差。详情见表 5-13。

获批教育部外的其它部级或省级三等奖的项数在全国高校获批教育部外的其它部级或省级三等奖的项数方面的排名位于前 10％的高校，其相应的评价等级为优秀；获批教育部外的其它部级或省级三等奖的项数在全国高校获批教育部外的其它部级或省级三等奖的项数方面的排名位于前 10％～30％的高校，其相应的评价等级为良好；获批教育部外的其它部级或省级三等奖的项数在全国高校获批教育部外的其它部级或省级三等奖的项数方面的排名位于前 30％～70％的高校，其相应的评价等级为中等；获批教育部外的其它部级或省级三等奖的项数在全国高校获批教育部外的其它部级或省级三等奖的项数方面的排名位于前 70％～90％的高校，其相应的评价等级为较差；获批教育部外的其它部级或省级三等奖的项数在全国高校获批教育部外的其它部级或省级三等奖的项数方面的排名位于后 10％的高校，其相应的评价等级为很差。详情见表 5-13。

（四）成果采纳的评价标准

成果采纳即被采纳的成果，一般是指被各级各类政府部门（或行政部门）采纳的科研成果。成果采纳的评价标准就是对被各级各类政府部门（或行政部门）采纳的科研成果进行价值判断时的依据。本书中关于高校被采纳的科研成果包括：被各级各类政府部门（或行政部门）及具有相应行政级别的企事业单位或机构采纳的咨询报告、被《新华文摘》及人大报刊复印资料等转载或摘录的科研论文、被相关网站转载的科研论文等。由表 5-11 可知，在高校被采纳的科研成果中，被国家层面和省部级层面采纳的咨询报告，以及被《新华文摘》和人大报刊复印资料全文转载的科研论文，在高校科研评价指标体系中占有重要的地位。

本书以高校被国家层面和省部级层面采纳的咨询报告的数量，以及被《新华文摘》和人大报刊复印资料全文转载的科研论文的数量为基准，构建高校成果采纳的评价标准。

被国家层面采纳的咨询报告的项数在全国高校被国家层面采纳的咨询报告的项数方面的排名位于前 10％的高校，其相应的评价等级为优秀；被国家层面采纳的咨询报告的项数在全国高校被国家层面采纳的咨询报告的项数方面的排名位于前10％～30％的高校，其相应的评价等级为良好；被国家层面采纳的咨询报告的项数在全国高校被国家层面采纳的咨询报告的项数方面的排名位于前30％～70％的高校，其相应的评价等级为中等；被国家层面采纳的咨询报告的项数在全国高校被国家层面采纳的咨询报告的项数方面的排名位于前70％～90％的高校，其相应的评价等级为较差；被国家层面采纳的咨询报告的项数在全国高校被国家层面采纳的咨询报告的项数方面的排名位于后10％的高校，其相应的评价等级为很差。详情见表5-13。

被省部级层面采纳的咨询报告的项数在全国高校被省部级层面采纳的咨询报告的项数方面的排名位于前10％的高校，其相应的评价等级为优秀；被省部级层面采纳的咨询报告的项数在全国高校被省部级层面采纳的咨询报告的项数方面的排名位于前10％～30％的高校，其相应的评价等级为良好；被省部级层面采纳的咨询报告的项数在全国高校被省部级层面采纳的咨询报告的项数方面的排名位于前30％～70％的高校，其相应的评价等级为中等；被省部级层面采纳的咨询报告的项数在全国高校被省部级层面采纳的咨询报告的项数方面的排名位于前70％～90％的高校，其相应的评价等级为较差；被省部级层面采纳的咨询报告的项数在全国高校被省部级层面采纳的咨询报告的项数方面的排名位于后10％的高校，其相应的评价等级为很差。详情见表5-13。

被《新华文摘》全文转载的科研论文的篇数在全国高校被《新华文摘》全文转载的科研论文的篇数方面的排名位于前10％的高校，其相应的评价等级为优秀；被《新华文摘》全文转载的科研论文的篇数在全国高校被《新华文摘》全文转载的科研论文的篇数方面的排名位于前10％～30％的高校，其相应的评价等级为良好；被《新华文摘》全文转载的科研论文的篇数在全国高校被《新华文摘》全文转载的科研论文的篇数方面的排名位于前30％～70％的高校，其相应的评价等级为中等；被《新华文摘》全文转载的科研论文的篇数在全国高校被《新华文摘》全文转载的科研论文的篇数方面的排名位于前70％～90％的高校，其相应的评价等级为较差；被《新华文摘》全文转载的科研论文的篇数在全国高校被《新华文摘》全文转载的科研论文的篇数方面的排名位于后10％的高校，其相应的评价等级为很差。详情见表5-13。

被人大报刊复印资料全文转载的科研论文篇数在全国高校被人大报刊复印资料全文转载的科研论文的篇数方面的排名位于前10％的高校，其相应的评价等级为优秀；被人大报刊复印资料全文转载的科研论文的篇数在全国高校被人大报刊复印资料全文转载的科研论文的篇数方面的排名位于前10％～30％的高校，其相应的评价等级为良好；被人大报刊复印资料全文转载的科研论文的篇数在全国高校被人大报刊复印资料全文转载的科研论文的篇数方面的排名位于前30％～70％的高校，其相应的评价等级为中等；被人大报刊复印资料全文转载的科研论文的篇数在全国高校被人大报刊复印资料全文转载的科研论文的篇数方面的排名位于前70％～90％的高校，其相应的评价等级为较差；被人大报刊复印资料全文转载的科研论文的篇数在全国高校被人大报刊复印资料全文转载的科研论文的篇数方面的排名位于后10％的高校，其相应的评价等级为很差。详情见表5-13。

（五）人才培养的评价标准

人才培养是指通过各种教育理论与教育实践途径，不断提高人才的政治思想觉悟、科学文化水平和劳动技术能力的活动。人才培养的评价标准就是对人才培养的质量与水平进行价值判断时的依据。高校科研的重要使命之一就是通过科研促进人才培养。高校科研促进人才培养的途径与形式很多，且相应的成果表现也很多，不过，从表5-11看，在高校科研评价指标体系中，省级优秀硕士学位论文、省级优秀博士学位论文及国家级优秀博士学位论文，是评价高校科研促进人才培养质量与水平的重要指标，有必要对其评价标准进行相应阐述。

本书以高校获取的省级优秀硕、博士学位论文及国家级优秀博士学位论文的篇数为基准构建高校科研促进人才培养的评价标准。

省级优秀硕士学位论文的篇数在全国高校省级优秀硕士学位论文的篇数方面的排名位于前10％的高校，其相应的评价等级为优秀；省级优秀硕士学位论文的篇数在全国高校省级优秀硕士学位论文的篇数方面的排名位于前10％～30％的高校，其相应的评价等级为良好；省级优秀硕士学位论文的篇数在全国高校省级优秀硕士学位论文的篇数方面的排名位于前30%～70%的高校，其相应的评价等级为中等；省级优秀硕士学位论文的篇数在全国高校省级优秀硕士学位论文的篇数方面的排名位于前70%～90%的高校，其相应的评价等级为较差；省级优秀硕士学位论文的篇数在全国高校省级优秀硕士学位论文的篇数方面的排名位于后10%的高校，其相应的评价等级为很差。详情见表5-13。

省级优秀博士学位论文的篇数在全国高校省级优秀博士学位论文的篇数方面的排名位于前10%的高校，其相应的评价等级为优秀；省级优秀博士学位论文的篇数在全国高校省级优秀博士学位论文的篇数方面的排名位于前10%～30%的高校，其相应的评价等级为良好；省级优秀博士学位论文的篇数在全国高校省级优秀博士学位论文的篇数方面的排名位于前30%～70%的高校，其相应的评价等级为中等；省级优秀博士学位论文的篇数在全国高校省级优秀博士学位论文的篇数方面的排名位于前70%～90%的高校，其相应的评价等级为较差；省级优秀博士学位论文的篇数在全国高校省级优秀博士学位论文的篇数方面的排名位于后10%的高校，其相应的评价等级为很差。详情见表5-13。

国家级优秀博士学位论文的篇数在全国高校国家级优秀博士学位论文的篇数方面的排名位于前10%的高校，其相应的评价等级为优秀；国家级优秀博士学位论文的篇数在全国高校国家级优秀博士学位论文的篇数方面的排名位于前10%～30%的高校，其相应的评价等级为良好；国家级优秀博士学位论文的篇数在全国高校国家级优秀博士学位论文的篇数方面的排名位于前30%～70%的高校，其相应的评价等级为中等；国家级优秀博士学位论文的篇数在全国高校国家级优秀博士学位论文的篇数方面的排名位于前70%～90%的高校，其相应的评价等级为较差；国家级优秀博士学位论文的篇数在全国高校国家级优秀博士学位论文的篇数方面的排名位于后10%的高校，其相应的评价等级为很差。详情见表5-13。

表5-13所显示的高校科研评价标准体系是在整合上述高校科研条件评价标准、高校科研过程评价标准及高校科研成果评价标准的基础上构建而成的。

表 5-13　高校科研评价标准体系一览表

一级指标	二级指标	三级指标	权重/ W_i	评价等级及分值					得分/ S_i（三级指标权重与相应评价等级的分值之积）
				优秀	良好	中等	较差	很差	
				1 分	0.8 分	0.6 分	0.4 分	0.2 分	
科研条件	人才与基地	国家级人才的数量	0.026	排前10%	排前10%～30%	排前30%～70%	排前70%～90%	排后10%	
		省级人才的数量	0.014	排前10%	排前10%～30%	排前30%～70%	排前70%～90%	排后10%	
		国家实验室的数量	0.025	排前10%	排前10%～30%	排前30%～70%	排前70%～90%	排后10%	
		国家重点实验室的数量	0.022	排前10%	排前10%～30%	排前30%～70%	排前70%～90%	排后10%	
		国家级工程（技术）研究中心或基地的数量	0.021	排前10%	排前10%～30%	排前30%～70%	排前70%～90%	排后10%	
		教育部重点实验室的数量	0.012	排前10%	排前10%～30%	排前30%～70%	排前70%～90%	排后10%	
		教育部工程研究中心的数量	0.008	排前10%	排前10%～30%	排前30%～70%	排前70%～90%	排后10%	
		省级重点实验室的数量	0.007	排前10%	排前10%～30%	排前30%～70%	排前70%～90%	排后10%	
		省级工程（研究）中心或基地的数量	0.005	排前10%	排前10%～30%	排前30%～70%	排前70%～90%	排后10%	

续表

一级指标	二级指标	三级指标	权重/W_i	评价等级及分值					得分/S_i（三级指标权重与相应评价等级的分值之积）
				优秀	良好	中等	较差	很差	
				1分	0.8分	0.6分	0.4分	0.2分	
科研条件	学科与学位点	国家重点学科的数量	0.016	排前10%	排前10%～30%	排前30%～70%	排前70%～90%	排后10%	
		国家重点培育学科的数量	0.014	排前10%	排前10%～30%	排前30%～70%	排前70%～90%	排后10%	
		一级学科博士点的数量	0.015	排前10%	排前10%～30%	排前30%～70%	排前70%～90%	排后10%	
		一级学科硕士点的数量	0.012	排前10%	排前10%～30%	排前30%～70%	排前70%～90%	排后10%	
科研过程	项目与经费	国家级Ⅰ类项目的数量	0.015	排前10%	排前10%～30%	排前30%～70%	排前70%～90%	排后10%	
		国家级Ⅱ类项目的数量	0.013	排前10%	排前10%～30%	排前30%～70%	排前70%～90%	排后10%	
		国家级纵向经费的数量	0.012	排前10%	排前10%～30%	排前30%～70%	排前70%～90%	排后10%	
		部级项目的数量	0.011	排前10%	排前10%～30%	排前30%～70%	排前70%～90%	排后10%	
		省级项目的数量	0.009	排前10%	排前10%～30%	排前30%～70%	排前70%～90%	排后10%	
		省部级纵向经费的数量	0.007	排前10%	排前10%～30%	排前30%～70%	排前70%～90%	排后10%	
		省部级以下政府部门资助经费的数量	0.006	排前10%	排前10%～30%	排前30%～70%	排前70%～90%	排后10%	
		横向经费的数量	0.005	排前10%	排前10%～30%	排前30%～70%	排前70%～90%	排后10%	

续表

一级指标	二级指标	三级指标	权重/W_i	评价等级及分值					得分/S_i（三级指标权重与相应评价等级的分值之积）
				优秀	良好	中等	较差	很差	
				1分	0.8分	0.6分	0.4分	0.2分	
科研过程	执行与管理点	按时结题项目数占当年应结题项目数的比例	0.018	90%及以上	80%～90%	70%～80%	60%～70%	60%以下	
		专职科研管理人员数占全校全时研究与发展人员数的比重	0.018	20%及以上	15%～20%	10%～15%	5%～10%	5%以下	
		科研管理制度的规范性程度（按25种科研管理制度统计）	0.018	有23种及以上	有20～22种	有17～19种	有14～16种	有13种及以下	
科研成果	公开发表成果Ⅰ	Science、Nature、Cell的数量	0.091	排前10%	排前10%～30%	排前30%～70%	排前70%～90%	排后10%	
		SCI(Ⅰ、Ⅱ)和SSCI的数量	0.036	排前10%	排前10%～30%	排前30%～70%	排前70%～90%	排后10%	
		SCI（Ⅲ、Ⅳ）的数量	0.022	排前10%	排前10%～30%	排前30%～70%	排前70%～90%	排后10%	
	公开发表成果Ⅱ	EI(期刊)、CSSCI和A&HCI的数量	0.021	排前10%	排前10%～30%	排前30%～70%	排前70%～90%	排后10%	
		核心期刊论文、CPCI-SSH、CPCI-S的数量	0.017	排前10%	排前10%～30%	排前30%～70%	排前70%～90%	排后10%	

续表

一级指标	二级指标	三级指标	权重/W_i	评价等级及分值					得分/ S_i（三级指标权重与相应评价等级的分值之积）
				优秀	良好	中等	较差	很差	
				1 分	0.8 分	0.6 分	0.4 分	0.2 分	
科研成果	公开发表成果Ⅱ	专著的数量	0.020	排前10%	排前10%～30%	排前30%～70%	排前70%～90%	排后10%	
		译著、编著、教材和工具书的数量	0.019	排前10%	排前10%～30%	排前30%～70%	排前70%～90%	排后10%	
	公开登记成果	获批发明专利的数量	0.020	排前10%	排前10%～30%	排前30%～70%	排前70%～90%	排后10%	
		获批实用新型和外观设计专利的数量	0.016	排前10%	排前10%～30%	排前30%～70%	排前70%～90%	排后10%	
		集成电路布图设计专有权的数量	0.010	排前10%	排前10%～30%	排前30%～70%	排前70%～90%	排后10%	
		软件著作权的数量	0.010	排前10%	排前10%～30%	排前30%～70%	排前70%～90%	排后10%	
		植物新品种权的数量	0.009	排前10%	排前10%～30%	排前30%～70%	排前70%～90%	排后10%	
		植物等新品种权国家审定的数量	0.011	排前10%	排前10%～30%	排前30%～70%	排前70%～90%	排后10%	
		植物等新品种权省级审定的数量	0.009	排前10%	排前10%～30%	排前30%～70%	排前70%～90%	排后10%	
		国家工业标准的数量	0.011	排前10%	排前10%～30%	排前30%～70%	排前70%～90%	排后10%	
		行业工业标准的数量	0.007	排前10%	排前10%～30%	排前30%～70%	排前70%～90%	排后10%	

续表

一级指标	二级指标	三级指标	权重/W_i	评价等级及分值					得分/S_i（三级指标权重与相应评价等级的分值之积）
				优秀	良好	中等	较差	很差	
				1分	0.8分	0.6分	0.4分	0.2分	
科研成果	公开登记成果	地方工业标准的数量	0.007	排前10%	排前10%～30%	排前30%～70%	排前70%～90%	排后10%	
		新产品认证的数量	0.006	排前10%	排前10%～30%	排前30%～70%	排前70%～90%	排后10%	
	成果奖励Ⅰ	国家科学技术奖特别奖的数量	0.030	排前10%	排前10%～30%	排前30%～70%	排前70%～90%	排后10%	
		国家科学技术奖一等奖的数量	0.024	排前10%	排前10%～30%	排前30%～70%	排前70%～90%	排后10%	
		国家科学技术奖二等奖的数量	0.018	排前10%	排前10%～30%	排前30%～70%	排前70%～90%	排后10%	
		国家教学成果奖特等奖的数量	0.021	排前10%	排前10%～30%	排前30%～70%	排前70%～90%	排后10%	
		国家教学成果奖一等奖的数量	0.016	排前10%	排前10%～30%	排前30%～70%	排前70%～90%	排后10%	
		国家教学成果奖二等奖的数量	0.015	排前10%	排前10%～30%	排前30%～70%	排前70%～90%	排后10%	
		教育部人文社会科学奖一等奖的数量	0.015	排前10%	排前10%～30%	排前30%～70%	排前70%～90%	排后10%	
		教育部人文社会科学奖二等奖的数量	0.012	排前10%	排前10%～30%	排前30%～70%	排前70%～90%	排后10%	

续表

一级指标	二级指标	三级指标	权重/W_i	评价等级及分值					得分/S_i（三级指标权重与相应评价等级的分值之积）
				优秀	良好	中等	较差	很差	
				1分	0.8分	0.6分	0.4分	0.2分	
科研成果	成果奖励Ⅰ	教育部人文社会科学奖三等奖的数量	0.010	排前10%	排前10%～30%	排前30%～70%	排前70%～90%	排后10%	
	成果奖励Ⅱ	其它部级或省级特等奖的数量	0.017	排前10%	排前10%～30%	排前30%～70%	排前70%～90%	排后10%	
		其它部级或省级一等奖的数量	0.015	排前10%	排前10%～30%	排前30%～70%	排前70%～90%	排后10%	
		其它部级或省级二等奖的数量	0.013	排前10%	排前10%～30%	排前30%～70%	排前70%～90%	排后10%	
		其它部级或省级三等奖的数量	0.012	排前10%	排前10%～30%	排前30%～70%	排前70%～90%	排后10%	
	成果采纳	国家级层面采纳的数量	0.017	排前10%	排前10%～30%	排前30%～70%	排前70%～90%	排后10%	
		省部级层面采纳的数量	0.016	排前10%	排前10%～30%	排前30%～70%	排前70%～90%	排后10%	
		被《新华文摘》全文转载的篇数	0.013	排前10%	排前10%～30%	排前30%～70%	排前70%～90%	排后10%	
		被人大报刊复印资料全文转载的篇数	0.012	排前10%	排前10%～30%	排前30%～70%	排前70%～90%	排后10%	
	人才培养	国家级优秀博士学位论文的数量	0.021	排前10%	排前10%～30%	排前30%～70%	排前70%～90%	排后10%	

续表

一级指标	二级指标	三级指标	权重/ W_i	评价等级及分值					得分/ S_i（三级指标权重与相应评价等级的分值之积）
				优秀	良好	中等	较差	很差	
				1分	0.8分	0.6分	0.4分	0.2分	
科研成果	人才培养	省级优秀博士学位论文的数量	0.017	排前10%	排前10%～30%	排前30%～70%	排前70%～90%	排后10%	
		省级优秀硕士学位论文的数量	0.015	排前10%	排前10%～30%	排前30%～70%	排前70%～90%	排后10%	

（注：高校科研评价总分 $S = S_1 + S_2 + S_3 + \cdots + S_n$，其中，$S_1, S_2, S_3, \cdots, S_n$ 为各项三级指标的得分）

值得指出的是，按照表5-13所示高校科研评价标准体系一览表，既能直接评价每所高校各项具体科研指标所处或所达到的等级或等次，也能通过计算每所高校科研评价总分后再进一步对高校科研总体质量与水平状况进行排名或评定等级（其中，总分排前10%的高校评定等级为优秀，总分排前10%～30%的高校评定等级为良好，总分排前30%～70%的高校评定等级为中等，总分排前70%～90%的高校评定等级为较差，总分排后10%的高校评定等级为很差）。本书将这种评价高校科研的方法称为高校科研等级评价法，即先依据高校科研评价体系的末级指标之评价标准对各所高校的科研进行累计评分，并算出各所高校的科研累计总分，然后基于各所高校的科研累计总分，依据一定的比例将其分成不同等级。在此尤值一提的是，在高校科研评价实践中，除了按照以上方法进行评价外，还可以直接以表5-12所显示的高校科研评价末级指标及其权重为依据，收集相关数据后，采用其他方法进行评价。这些内容将在下一章专门加以阐述。

第六章　高校科研评价体系的实施

为了科学、合理、公平、公正地评价高校的科研质量与水平，有必要进一步充分阐释高校科研评价体系的多种实施方法（第五章第三节已经阐述过一种评价高校科研质量与水平状况的实施方法，即高校科研等级评价法，本章不再赘述），这是撰写本章的目的之一。此外，为了确保并促进高校科研评价体系在实践中能够顺利而有效地实施，本章特意从政策层面提出了几点相关建议。

第一节　高校科研评价体系的实施方法

高校科研评价体系只是评价高校科研的一个依据，在具体评价实践中，可以运用不同的实施方法。本节将依据第五章表5-12所显示的有关高校科研评价体系的相应信息，具体阐述两种高校科研评价体系的实施方法。

一、高校科研绩效评价法

高校科研绩效评价法是指在广泛收集高校科研信息与数据的基础上，运用拟定的高校科研评价体系，对各级各类高校的科研状况进行综合评价的过程。该方法的具体实施程序如下。

（一）收集数据

收集数据是指收集与高校科研有关的数据，具体来说，即是收集高校科研评价体系中每个末级指标所对应的数据。比如，各高校国家级人才的数量、国家实验室的个数、国家重点学科的个数、国家级Ⅰ类项目的个数、按时结题项目数占当年应结题项目数的比例、科研管理制度与相关文件的规范性程度、SCI（Ⅰ、Ⅱ）和SSCI的篇数、专著的部数、获批发明专利的项数、国家科学技术奖特等奖的项数、国家级优秀博士学位论文的篇数，等等。

（二）分项计算

分项计算是指针对高校科研评价体系中的每一个评价项目（末级指标），分别计算其相应的分值。对于分项计算的具体方法来说，除"按时结题项目数占当年应结题项目数的比例"、"科研管理制度的规范性程度"及"专职科研管理人员数占全校全时研究与发展人员数的比例"三个评价项目外，其他59个评价项目的计算方法均是：先计算某高校某一评价项目的数量 K_j；接着计算全国（某地域）所有高校该评价项目的总数 N_j；然后计算全国（某地域）所有高校该评价项目的平均值 $\overline{N_j}$，其中，$\overline{N_j}=\frac{N_j}{n}$，$j=1,2,3,\cdots,59$，$n$ 表示全国（某地域）所有高校的总数；最后用某高校某一评价项目的数量 K_j 除以全国（某地域）所有高校该评价项目的平均值 $\overline{N_j}$ 即可得到某高校某一评价项目所对应的分值。比如，就表5-12中"国家级人才的人数"这个评价项目（三级指标）来说，如果某高校此项（国家级人才的人数）的数量为1，而全国（某地域）所有高校此项（国家级人才的人数）的平均数为2，则这所高校此项（国家级人才的人数）的得分即是 $\frac{1}{2}$，即对应的分值就是 $\frac{1}{2}$。

对于"按时结题项目数占当年应结题项目数的比例"这个评价项目（三级指标）来说，先逐一计算全国（某地域）每一所高校某一年度内按时结题项目数占当年应结题项目数的比例 C_i［其中，$i=1,2,3,\cdots,n$，n 表示第 n 所高校，n 在数量上等于全国（某地域）所有高校的总数］；尔后计算全国（某地域）所有高校某一年度内按时结题项目数占当年应结题项目数的比例之和 C（其中，$C=C_1+C_2+C_3+\cdots+C_n$）；然后计算全国（某地域）所有高校某一年度内按时结题项目数占当年应结题项目数的比例之平均值 $\overline{C}$（其中，$\overline{C}=\frac{C}{n}$，n 表示全国或某地域所有高校的总数）；最后用某高校某一年度内按时结题项目数占当年应结题项目数的

比例 C_i 除以全国（某地域）所有高校某一年度内按时结题项目数占当年应结题项目数的比例之平均值 $\overline{C}$，即可得到某高校某一年度内“按时结题项目数占当年应结题项目数的比例”这个评价项目所对应的分值。比如，某高校某一年度内按时结题项目数占当年应结题项目数的比例为80%，全国（某地域）所有高校某一年度内按时结题项目数占当年应结题项目数的比例之平均值为70%，则这所高校此项所得的分值为 $\frac{8}{7}$。

对于“专职科研管理人员数占全校全时研究与发展人员数的比例”这个评价项目来说，计算的思路同上。即先逐一计算全国（某地域）每一所高校某一年度内专职科研管理人员数占全校全时研究与发展人员数的比例 C'_i［其中，$i=1,2,3,\cdots,n$，n 表示第 n 所高校，n 在数量上等于全国（某地域）所有高校的总数］；尔后计算全国（某地域）所有高校某一年度内专职科研管理人员数占全校全时研究与发展人员数的比例之和 C'（其中，$C'=C'_1+C'_2+C'_3+\cdots+C'_n$）；然后计算全国（某地域）所有高校某一年度内专职科研管理人员数占全校全时研究与发展人员数的比例之平均值 $\overline{C'}$（其中，$\overline{C'}=\frac{C'}{n}$，$n$ 表示全国或某地域所有高校的总数）；最后用某高校某一年度内专职科研管理人员数占全校全时研究与发展人员数的比例 C'_i 除以全国（某地域）所有高校某一年度内专职科研管理人员数占全校全时研究与发展人员数的比例之平均值 $\overline{C'}$，即可得到某高校某一年度内“专职科研管理人员数占全校全时研究与发展人员数的比例”这个评价项目所对应的分值。比如，某高校某一年度内专职科研管理人员数占全校全时研究与发展人员数的比例为10%，全国（某地域）所有高校某一年度内专职科研管理人员数占全校全时研究与发展人员数的比例之平均值为17%，则这所高校此项所得的分值为 $\frac{10}{17}$。

对于“科研管理制度的规范性程度”这个评价项目来说，在此依然如前文一样借鉴前期成果①从员工守则及行为规范、岗位职责制度、考

① 徐红．高校科研质量评价模型初探［J］．江汉大学学报（社会科学版），2016（5）：121-124．

勤制度、离职制度、管理培训制度、奖惩制度、绩效考核制度、科研保密制度、资金预结算制度、资金管理制度、财务审批制度、固定资产管理制度、会议管理制度、文件管理制度、报刊及邮件或函电收发制度、档案管理制度、出差管理制度、值班制度、招标管理制度、设备管理制度、合同签订制度、技术转移反馈制度、项目申报制度、项目鉴定制度及项目结项制度共25种制度上进行考察。计算步骤为：先统计各所高校具有上述制度的种数 P，再计算其相应的分值 S_g，其中，$S_g = \frac{P}{25}$。比如，若某高校制定有上述22种科研管理制度，则其该项的分值 $S_g = \frac{22}{25} = 0.88$。

（三）加权积分

本书中的加权积分是指针对高校科研评价体系中的每一个评价项目（三级指标），在分项计算其分值的基础上，增加其相应的权重后的积分。加权积分的具体含义是，针对高校科研评价体系中的每一个评价项目（三级指标），用其分项计算所得的分值乘以其在整个高校科研评价体系中所相应的权重 W_j（值得指出的是，此处的 W_j 与前一章相应的 W_i 是对等的关系）。加权积分的计算办法如下：

除“按时结题项目数占当年应结题项目数的比例”、“科研管理制度的规范性程度”及“专职科研管理人员数占全校全时研究与发展人员数的比例”三个评价项目外，在其他59个评价项目中，每一个评价项目的加权积分 S_j 都可以表示为某高校在该评价项目上的数量与全国（或某地域）所有高校在该评价项目上的数量的平均值的商再乘以该评价项目在整个高校科研评价体系中相应的权重。用公式可以表示为：$S_j = \frac{K_j}{N_j} \cdot W_j$（其中，$K_j$ 是指某高校在上述59个评价项目中第 j 个评价项目的数量，$\overline{N_j}$ 是指全国或某地域所有高校在上述59个评价项目中第 j 个评价项目的平均数，$j = 1, 2, 3, \cdots, 59$）。

“按时结题项目数占当年应结题项目数的比例”这一评价项目的加权积分 S_c 等于某高校某一年度内按时结题项目数占当年应结题项目数的比

例 C_i 与全国（或某地域）所有高校某一年度内按时结题项目数占当年应结题项目数的比例之平均值 $\overline{C}$ 的商再乘以该评价项目在整个高校科研评价体系中相应的权重 W_c（其中，W_c 与前一章相应的 W_i 是对等的关系）。用公式可以表示为：$S_c = \frac{C_i}{\overline{C}} \cdot W_c$。

在上述表述中，i 表示第 i 所高校，$i = 1,2,3,\cdots,n$，n 表示第 n 所高校，n 在数量上等于全国（某地域）所有高校的总数，C_i 表示第 i 所高校在某一年度内按时结题项目数占当年应结题项目数的比例，$C = C_1 + C_2 + C_3 + \cdots + C_n$，$\overline{C} = \frac{C}{n}$，$n$ 表示全国或某地域所有高校的总数。

"科研管理制度的规范性程度"这一评价项目的加权积分 S_m 等于某高校在该评价项目上所获得的分值 S_g 乘以该评价项目在整个高校科研评价体系中相应的权重 W_m（其中，W_m 与前一章相应的 W_i 是对等的关系）。用公式可以表示为：$S_m = S_g \cdot W_m$。

"专职科研管理人员数占全校全时研究与发展人员数的比例"这一评价项目的加权积分 $S_{c'}$ 等于某高校某一年度内专职科研管理人员数占全校全时研究与发展人员数的比例 C'_i 同全国（或某地域）所有高校某一年度内专职科研管理人员数占全校全时研究与发展人员数的比例之平均值 $\overline{C'}$ 的商再乘以该评价项目在整个高校科研评价体系中相应的权重 $W_{c'}$（其中，$W_{c'}$ 与前一章相应的 W_i 是对等的关系）。用公式可以表示为：$S_{c'} = \frac{C_i'}{\overline{C'}} \cdot W_{c'}$。

同理，在上述表述中，i 表示第 i 所高校，$i = 1,2,3,\cdots,n$，n 表示第 n 所高校，n 在数量上等于全国（某地域）所有高校的总数，C'_i 表示第 i 所高校在某一年度内专职科研管理人员数占全校全时研究与发展人员数的比例，$C' = C'_1 + C'_2 + C'_3 + \cdots + C'_n$，$\overline{C'} = \frac{C'}{n}$，$n$ 表示全国或某地域所有高校的总数。

（四）累计积分

累计积分是指某高校某一年度内上述 62 个科研评价项目的加权积分之和。若用 S 表示某高校某一年度内所有 62 个科研评价项目的累计积分，则累计积分的计算公式可以表示为：

$$S=\sum_{j=1}^{59}S_j+S_c+S_m+S_{c'}$$

或者
$$S=\sum_{j=1}^{59}\frac{K_j}{N_j}\cdot W_j+\frac{C_i}{\overline{C}}\cdot W_c+S_g\cdot W_m+\frac{C_i'}{\overline{C'}}\cdot W_{c'}$$

在上述公式中，各个字母所代表的含义与上文一致，在此不再赘述。

尤值一提的是，某高校的累计积分即是该高校在某一年度内的科研评价总分。此外，文中的“某一年度”可以指某具体的一年，如2014年；也可以指某一时段内的几年，如“‘十五’规划内的五年”、“‘十一五’规划期间的五年”；等等。

通过该方法计算出来的结果，既可以适用于某一高校科研状况的纵向比较，也可以适用于全国所有高校或某地域所有高校科研状况的横向比较。此外，通过该方法计算出来的得分，可以作为全国所有高校或某地域所有高校科研状况排名的依据，可以作为教育部门评价高校科研质量与水平的依据，还可以作为高校自身衡量其科研质量与水平进退的依据。

二、高校科研综合指数评价法

高校科研综合指数评价法是指，综合运用层次分析法和模糊评判法等手段，将高校科研评价体系中度量不尽一致的各项指标转化为同度量的个体指数之后，再对高校科研状况进行评价的方法。综合指数法的基本思路是，利用层次分析法计算的权重和模糊评判法取得的数值进行累乘，然后相加，最后计算出综合评价指数。具体实施程序如下。

第一步：确立科研评价体系中各项末级指标（本书中为三级指标）的标准值 X_{I0}

本书参考《美国新闻与世界报道》、上海交通大学和中国校友会等的做法，将所有参评高校中某科研评价项目的末级指标（本书中指高校科研评价体系的三级指标）对应的实际数值最大的高校指定为标准值，设定得分为100分。X_{i0} 为第 i 项指标的标准值。例如，若A高校在所有参评高校中关于“国家级人才Ⅱ类”这一评价指标项对应的数量最多且为6人，则 X_{i0} 的值为6人，该项指标的标准得分为100分。

第二步：确定科研评价体系中各项末级指标（本书中为三级指标）的得分 d_i

$$d_i = \left(X_i / X_{i0}\right) \times 100$$

其中，X_i 为第 i 项末级指标的实际数值。

本书中，设 X_{ji} 为 j 高校第 i 项末级科研评价指标的实际数值，d_{ji} 为 j 高校第 i 项末级科研评价指标的得分，则有：

$$d_{ji} = \left(X_{ji} / X_{i0}\right) \times 100$$

第三步：采用线性加权的方法得到综合评价指数 D

本书中，设 D_j 为 j 高校的科研综合评价分数，N 为末级指标（本书中为三级指标）的总数量，w_{ji} 为 j 高校第 i 项指标的权重，d_{ji} 为 j 高校第 i 项指标的得分，则有：

$$D_j = \sum_{i=1}^{N} w_{ji} \cdot d_{ji}$$

不言而喻，高校科研综合指数评价法计算出来的结果，同样既可以适用于某一高校科研状况的纵向比较，也可以适用于全国所有高校或某地域所有高校科研状况的横向比较；通过高校科研综合指数评价法计算出来的科研得分，同样可以作为全国所有高校或某地域所有高校科研状况排名的依据，可以作为教育部门评价高校科研质量与水平的依据，还可以作为高校自身衡量其科研质量与水平进退的依据。

第二节　高校科研评价体系的实施建议

有了科学合理、行之有效的高校科研评价体系，就一定能够客观、公正、公平地开展高校科研评价活动吗？答案当然是否定的。为此，本节特意从政策层面提出如下几点建议。

一、开展高校科研评价舆论宣传

引导高校强化科研质量意识，形成自觉自愿接受科研评价的态度，彰显高校科研评价体系的重要价值。政府高度重视高校科研评价，并极力强化各级各类高校提升科研质量的意识，是构建成熟的高校科研评价体系的前提。在我国，高校科研作为科教兴国的中坚力量和急先锋，为国家的经济和社会发展提供了卓越非凡的动力，在国家科技创新体系中的地位不断提高，是国家科技创新的王牌军，高校获得国家政府部门科技投入比例在不断提高，高校科研对经济发展和社会进步的贡献在与日俱增。当下，人们已经普遍意识到通过评价手段促进科研质量提升的必要性，并在科研质量评价问题上作了诸多探索。只有政府和科技管理部门、高校科研研究者的高度重视、思想认识到位，才能加大投入，强力推进，才有可能构建科学合理的高校科研评价体系，进而提高高校科研质量与水平，为国家的科技创新作出更多的贡献。

二、建立高校科研评价专门组织

政府、高校、社会三方参与，按照“谁主管、谁负责”的原则，按照课题立项管理单位的类型不同和层级不同，分别设立相对应的高校科研管理评价专门机构和人员。课题立项管理部门直接对科研项目质量负责，该部门对科研项目申报征集、项目评审、项目中后期检查、项目结项、项目成果公布和应用转化全程负责。这样，我国国家社会科学基金、自然科学基金、教育部等部门及下属层级部门都应成立相应的高校科研管理专门机构。按照“监督管理分离”的原则，在此专门机构基础上，国家还要成立科研评价机构监督委员会，负责对各部门和各科层高校科研评价专门机构进行监督检查和管理，实行高校科研评价机构专门化。当然，政府虽设立高校科研评价机构，但由于政府公务员的专业有限性，在高校科研评价中也必须大量依靠科研项目的同行专家来鉴定评审，使高校科研评价同行化，注重以同行评价为主导。

三、设立高校科研评价专业机构

设立专门评价机构，是搞好高校科研评价工作的基石。从美、英、日、澳、荷五国科技评价机构的发展经验来看，基本上都有官民结合的、多样化的专门评价机构。具体建议如下：

（一）设立国家级层面的科研评价机构

我国可以由科学技术部、教育部等部门牵头成立高校科研质量评价机构，使高校科研评价机构国家化，提高高校科研评价机构的层次和效度。目前，澳大利亚、英国、法国等国家就是使高校科研评价机构国家化，如澳大利亚研究委员会开展的科研评价经历了从“综合指数”（Composite Index）到“科研质量框架”（RQF）再到“澳大利亚科研卓越”（ERA）的转变。英国的高校科研评价是由政府主导，政府在全英范围内推行了从“科研评价机制”（RAE）到“研究卓越框架”（REF）的评价体系转变，还有法国国家评价委员会、意大利国家大学评价委员会、德国科技政策咨询委员会、日本科学技术会议政策委员会下设立技术评价分委员会都是这种形式。

（二）设立民间科研评价机构

从国家的层面和从部门的层面设立高校科研评价机构，无论它们有多科学，有多透明，有多公正，但是它们的官方性质十分明显，为了更大程度体现评价的公平、公正与公开，需要一些非官方性质的高校科研评价机构来弥补官方性质的评价机构的不足，使高校科研评价机构的组成更加科学化。值得指出的是，非官方性质的高校科研评价机构的出现，彰显了注重中介组织的参与评价的理想愿望。前文所述的 20 世纪 90 年代初荷兰大学协会（Association of Universities in the Netherlands，简称 VSNU）就是非官方的民间科研评价机构。美国国家科学研究委员会（The National Research Council，简称 NRC）就是作为民间非营利组织对科研成果进行评价，有利于增强大学科研评价的科学性、公正性、透明性。

四、培育高校科研评价专业人员

目前缺乏专业化的高校科研评价人员，仅仅靠高校科研部门的科研管理人员是不行的，他们不够专业，专业的事应该让专业人去做。高校科研评价人员需要专业化发展，需要要求他们通过参加专业教育或自学，获得高校科研评价的专业知识，提升科研评价的职业素养，提高高校科研管理的水平。目前，高校科研管理的专业化、科学化和规范化都还存在一些问题。比如，高校科研管理评价人员缺乏一定创造性，高校科研评价人员多以兼职为主，缺乏明确的职业定位；高校科研评价人员的知识结构不太合理，专业背景和学科背景都存在一定的局限性。因此，建议高校科研评价人员自觉地提升职业素养，相关部门组织专门的科研评价职业素养培训，制定激励机制激发科研管理人员的工作热情，进一步完善高校科研评价管理的有关制度，进一步提升高校科研管理评价人员的工作效率和管理水平。

五、收集高校科研评价有效数据

全方位、立体化收集相关科研数据，不能局限于科研队伍、论文与著作数量或科研项目与经费、科研基地与重点学科等某几个方面的数据。

高校科研评价离不开数据，建立系统、全面、权威的数据库，提高真实性是搞好科研评价的基础性工作，为此：

第一，建立国家层面的权威数据库。建议教育部设立高校科研数据库，收集和整理全国高校所有的科研队伍和人员、科研项目、科研条件、科研进展、科研成果、科技转化等方面的数据，特别是收集和认可科技成果方面的论文、专著、专利、获奖等方面的数据。

第二，建立面向全国的高校科研评价管理网站。网站公布各项科研数据，设立项目成果库，项目评审系统、项目推广应用管理系统等内容，为高校科研评价管理提供了有效平台，对把控高校科研项目质量起到很好作用。

第三，规范高校科研网站管理，要求高校发布真实信息，公布可靠数据。加强对民间机构发布数据的校正、厘清。一些民间机构出于趋利考虑和自身责任的异化，可能会出现所发布的数据不真实、不系统、不严谨的数据现象。这样就需要有关部门及时予以干预，帮助这些民间机构端正态度，指导他们校正数据，厘清真伪。

第四，充分利用国外、国内知名数据库，为高校科研评价提供参考依据。最后，加强个性化数据平台建设，提高定量评价指标的基础数据质量。因此，建立并逐步完善适合个性化评价需要的内部共享科研产出数据平台，成为提高定量指标科学性的重要基础工作。

六、加强高校科研评价过程监督

强化高校科研管理，并严格其评价实施，是搞好高校科研评价工作的关键。有了正确的高校科研评价取向，必须强化过程管理，严格操作过程，这是搞好科研评价的关键所在。

其一，从国家及政府层面来看，要加强对高校科研评价的管理和监督。高校科研评价不是什么机构都可从事的工作。国家和科教部门要从严审批官方和民间的评价机构，建立科研评价机构准入和牌证发放制度、年检制度，对有争议的科研质量评价实行仲裁制度，对违法乱纪行为实行举报查处制度，避免出现大学排名过多过滥的现象。

其二，评价机构的评价要坚持科技创新的价值取向和质量第一的指导思想，秉持“公平、公正、公开”的原则，公开评价标准、程序、项目、评委专家、评价时间，公布评价过程、计算公式、评价结果。通过现代管理技术和平台公平，公平、公正评价每一项科研成果。

其三，评价人员包括参与评价的评委专家，要恪守良知，遵纪守法，按章办事，不谋私利。同时，还要从程序上加强规范，严格按程序操作，杜绝几个学霸说了算和营私舞弊等现象出现。

其四，被评人员及项目成果所有人，严禁弄虚作假，伪造数据；严禁拉关系，走后门，杜绝请客送礼、用钱铺路等学术腐败现象的产生。要以平常心对待评价，要着眼于通过评价找到自己的不足和努力方向，进一步提高自己的科研质量。

七、完善高校科研评价相关制度

完善高校科研评价相关制度需要顶层设计，立法保障，监管有力；立足创新，着眼激励，确保发展；实行代表作制，降低数量，确保质量；规范评价周期，注重过程评价，建立中长期考核制；完善评价机制，发展非官方机构，推崇第三方评价等方面着手。

（一）顶层设计，立法保障，监管有力

立足于高校科研评价体系，做好科研评价，从我国高校科研评价的现实状况看，当下行之有效的立法规范思路主要有二：

其一，修改及完善《中华人民共和国高等教育法》的相关规定，从宏观层面明确高校科研评价的意义、作用、地位和原则，指导高校科研评价。

其二，在技术部、教育部、中国科学院、中国工程院、国家自然科

学基金委员会联合下发的《关于改进科学技术评价工作的决定》（国科发基字〔2003〕142号）的基础上，出台专门的科研评价法或高校科研评价法，调整政府与高校、高校科研评价评论主体与客体、科研人员与科研成果等的各种关系，明确各方的权利和义务及监督机制。规定科研评价的价值取向、评价的目标、评价内容、评价方法、评价程序、评价标准、评价机构等。把各类的高校科研评价纳入法制化管理的轨道，从而保证科研评价的准确性和公正性，促进科研质量的提高。

（二）立足创新，着眼激励，确保发展

创新是科研的生命线，立足创新的价值取向是构建成熟的高校科研评价体系的根本。为做好高校科研创新工作，我们必须把握如下几点：从评价目标上看，我们需要明确高校科研评价工作中的主要问题，倡导质量第一，克服功利主义和浮夸浮躁心理，营造科技创新的氛围，正确引导高校科研评价工作；从评价内容上看，提倡务实评价，建立立足国情并与国际接轨的评价内容，逐步完善各类评价指标体系；从评价方法上看，加强具体指导，明确职能定位，规范科研评价方法；从程序上看，坚决反对任何形式的学术不端行为，避免过繁过重和虚假的科研评价活动；从评价标准上看，以科学、合理、可行为原则，区别不同评价对象，区分各类评价标准，坚决反对浮夸作风，坚决反对短视行为，客观评价非主流、非共识、非名人的科研结果，营造良好的创新文化。

（三）实行代表作制度，降低数量，确保质量

质量是高校科研的核心，科研评价是对高校科研工作者学术水准认证的方法，代表作制度可以有效弥补科研成功数量和质量的线性关系。代表作制度在国外比较盛行，在国内有部分高校在大胆尝试。其原因非常简单，只有学术精品力作，才能反映学者的真实水平。如中国人民大学从2009年开始在全校范围内推行论文代表作制度，过去有的学科评选教授需要6篇核心论文，副教授要求4篇，现在数量标准已降到很低，甚至一篇有学术分量的代表性作品便可替代，而且邀请校外专家对之做匿名评审，并将专家评审意见提交学校评聘委员会。这改变了过去科研评价重数量的做法，可有效铲除科研急功近利的温床，值得高校推广。

这种评价方式在实际操作中并不排他，可以和传统的量化标准结合使用，根据不同学科、不同科研机构的特点因地制宜，最大限度地反映学者的客观水平①。

（四）规范评价周期，注重过程评价，建立中长期考核制

适当缩减定量评价使用范围，延长其评价周期，降低潜在消极影响。世界上很多学术大师，一生中有影响和独特创见的论文或专著数量并不多，而对于探索性的科研活动，所产生的经济效益或社会效益也并非在短时期内所能呈现。故而，短时期很难对一项科研成果做出合理评价②。目前，我国许多高校科研绩效考评都是年度进行，这种重短期效益轻长期积累的评价方式显然与科学研究的本质相悖。正如洛根·威尔逊所言："无功利的活动和成熟期缓慢长期计划，在要求短期效益的制度压力下化为泡影。"为了尊重科学研究的内在规律，鼓励教师潜心治学，科研评价应持有某种"时滞"观念，考核和检查不应过于频繁，而应以中长期为主，鼓励科研人员从事"打基础、顾大局、管长远"的工作，给其一定的空间和时间潜心学问，而不用疲于应付，以避免急功近利的快餐效应产生。建议高校教师的科研考评周期以3～5年为宜，部分特殊专业可考虑延长至5～10年甚至更长时间。建立定量指标的质量标准对数量标准的单向替代机制。科研评价的首要任务是对科研活动的科学价值和社会价值进行判识，因此，不能简单地用数量代替质量，要始终将质量放在第一位③。

（五）完善评价机制，发展非官方机构，推崇第三方评价

完善高校科研评价机制（见图7-1），首先要实现从官本位到学术本位的转变，将科研评价权从官僚化框架剥离。为此，可以加强社会参

① 陈俊生．高校科研评价失范及其对策研究［J］．学术探索，2013（8）：127-129.

② 张仁．深化科技体制改革下高校科研评价的失范与改进研究［J］．科教导刊，2015（5）：11.

③ 陈俊生．高校科研评价失范及其对策研究［J］．学术探索，2013（8）：127-129.

与，依托社会中介组织，建立独立的社会化科研评价机构，以维护科研评价工作应有的独立性。让学术回归本真，高校科研评价还需以配套的制度做支撑。评议是国内外公认的最为合理的科研评价制度，但同行评议的功能、程序、环节还存在诸多亟待完善之处。我国高校科研评价中的同行评议一般常用单盲法，为尽可能避免各种因素的干扰，确保评价公正、合理，尤其是对参与评价的专家进行约束，在同行评议中应实行双向匿名制、利益攸关回避制及专家组定期轮换制等。另外，高校可创造条件建立网上评价系统，适时建立网上评价机制。网上评价具有许多优势，可以实现真正的匿名评审，保证评价的公正，可以促进学术交流，也能及时地反馈评价意见，成本低、效率高，还有利于排除各种干扰。

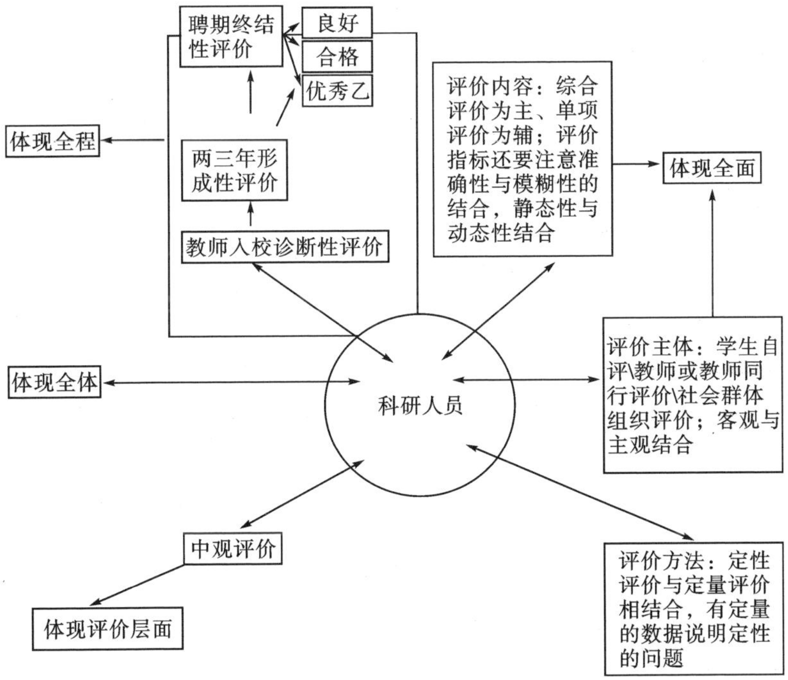

图 7-1　高校科研评价“七个三兼顾”示意图

参考文献

一、中文类

［1］加塞特．大学的使命［M］．徐小舟，等译．杭州：浙江教育出版社，2001.

［2］史密斯，韦伯斯特．后现代大学来临［M］．侯定凯，赵叶珠，译．北京：北京大学出版社，2010.

［3］V．布什，等．科学——没有止境的前沿［M］．范岱年，解道华，等译．北京：商务印书馆，2004.

［4］陈章龙．论主导价值观［M］．南京：江苏人民出版社，2006.

［5］陈玉琨．教育评价学［M］．北京：人民教育出版社，1999.

［6］冯平．评价论［M］．北京：东方出版社，1995.

［7］莫德．科研评价中的引文分析［M］．北京：科学技术文献出版社，2010.

［8］黄光杨．教育测量与评价［M］．上海：华东师范大学出版社，2012.

［9］胡中锋，李芳．教育测量与评价［M］．广州：广东高等教育出版社，2010.

［10］李连科．价值哲学引论［M］．北京：商务印书馆，1999.

［11］李德顺．价值论［M］．北京：中国人民大学出版社，2013.

［12］李德顺．价值学大辞典［M］．北京：中国人民大学出版社，1995.

［13］吕小柏，吴友军．绩效评价与管理［M］．北京：北京大学出版社，2013.

［14］默顿．十七世纪英格兰的科学、技术和社会［M］．范岱年，等译．北京：商务印书馆，2002.

［15］罗尔夫，施特莱尔，狄特．科学先导——德国研究委员会莱布尼兹奖获奖科学家及其科研成果评价［M］．安士桐，孟墨勤，译．兰州：兰州大学出版社，1994.

［16］刘在洲，徐红，陈承．高校科研质量评价标准研究［M］．北京：科学出版社，2015.

［17］兰久福．全球化过程中的价值多样化［M］．北京：北京师范大学出版社，2010.

［18］马哲伟．高校科研评估［M］．大连：东北财经大学出版社，2007.

［19］马尔库塞．理性与革命［M］．重庆：重庆出版社，1993.

［20］普赖斯．巴比伦以来的科学［M］．任元彪，译．石家庄：河北科学技术出版社，2002.

［21］潘洪林．科技理性与价值理性［M］．北京：中央编译出版社，2007.

［22］戚湧，李千目．科学研究绩效评价的理论与方法［M］．北京：科学出版社，2009.

［23］汝信．社会科学新辞典［M］．重庆：重庆出版社，1988.

［24］申仁洪．论教育科学：基于文化哲学的批判与建构［M］．重庆：重庆大学出版社，2006.

［25］孙伟平．事实与价值［M］．北京：中国社会科学出版社，2000.

［26］孙守春，关连芳，张淑芳．科技史概论［M］．长春：吉林人民出版社，2002.

［27］韦伯．社会科学方法论［M］．杨富斌，译．北京：华夏出版社，1999.

［28］杜兰特．哲学简史［M］．梁春，译．北京：中国友谊出版公司，2004.

［29］维尔斯曼．教育研究方法导论［M］．袁振国，主译．北京：

教育社会出版社，2001.

[30] 奥辛廷斯基. 未来启示录 [M]. 徐元，译. 上海：上海译文出版社，1988.

[31] 晏辉. 现代性语境下的价值与价值观 [M]. 北京：北京师范大学出版社，2009.

[32] 杨光钦. 大学改革功利的陷阱与出路 [M]. 北京：社会科学文献出版社，2005.

[33] 袁贵仁. 价值学引论 [M]. 北京：北京师范大学出版社，1992.

[34] 袁贵仁. 价值观的理论与实践：价值观若干问题的思考 [M]. 北京：北京师范大学出版社，2006.

[35] 张思宁. 转型中国之价值冲突与秩序重建 [M]. 北京：社会科学文献出版社，2011.

[36] 赵建军. 技术理性批判的社会价值观的审视 [M]. 沈阳：辽宁人民出版社，2004.

[37] 徐红. 教育科学研究方法 [M]. 武汉：华中科技大学出版社，2013.

[38] 徐红. 教育测量与评价 [M]. 武汉：华中科技大学出版社，2016.

[39] 徐红. 专家型教师培养标准研究 [M]. 北京：中国社会科学出版社，2013.

[40] 周文泳，钟灿涛，尤建新. 科学研究质量改进理论与方法 [M]. 北京：化学工业出版社，2012.

[41] 中国社会科学院语言研究所词典编辑室. 现代汉语词典 [M]. 北京：商务印书馆，2016.

[42] 丁宇. 基于国家主导的科研评价制度建设 [D]. 武汉：中南民族大学，2008.

[43] 付媛媛. 英国高校科研评价研究 [D]. 上海：上海交通大学，2008.

[44] 葛国耀. 国家战略性基础研究的绩效评估研究 [D]. 武汉：

华中科技大学，2008.

［45］金星. 论韦伯思想中的自然法［D］. 长春：吉林大学，2009.

［46］梅仪新. 我国大学排行价值取向的冲突与协调［D］. 兰州：西北师范大学，2008.

［47］史扬. 科研平台的构建及其对科技创新能力的推动作用［D］. 合肥：合肥工业大学，2009.

［48］韦日钊. 美国高校科研职能的发展与启示［D］. 重庆：西南大学，2007.

［49］闻海燕. 高等学校科研经费管理模式研究［D］. 西安：西北农林科技大学，2009.

［50］张静芳. Z大学科研经费分级管理模式研究［D］. 郑州：郑州大学，2012.

［51］安学斌，王顶明. 现代大学的学科、学位点及其辩证关系［J］. 现代教育管理，2011（9）：1-6.

［52］安宁，邓开喜，莫雷. 高校科研评价体系构建的探讨——以华南师范大学科研业绩评价体系构建为例［J］. 华南师范大学学报（自然科学版），2008（3）：131-138.

［53］卞文华，曹仁德，张怀琼. 科研过程质量评估初探［J］. 中国高等医学教育，2003（3）：31-32.

［54］陈楠楠. 试论借鉴国外经验完善我国高校科研评价体系［J］. 高教探索，2017（1）：100-104.

［55］陈宁. 美国的科技评价与科研事后评价概况［J］. 全球科技经济瞭望，2007（12）：25-31.

［56］陈燕，崔金贵. 学术评价中工具理性与价值理性的主导成因及平衡机制［J］. 清华大学学报（哲学社会科学版），2012（6）：145-151.

［57］陈昌慧. 关于科研质量管理的探讨与尝试［J］. 科研管理，1984（4）：41-45.

［58］陈承，刘在洲，徐红. 高校科研质量评价指标体系研究［J］. 科技管理研究，2015（8）：57-61.

［59］董尔丹，徐岩英，宋玉琴，等．自然科学领域著名期刊简介——Cell及其姊妹刊［J］．中国基础科学，2004（5）：60-64．

［60］方道恒．高校科研质量管理体系建设及其案例应用研究［J］．电子科技大学学报，2008（6）：123-124．

［61］顾海兵，王宝艳．中外科技成果评审制度：比较与对策研究［J］．开放导报，2004（2）：74-100．

［62］桂庆平，莫蕾钰．高校科研质量保障的问题研究——基于新制度经济学视角的分析［J］．当代教育科学，2011（5）：39-41．

［63］高新发．高校科研的价值追求［J］．湖北大学学报（哲学社会科学版），2000（27）：95-98．

［64］黄涛．科学技术价值探析［J］．重庆邮电学院学报（社会科学版），2004（4）：93-96．

［65］胡社荣．关于建立科研评价体系若干问题的讨论［J］．科技进步与对策，2001（5）：117-118．

［66］贺建军，陈雅兰，徐婷婷．科技评价的制度变迁研究——基于制度经济学视角［J］．科技进步与对策，2005（8）：63-65．

［67］李苏．高校科研评价模型研究［J］．科技进步与对策，2006（11）：134-136．

［68］卢秉福，霍丽华．刍议SCI在科研评价体系中的作用［J］．科研管理，2007（S1）：180-183．

［69］刘贵华，柳劲松．教育科研质量评价的中国难题［J］．高等教育研究，2012（10）：26．

［70］刘在洲，张云婷．高校科研质量评价问题与改进思路［J］．科技进步与对策，2014（4）：95-98．

［71］刘锦宏，闫翔．自然出版集团的学术期刊出版模式［J］．出版科学，2008（2）：71．

［72］刘莉，刘念才．1978—2007年我国SSCI论文发表的基本态势研究［J］．情报科学，2009（10）：1590-1594．

［73］陆翊翊，郭胜伟．美国高校科研评价及其借鉴［J］．管理观察，2016（21）：93-95．

[74] 孟溦，李强，刘文斌. 基于3E理论构建科研机构评价指标体系 [J]. 科学学研究，2007 (5)：908-914.

[75] 彭丽华. 模糊数学在高校教师科研质量评价中的应用 [J]. 科技进步与对策，2003 (12)：147-148.

[76] 吉彦波. 高校科研成果评价标准的反思 [J]. 中国行政管理，2003 (4)：62-63.

[77] 金碧辉. 高论文量与低引文量带给我们的思考——关于科技评价的价值导向与定量指标 [J]. 科学学与科学技术管理，2004 (3)：9 11.

[78] 孔刚，王萍，张弘. 科研质量管理及其特点 [J]. 软科学，2001 (4)：41-44.

[79] 姜春林，王海龙. 拨开引文分析迷雾，破解科研评价困惑——评亨克·莫德的《科研评价中的引文分析》 [J]. 图书情报工作，2011 (11)：134-136.

[80] 苏新宁，邹志仁. 从CSSCI看我国人文社会科学研究 [J]. 江苏社会科学，2008 (2)：231-237.

[81] 宋卫红. 工具书利用率提升对策——以中国社会科学院图书馆为例 [J]. 图书馆学刊，2013 (10)：28-30.

[82] 石清. 科研质量管理模糊综合评判系统的分析与设计 [J]. 指挥技术学院学报，2000 (6)：98-101.

[83] 魏海燕，李晗. 基于协同理论视角的高校科研评价体系 [J]. 构建科技进步与对策，2012 (11)：148-150.

[84] 吴小爽. 试论新公共管理的工具理性 [J]. 辽宁广播电视大学学报，2010 (2)：107-108.

[85] 王顶明. 学科、学位点的关系及建设思路 [J]. 云南电大学报，2012 (4)：22-25.

[86] 王炳书，张玉堂. 价值理性简论 [J]. 青海社会科学，1999 (1)：56-61.

[87] 王雅芬. 改进和完善高校科研评价体系的思考 [J]. 中国高等教育，2007 (Z3)：51-53.

[88] 汪静. 高校科研评价体系的现状及对策 [J]. 中国高校科技，2012 (10)：10-11.

[89] 伍光良. 高校科研质量问题研究 [J]. 江苏高教，2009 (5)：29-31.

[90] 许甜. 英国高校科研评价体系的演变：从 RAE 到 REF [J]. 北京教育，2016 (1)：74-77.

[91] 徐玲. 价值取向本质之探究 [J]. 探索，2000 (2)：69-71.

[92] 徐玲. 价值取向对科学研究的制约作用 [J]. 浙江工业大学学报（社会科学版），2003 (2)：16-19.

[93] 徐燕刚，庾光蓉. 我国高校教师科研评价体系的导向及其合理性思考 [J]. 四川师范大学学报（社会科学版），2011 (3)：119-123.

[94] 徐红. 高校科研质量评价模型初探 [J]. 江汉大学学报（社会科学版），2016 (5)：121-124.

[95] 肖俊杰. 大学科研能力评价指标研究 [J]. 高等工程教育研究，2008 (5)：118-120.

[96] 杨瑞仙，梁艳平. 国内外高校科研评价方法比较研究 [J]. 情报杂志，2015 (9)：107-110.

[97] 严书婷. 高校建设科研质量管理体系的实践及研究 [J]. 科技教育创新，2012 (12)：237-238.

[98] 张君，邱建国，杨默函. 高校科研质量管理体系的组织机构与管理模式分析 [J]. 科学学与科学技术管理，2010 (8)：46-50.

[99] 张昕，孙本传，张顺江. 未来研究在科研质量管理中的应用 [J]. 未来与发展，1980 (2)：12-13.

[100] 朱明. 科研评价价值论探讨 [J]. 科技进步与对策，2009 (22)：185-187.

[101] 左清. 高校科研质量管理中的价值诉求及实现 [J]. 现代大学教育，2010 (1)：87.

[102] 周文泳，陈守明，尤建新. 论科学研究的质量改进模式 [J]. 科学管理研究，2005 (6)：54-57.

[103] 周文泳. 论支持改进的科研质量评价 [J]. 科研管理，2012

(1)：96-100.

[104] 周文泳，尤建新，陈守明. 论科学研究过程的质量改进 [J]. 科学学研究，2006 (4)：492-496.

[105] 周义勇. 高等学校科研公共服务平台建设与管理初探 [J]. 实验室研究与探索，2010 (12)：212-213.

[106] 曾天山. 科研质量评价体系现状与改进思路 [J]. 中国教育学刊，2009 (9)：82-86.

[107] 中国科学院科技评价研究组. 关于我院科技评价工作的若干思考 [J]. 中国科学院院刊，2007 (2)：104-126.

二、外文类

[1] GEUNA A，MARTIN B R. University research evaluation and funding：an international comparison [J]. Minerva，2003，41 (4)：277-304.

[2] ANDRÉ J C，FROCHOT C. Problems arising in evaluation of interdisciplinary scientific research for innovation [J]. International journal of innovation science，2013，5 (2)：103-112.

[3] BOLTON R，GOLD J. Careermanagement：matching the needs of individuals with the needs of organizations [J]. Personnel review，1994，23 (1)：6-24.

[4] CHECKLAND P B. Towards a system-based methodology for real-word problem solving [J]. Journal of system engineering，1972，(3)：87-116.

[5] GARNATJE T，VALLÈS J. Does aggressiveness in evaluation improve the quality of scientific research? [J]. Journal of the American society for information science & technology，2013，64 (8)：1756.

[6] HSU J P，YEO K Y. Asystemic approach to re-engineera Public Research Institute (PRI) for commercialization [J]. International journal of project management，1996，14 (6)：387-393.

[7] JACOBS B. Using Soft Systems Methodology for performance improvement and organizational change in the English National Health Service

［J］. Journal of contingencies and crisis management，2004，12（4）：138-149.

［8］BORNMANN L. Scientific peer review［J］. Annual review of information science and technology，2011，45（1）：197-245.

附　　录

高校科研评价体系的调查问卷

尊敬的老师：

您好！

我们是“高校科研评价体系研究”课题组，目前正在尝试构建高校科研评价体系。构建该指标体系的目的，是对各高校上一年度的科研质量与水平状态做出科学、客观、公正的评价，从而为教育行政管理部门或社会中介组织综合评价各所高校的科研质量与水平高低提供参考，为各高校综合评价自身科研质量与水平及科研发展状况提供参照。在构建该指标体系的过程中，我们遇到了一些亟待了解的问题。您是既有一定科研理论功底又有一定科研实践经验的高校教师，我们真诚希望您能对相关问题提出宝贵意见。现恳请您在万忙之中抽出一点时间帮助我们完成本问卷。本问卷采取匿名方式作答，不涉及个人隐私，且答案无对错之分，请按照您个人的真实想法填写，衷心感谢您的支持与合作！

“高校科研评价体系研究”课题组

问卷填写相关说明：

1．关于高校科研评价的定义。本调查问卷中的高校科研评价，是指对高校科研条件达到某种水平及满足高校科研活动顺利实施的程度，高校科研过程达到某种水平及满足预期科研计划实现的程度，高校科研成果达到某种水平而满足社会相关方面需求的程度，及其促进人才培养、科技进步和社会经济发展的程度所进行的价值判断。

2. 关于一级指标的阐释。本调查问卷中显示的3个一级指标是根据高校科研评价所涉及的三个维度——科研条件、科研过程及科研成果来拟定的。

3. 关于二级指标和三级指标的阐释。本调查问卷中显示的二级指标、三级指标均是我们在文献研究及专家征询的基础上拟定的。其中，二级指标包括科研队伍、科研平台、学科与学位点、科研经费、科研项目、科研执行、科研管理、成果发表、知识产权、成果鉴定、成果获奖、人才培养等。

4. 关于主要参数的评议。根据各个三级指标的内涵，我们初步设计了本调查问卷中显示的一系列主要参数。如果您认为问卷中各个三级指标的每一个相应参数相对于同一维度二级指标下的其他参数来说非常重要就选A、比较重要就选B、不能确定重不重要就选C、较不重要就选D、很不重要就选E。

一、请选择符合您个人情况的一项，并将相应的字母填写在题后的括号里。

1. 您的性别是（ ）

A. 男　　　　B. 女

2. 您的年龄是（ ）

A. 25岁以下　B. 25～35岁　C. 35～45岁　D. 45～55岁　E. 55岁以上

3. 您的最高全日制学历是（ ）

A. 专科及以下　B. 本科　C. 硕士研究生　D. 博士研究生

4. 您的最高学位是（ ）

A. 无　　B. 学士　　C. 硕士　　D. 博士（后）

5. 您的职称是（ ）

A. 助教　　B. 讲师　　C. 副高　　D. 正高

6. 您的教龄是（ ）

A. 3年以下　B. 3～5年　C. 5～10年　D. 10～20年　E. 20年以上

7. 您目前任职的高校类型是（　）

A. 一本院校　B. 二本院校　C. 三本院校　D. 高职高专

8. 您目前从事的学科是（　）

A. 自然学科类　B. 人文社会科学类

二、请根据您个人的真实想法在下表中选择 A、B、C、D 或 E 中的某一项，并在相应的字母后打“○”。

一级指标	二级指标	三级指标	主要参数	非常必要	必要	一般	不必要	很不必要
科研条件	科研人才	两院院士	两院院士的总数	A	B	C	D	E
		国家级人才	千人计划（中组部）、万人计划（中组部、人社部、教育部、科技部）、杰出青年基金获得者、长江学者（教育部）、新世纪优秀人才支持计划（教育部）、百千万跨世纪人才国家级人选（人社部）、国家有突出贡献的中青年专家（国务院）、973 首席科学家等国家级人才的总数	A	B	C	D	E
		省级人才	省级学者（比如湖北省的楚天学者），百人计划（省委组织部），百千万跨世纪人才省级人选（人社厅），省新世纪高层次人才工程第一、二层次人选 省级有突出贡献的中青年专家（省政府）、二级教授等省级人才的总数	A	B	C	D	E
		校级人才	三、四级教授、研究员，副教授、副研究员等人才的总数	A	B	C	D	E
	科研平台	实验室	国家实验室的总数	A	B	C	D	E
			国家重点实验室的总数	A	B	C	D	E
			教育部重点实验室的总数	A	B	C	D	E
			省级重点实验室的总数	A	B	C	D	E

续表

一级指标	二级指标	三级指标	主要参数	非常必要	必要	一般	不必要	很不必要
科研条件	科研平台	工程（技术）研究中心（基地）	国家工程技术研究中心（科技部）、国家工程研究中心（发改委）、国家级研究中心及国家级人文社科研究基地等的总数	A	B	C	D	E
			教育部工程研究中心的总数	A	B	C	D	E
			省级工程中心、省级研究中心及省级人文社科研究基地等的总数	A	B	C	D	E
	学科与学位点	学科	国家重点学科的总数	A	B	C	D	E
			国家重点培育学科的总数	A	B	C	D	E
			省级重点学科的总数	A	B	C	D	E
		学位点	一级学科硕士点的总数	A	B	C	D	E
			一级学科博士点的总数	A	B	C	D	E
			博士后流动站的总数	A	B	C	D	E
	科研经费	纵向经费	国家级经费的总额	A	B	C	D	E
			省部级经费的总额	A	B	C	D	E
			省部级以下政府部门支助经费的总额	A	B	C	D	E
		横向经费	经费的总额	A	B	C	D	E
科研过程	科研项目	国家级	国家自科（社科）基金重点（大）项目、杰青项目、国家973项目、国家科技重大专项、国家科技支撑计划等项目的总数	A	B	C	D	E
			其它国家自科基金项目、国家社科基金一般（青年）项目、国家社科基金后期资助项目、星火计划、火炬计划、软科学研究计划、国际合作专项、港澳台科技合作专项、创新人才推进计划、农业科技成果转化资金、重大科学仪器设备开发专项、国家公益性行业专项、教育部规划课题国家重大（一般）项目等的总数	A	B	C	D	E

续表

一级指标	二级指标	三级指标	主要参数	非常必要	必要	一般	不必要	很不必要
科研过程	科研项目	部级	教育部的项目（除教育部规划课题国家重大项目及国家一般项目外）和农业农村部、卫计委、国家民委等部门的项目之总数	A	B	C	D	E
		省级	省社会（自然）科学基金、省科技支撑计划（农村、社发、对外合作、软科学）等的总数	A	B	C	D	E
		厅局级	省教育厅科学技术研究项目（重点、青年、指导性）项目、省教育厅规划（人文社科）课题、省农业农村厅项目、省卫计委项目、地市级政府科技计划项目等的总数	A	B	C	D	E
	科研执行	课题完成的及时性	按时结题的项目数占应该结题的项目数	A	B	C	D	E
	科研管理	科研管理制度	管理制度规范	A	B	C	D	E
		科研管理队伍	专职科研管理人员的总数占全校全时研究与发展人员总数的比例	A	B	C	D	E
科研成果	成果发表	Science、Nature、Cell	总数	A	B	C	D	E
		SCI(Ⅰ、Ⅱ)、SSCI	总数	A	B	C	D	E
		SCI(Ⅲ、Ⅳ)	总数	A	B	C	D	E
		EI(期刊)、CSSCI、A&HCI	总数	A	B	C	D	E
		非CSSCI的中文核心期刊论文、CPCI-SSH、CPCI-S(ISTP)	总数	A	B	C	D	E
		专著	总数	A	B	C	D	E
		译著、编著、教材、工具书	总数	A	B	C	D	E

续表

一级指标	二级指标	三级指标	主要参数	非常必要	必要	一般	不必要	很不必要
科研成果	知识产权	专利权	发明专利获批的总数	A	B	C	D	E
			实用新型专利、外观设计专利获批的总数	A	B	C	D	E
		植物新品种权	获批的总数	A	B	C	D	E
		集成电路布图设计专有权	获批的总数	A	B	C	D	E
		软件著作权	获批的总数	A	B	C	D	E
	审定、标准、认证	植物新品种审定	国审的总数量	A	B	C	D	E
			省审的总数量	A	B	C	D	E
		工业标准	国家标准的总数量	A	B	C	D	E
			行业标准的总数量	A	B	C	D	E
			地方标准的总数量	A	B	C	D	E
		新产品认证	ISO9001 认证、工业产品生产许可证、CCC 认证（国家强制认证）、药品认证 GMP 等的总数量	A	B	C	D	E
	鉴定（评审）成果	省部级鉴定（评审）	成果登记总数	A	B	C	D	E
		厅局级鉴定（评审）	成果登记总数	A	B	C	D	E
	成果获奖	国家科学技术奖	特别奖的总数	A	B	C	D	E
			一等奖的总数	A	B	C	D	E
			二等奖的总数	A	B	C	D	E
		国家教学成果奖	特别奖的总数	A	B	C	D	E
			一等奖的总数	A	B	C	D	E
			二等奖的总数	A	B	C	D	E
		教育部人文社会科学奖	一等奖的总数	A	B	C	D	E
			二等奖的总数	A	B	C	D	E
			三等奖及以下的总数	A	B	C	D	E

续表

一级指标	二级指标	三级指标	主要参数	非常必要	必要	一般	不必要	很不必要
科研成果	成果获奖	其它部级及省级	特等奖总数	A	B	C	D	E
			一等奖的总数	A	B	C	D	E
			二等奖的总数	A	B	C	D	E
			三等奖的总数	A	B	C	D	E
	成果转化	政府决策层采纳情况	国家级层面采纳的总数	A	B	C	D	E
			省级层面采纳的总数	A	B	C	D	E
		转载	被《新华文摘》全文转载的论文总篇数	A	B	C	D	E
			被《新华文摘》论点摘录以及人大报刊复印资料等全文转载的论文总篇数	A	B	C	D	E
	人才培养	教师成长	新增两院院士的总数	A	B	C	D	E
			新增国家级人才（除两院院士外）的总数	A	B	C	D	E
			新增省级人才的总数	A	B	C	D	E
		学生培养	省级优秀硕士学位论文的总数	A	B	C	D	E
			省级优秀博士学位论文的总数	A	B	C	D	E
			国家级优秀博士学位论文的总数	A	B	C	D	E

再次感谢您的支持与合作！